Das Selbst
Die Maske
Der Bluff

ISBN 978-3-85485-244-5

© 2009 by Molden Verlag
in der Verlagsgruppe Styria GmbH & Co KG
Wien · Graz · Klagenfurt
www.molden.at

Buchgestaltung: Bruno Wegscheider
Lektorat und Herstellung: Marion Mauthe
Umschlagbild: Gerd Altmann/Pixelio

Druck: Druckerei Theiss, St. Stefan im Lavanttal

Inhalt

Einleitung

Wer bin ich? Wer soll ich sein? Wie soll ich sein? Das waren einmal Fragen für Philosophen.[1] Mittlerweile können sich Jugendzeitschriften kaum noch mit etwas anderem beschäftigen als mit Fragen, die damit in Zusammenhang stehen. Dasselbe gilt für Frauen- und Männermagazine, für Manager-Ratgeber, für Marketing-Fachleute, für Psycho-Experten und sonstige Identitätsberater. Welcher *Typ* sind Sie? Was macht Sie zu etwas *Besonderem*? Das beschäftigt die Menschen. Es ist eine Frage für die Jüngeren, die erst werden wollen, was sie sich nicht vorstellen können, und eine Frage für die Älteren, die mit einer ungewohnten Lebensphase fertig werden müssen: Wie lege ich mich an? Als coole Figur? Als lebensvoll-enthusiastischer Pensionist? Ebenso ist es eine peinigende Frage für Personen mittleren Alters: War das alles? Bin ich das, was ich werden wollte? Oder bin ich im Innersten ganz anders, viel weniger langweilig, als es auf den ersten Blick ausschaut? Die *Frage nach Identität und Individualität* gehört zu den Selbstverständlichkeiten der Gegenwart, denen sich alle zu stellen haben: Man hat sich zu *entfalten*. Zu *finden*. Zu *gestalten*. In seiner Besonderheit, seiner Einzigartigkeit, als Unikat.

Das ist unser Ausgangspunkt und unser erstes Stichwort: das *Selbst*. Die spätmoderne Gesellschaft ist eine individualistische, und an die Menschen wird das Ansinnen gestellt, eine eigene und originelle Identität auszubilden. Sie sollen nicht einfach nachahmen, Erwartungen erfüllen, Rollen lernen. Sie dürfen und müssen ihr Selbst basteln. Sie müssen *authentisch* werden, ihr *Ich* finden, sich auf die *Ich-Jagd* begeben. Das klingt so einfach, aber in einer geistig dürren und materiell luxuriösen Zeit ist das eine ziemlich vertrackte Angelegenheit. Jedenfalls ist die Botschaft unmissverständlich: Es ist die Epoche des *individualistischen Bewusstseins*.

Das zweite Stichwort: die *Maske*. Die Botschaft von der individualistischen Gesellschaft ist eine Übertreibung. In Wahrheit ist es eine *halbierte Individualität*. Wenn man die Straße entlang schlendert, hat man nicht den Eindruck, dass man nur *Originalen* begegnet. Eine komplexe Gesellschaft würde mit Individuen, die tatsächlich ganz unterschiedlich sind, die sich originell verhalten und spontan handeln, nicht funktionieren. Die Fragestellung der erwähnten Magazine ist, genau betrachtet, auch eine andere: Da werden nicht Psycho-Tests angeboten, welche die Einzigartigkeit der Person erkunden sollen, sondern Tests, die nach dem Typ fragen: Welcher Führungstyp, Urlaubstyp, Modetyp,

Sextyp sind Sie? In Wahrheit wird den Individuen klargemacht, mit welchen *Mustern* sie ihre Individualität demonstrieren müssen – und wenn sie diesen Mustern – so wie alle – folgen, glauben sie, ganz individuell zu sein. Es ist die *Epoche des konformistischen Individualismus.*

Das führt zum dritten Stichwort: dem *Bluff.* Eine Gesellschaft, die Konformismus braucht, und Personen, die Individualität wollen – diese Kluft ist schwer zu überbrücken. Man braucht viel Ideologie, Heuchelei, Inszenierung, Überredung, Theatralität – und dies in verschiedenen Lebensbereichen – um diesen Widerspruch zum Verschwinden zu bringen. Wie lässt man den Menschen das Gefühl, dass jeder ein Einzelfall ist, und bringt sie doch zur gehörigen Anpassung? Wie bringt man sie so auf Schiene, dass sie glauben, sich damit selbst zu entfalten? Um das zu bewerkstelligen, muss man im Voranschreiten der Spätmoderne einige Kunststückchen zustande bringen. Es ist die *Epoche des Bluffs.*

Das sind die drei Abschnitte unserer Argumentation. Sie versteht sich als ein zeitdiagnostischer Spaziergang, im Einklang mit jenen gegenwartsanalytischen Arbeiten, die in den letzten zwei Jahrzehnten eine gewisse Belebung erfahren haben.[2] Viele detaillierte sozialwissenschaftliche Studien sind nützlich und wichtig, aber ein wesentliches Interesse der meisten Nichtexperten (und auch einiger Experten) richtet sich auf die großen Fragen: Was heißt das alles? Wohin geht die Gesellschaft? Was sind die großen Trends?

Das vorliegende Buch hat keine therapeutischen Absichten, es zielt nicht darauf, Leserberatung oder Lebensberatung zu betreiben; vielmehr bilden Texte, die glauben, so etwas leisten zu können, einen Teil des empirischen Materials, aus dem wir die Beschreibung der Gegenwartsgesellschaft gewinnen. Das Buch erhebt nicht den Ehrgeiz, den Individuen zu sagen, wie sie leben sollen, den Politikern, wie sie richtig zu handeln hätten, oder den Journalisten, was sie schreiben müssten. Es dient nicht als Rezeptbuch zur Rettung der Welt oder als Blaupause für die Gestaltung einer anderen Gesellschaft. Es versucht zu *verstehen,* was im Grunde vor unseren Augen geschieht, aber was wir, im Strom des Geschehens befangen, vielleicht nicht immer in seinen großen Konturen sehen.[3]

Das Selbst:
Gesellschaft der Individuen

Die Jugendlichen werden am Beginn des 21. Jahrhunderts nicht mehr für verrückt erklärt, wenn sie die Frage stellen: Wer bin ich? Wer will oder soll ich sein? Vielmehr werden ihnen diese Fragen mit auf den Weg gegeben, als notwendige Phase der gelingenden Sozialisation. Jeder muss sich irgendwann diese Fragen stellen und Antworten finden. Jeder hat sich selbst als authentisches und unverwechselbares Produkt zu *designen*. Damit wird die Identität zum *Self-Design-Problem* – eine Aufgabe, die nicht nur voraussetzungsreich, sondern auch alles andere als leicht ist.

Die Gestaltungsaufgabe erscheint nur auf den ersten Blick als selbstverständliches Gebot; in Wahrheit stellt es ein Phänomen der neuesten Zeit dar, dass persönliche Identität zu einem derart virulenten Problem geworden ist. In traditionalen Gesellschaften haben sich die Menschen mit den praktischen Problemen des Lebens befasst, knapp an der Subsistenzschwelle, und damit waren sie weitgehend ausgelastet. Die Deutung des kargen Lebens war weitgehend vorgegeben. Es wäre nicht nur sonderbar und überflüssig, sondern möglicherweise auch sündhaft – *hoffärtig* – gewesen, sich so ausgiebig mit sich selbst zu befassen; war doch der Mensch in ein Schicksal gestellt und in einen sinnhaften Gesamtzusammenhang gebettet. Ein wenig übertrieben formuliert: Es gab keine *Identität*, weil sie als solche nicht problematisch war, und deshalb gab es keinen Identitätswandel und keine Identitätskrisen.

Individualisierung ist somit – in ihrer prononcierten Form – ein relativ neues Phänomen, wenn auch mit einer langen Vorgeschichte. Erst in der Moderne wird es möglich, die Welt als Zufall zu betrachten: *Es könnte auch anders sein.* Damit könnte auch das Individuum anders sein. Wenn die natur- oder gottgegebene Ordnung geschwunden ist, drängt es sich auf, über die Welt, über die Gesellschaft, über das Selbst nachzudenken. *Kontingenz* ist das Problem der Moderne schlechthin: die Möglichkeit von Möglichkeiten. Auf der Ebene der Person hat das neue Phänomen mittlerweile eine unvergleichbare Intensität und Ausbreitung erreicht; es herrscht nachgerade die »Sucht, mit sich identisch zu sein.«[4] Der Einzelne will und soll es, die Gesellschaft ermöglicht und verlangt es.

Der romantische Individualismus

Alles dreht sich um das *Individuum:*[5] um Individualität, um Identität, um das Selbst. Was ist das Selbst? Es gibt *philosophische* Antworten, seit den Tagen des weisen Sokrates; *sozialphilosophische* Antworten, wenn wir etwa bei den schottischen Moralphilosophen nachschlagen; *psychoanalytische* Antworten, seit den Spekulationen des fantasievoll-nüchternen Sigmund Freud mit seinem *Es, Ich* und *Über-Ich; soziologische* Antworten, etwa auf den Spuren von George Herbert Mead, der zwischen Person und Gesellschaft mit der Unterscheidung von *I* und *Me* eine Brücke geschlagen hat. Viele haben auf sich selbst geblickt: Augustinus, Montaigne, Rousseau. Viele haben ihr Inneres erforscht, etwa um ihre Sünden zu reflektieren: Ich-Bespiegelungen. Es gibt Tagebücher und Memoiren, die Psychoanalyse und die Talk-Show. Aber um diese theoretischen, religiösen, literarischen und biografischen Versuche geht es im Folgenden nicht. Es geht um die lebenspraktische Frage, um das für die späte Moderne essenzielle allgemeine Problem: Wie lege Ich mich an? Ich! Ich ganz besonders. Wie kann Ich mich finden? Die Welt ist voll von Ichologien: Ich-Ideologien. Diese speisen den *Ichismus,* die stärkste Ideologie entwickelter Gesellschaften.[6] Sie beschreiben die *Ich-Jagd.*[7] Alltagsmagazine machen das Problem deutlich. Sie liefern Beratung zur Person, von der Mode über die Tattoos bis zum Sexualverhalten, und das Vokabular, in dem die Darlegungen gehalten sind, zielt nicht auf Anpassung, Einfügung, funktionelle Lebensbewältigung: Wie fügt man sich erfolgreich in das Ambiente?, sondern auf das Ich, das Selbst, die Person: Man muss herausfinden, wer man ist. Was bin ich für ein Typ? Was ist das Besondere an mir?

Ein Blick auf eine der über Jahrzehnte einflussreichen Jugendzeitschriften (Bravo) zeigt einen Test, einen Psycho-Check, bei dem man sich jeweils zwischen zwei Bildern entscheiden muss und eine rasche Antwort bekommt, wer/wie/was man ist. Zwei unterschiedliche Jeans ergeben einerseits: »Wenn es einen Trend gibt und er gefällt dir – warum solltest du ihn nicht mitmachen? […] Ganz klar: Du bist immer aktiv und kriegst alles mit, was gerade so geht!« *und andererseits:* »Wenn's um Klamotten geht, scheint dir ein lässiger Look zu gefallen! Klar – Klamotten sollen cool aussehen. Aber als Modepüppchen stolzierst du nicht gern rum. Du bist selbstbewusst und machst dein eigenes Ding!« *Die Entscheidung zwischen Schuhen ergibt einerseits:* »Du stehst also eher auf dezente, süße Looks – sportliche Klamotten gehören für dich wirklich nur zum Sport! Klare Regeln – so bist du!« *und andererseits:* »Zu verzickt darf dein Look auf keinen Fall sein. Du liebst es lässig und sportlich – und damit bist du immer ganz bequem und trendy* *unterwegs. Take it easy – das könnte dein Lebensmotto werden!« Bei der Entscheidung zwischen Jacken landet man bei der Feststellung:»So bist du: Offen und selbstbewusst, ohne Angst vor krummen Blicken!«* oder *»So bist du: Diplomatisch und aufgeschlossen, vernünftig und clever!« Die Entscheidung zwischen verschiedenen Taschen führt zur Alternative:»Du bist vernünftig und praktisch, gehst deinen Weg ohne unnötige Kurven!«* versus *»Du stehst auf Abwechslung und frischen Wind – Langeweile wird es mit dir nicht geben!« Und so weiter.*[8]

Von Anfang an hat man es mit einer Ambivalenz zu tun, die uns noch beschäftigen wird: Einerseits wird eine Identität unterstellt, die gegeben ist, die man bloß richtig diagnostizieren muss. *Man ist, wie man ist.* Andererseits wird im selben Atemzug die Gestaltungsaufgabe thematisiert. *Man muss sich zu dem machen, wofür man bestimmt ist.* Und eine zweite Ambivalenz: Einerseits ist man ein *Original,* unverwechselbar, einzigartig. Es gibt keine Vergleichbarkeit. Andererseits laufen alle Tests und Ratgeber auf die Fragestellung hinaus, welcher *Typ* man ist – und die vorgegebene Zahl der Typen ist meist relativ beschränkt. Je besser man einem Typ zugeordnet werden kann, desto weniger kann man – logischerweise – einzigartig sein. Irgendwie scheint man (je nach Lebensdimension: Aussehen, Essen, Freizeitgestaltung, Kulturinteresse, Sexualität usw.) jeweils einem von vier oder sechs Typen anzugehören, mit denen man vieles gemeinsam haben muss (sonst wären es ja keine aufschlussreichen, für die eigene Identitätssuche wiederum hilfreichen Typen).

Der *Widerspruch zwischen Sein und Design* fängt bei den banalsten Dingen an: Man könnte annehmen, dass die angeborene Haarfarbe zu jenen Dingen gehört, die eine Person in ihrer Eigenart *definieren;* aber nein: Viele Frauen haben das Bestreben herauszufinden, welchem Typus sie angehören, um die Haare in Entsprechung zu diesem »wahren« Typus zu färben und zu arrangieren. Das Angeborene ist also offensichtlich nicht das Wahre. Die »wahre« Individualität muss allenfalls sogar wider die Natur durchgesetzt werden; und es ist nicht mehr die Hinnahme der Persönlichkeit, sondern die Frage einer passenden Selbstgestaltung, die sich daran misst, dass man das gute Gefühl verspürt, mit sich selbst identisch zu sein. Das ist natürlich kurios: Kann man mit blonden Haaren geboren sein, während man entdeckt, dass das »wahre Ich« schwarze Haare hätte? Angeborene Eigenschaften ändern, damit man sich in Einklang mit sich selbst bringen kann?

Identität entsteht jedenfalls nicht durch Anpassung, also nicht dadurch, dass man sich in seine vorgesehene Rolle, Position oder Haarfarbe fügt. Das wäre das Modell für traditionale Gesellschaften gewesen. In der spätmodernen Welt muss man *Identitätsarbeit* leisten: eine Vorstellung entwickeln, wie man ist oder sein soll, sein Innenleben in entsprechender Weise gestalten und schließlich Textilien und Accessoires zur äußeren Symbolisierung des Seins dekorieren. In der Spätmoderne handelt es sich um eine aktive Leistung der Subjekte, um die Reflexion über das Selbst: Die Arbeit an der Individualisierung endet (unter den Bedingungen dieser Epoche) in einem psychischen Gebilde, das einem chaotisch-kunstvollen *Patchwork* gleicht.[9] Dem spätmodernen Ich liegt, metaphorisch gesagt, keine moderne, sondern eine postmoderne *Architekturkonzeption* zugrunde. Oder eine spätmoderne Theaterkonzeption: Das Ich ist das Ausgangsmaterial, und dann kommt das persönliche *Regietheater,* welches das Material gänzlich neu interpretiert und gestaltet.

Das Individuum als Bezugspunkt. Wenn sich die historischen Sozialformen und Institutionen auflösen und traditionelle Sicherheiten verloren gehen, bleibt nur das Individuum. Denn die spätmoderne Welt hat den Anspruch erhoben, die Einzelnen freizusetzen von allen Abhängigkeiten und Zwängen vormoderner, traditionalistischer oder feudalistischer Strukturen. Sie sollen autonome und souveräne Gestalter ihrer selbst und ihrer Welt werden. Wenn sie von der Außenwelt abhängig wären, dann hätten sie nichts zu gestalten oder zu entscheiden. Die Vorstellung eines autonomen Subjekts ist so selbstverständlich geworden, dass sie als *Natur des Menschen* oder als *wesensgemäßer Anspruch* verstanden wird. Es ist die vorherrschende Idee eines eigentlichen, wesentlichen, ureigenen, unveräußerlichen, unveränderlichen Selbst, das sich (weitgehend) über unterschiedliche Lebenslagen durchhält. Der *Kern* der eigenen Persönlichkeit lässt sich, demzufolge, unabhängig von der Zugehörigkeit zu sozialen Gruppen oder Gemeinschaften feststellen. Das ist eine neue, neuzeitliche Idee. Sie hat ihre Vorzüge; denn dass der Einzelne dem Kollektiv vorangeht, muss vorausgesetzt werden, um den individuellen und unverzichtbaren Anspruch auf Menschenwürde zu begründen.[10] Am Beginn des 21. Jahrhunderts ist die Individualität endgültig zum Kern des Lebensgefühls geworden.[11] In wenigen Fragen sind sich die Sozialwissenschaftler so einig wie in diesem Befund. Das lässt sich historisch-empirisch plausibel machen.

Stellen wir uns ein Dorf vor 100 oder 200 Jahren vor. Der Sohn des Bauern räsoniert auf dem Dorfplatz oder beim Stammtisch: Wer bin ich? Wie lege ich mein Leben an? Die Reaktion wäre wohl gewesen: Um Gottes willen, der Bub ist verrückt geworden! Und die Chance wäre hoch gewesen, dass er auch ein paar Prügel bezogen hätte. Schließlich gab es in dieser traditionellen Gesellschaft keinen Spielraum für solche Fragen, die deshalb auch nur als sinnlos oder gottlos eingestuft werden konnten. Eigentlich war fast alles klar: Der Sohn würde irgendwann den Hof übernehmen. Er solle so werden wie der Vater. Am Sonntag geht es in die Kirche, mit dem besten Anzug. Männer und Frauen sitzen getrennt links und rechts des Mittelgangs. Die Mädchen, zu denen er vorsichtig hinüberschielt, erscheinen in ihrer Tracht. Auch bei deren Kleidung gibt es nichts auszusuchen, nicht einmal die Farbe der Schürze, denn all das ist traditionell vorgegeben. Bei Tisch hat der Sohn den Mund zu halten. Im Dorf gibt es drei mögliche Mädchen zum Heiraten. (Vorzugsweise soll es jene Jungfer werden, die eine ordentliche Mitgift in die Ehe einbringen kann, ein paar benachbarte Grundstücke vielleicht.) Ansonsten gelten der Jahreslauf, die Viehversorgung, die Ernte, die religiösen Feste, der Jahrmarktsbesuch. Viel kann man sich unter diesen Umständen nicht aussuchen, und die (allenfalls selbstgestellte) Frage nach Individualität und Identität des Hoferben ist ziemlich überflüssig. Er wäre wirklich verrückt, wenn er sich mit ihr ernsthaft beschäftigte.

Das hat sich wohl in den meisten Fällen geändert. Die Verfügung der Eltern über die passenden Ehepartner finden wir so exotisch, dass in den europäischen Einwanderungsgesellschaften daraus zwischenkulturelle Konflikte erwachsen. Die Jüngeren können (und sollen) über sich nachdenken und sich finden. Sie können Möglichkeiten für ihre Ausbildung prüfen, über den Wohnort entscheiden, über Kleidung. Sollte man die Haare grün färben oder ganz abschneiden? Man kann den Partner oder die Partnerin wählen, vor oder nach der Eheschließung zusammenleben oder letztere überhaupt ausschließen. Wie konzipiert man sich als Persönlichkeit? Als karriereorientierte Zukunftshoffnung; als grün-alternativ Engagierter; als fröhliche Aufreißer-Type; als versponnener Wissenschaftler? Sollte man vielleicht ein Jahr aussteigen, durch die Welt fahren oder jobben, bevor der Ernst des Berufslebens zuschlägt? Ist New York verlockend? Oder die indische Küste? Auch wenn man vor den praktischen (und materiellen) Begrenzungen, mit denen die Jugendlichen auch am Beginn des 21. Jahrhunderts (die *Generation Prak-*

in der christlichen Lehre; der Mensch als Abbild Gottes, als Teilhaber seiner Schöpfungsaufgabe. Jacob Burckhardt in seinem Buch über die *Kultur der Renaissance* und Johan Huizinga in seinem *Herbst des Mittelalters* bringen überzeugende Gründe dafür vor, dass es die große Schwelle zur Neuzeit ist, an der die Reflexion intensiv wird, in Renaissance und Reformation.[22] Es ist die Zeit der großen Entdeckungen von Columbus, Kopernikus, Galilei. Es ist die Zeit, als sich, gefördert durch den Protestantismus und seine Sekten, das Prinzip der »rationalen Lebensführung« Bahn bricht.[23] Die nächsten Impulse kommen in der Epoche der Aufklärung, als dem Einzelnen der autonome Verstandesgebrauch abverlangt wurde, hinaus aus seiner selbstverschuldeten Unmündigkeit; er hat die Ordnung der Welt, den Ursprung des menschlichen Seins und das eigene Selbst zu reflektieren. Es folgt die Romantik, mit ihrer Liebe zum Besonderen, Unvergleichbaren, zum Detail – eben zum Besonderen im Gegensatz zum Universellen der Aufklärung. Die Industrialisierung setzt sich durch, und ihre Mechanismen fördern, was als »Besitzindividualismus« bezeichnet wurde;[24] doch der Nationalismus offeriert auch *starke* Gemeinschaften.

Dann kommt der Schub an der Wende vom 19. zum 20. Jahrhundert, als die bürgerliche Enge kritisiert und die Befreiung ausgerufen wurde, durch die *Wandervogel*-Bewegung, *Monte verità,* die Bohème-Kultur. Die Turbulenzen der ersten Jahrhunderthälfte haben in der Folge die Möglichkeiten, Individualität zu leben, eingeschränkt, und totalitaristische Konzeptionen von Links und Rechts haben mit untauglichen Mitteln versucht, eine zerfallende Gesellschaft noch einmal zusammenzuzwingen.[25] Die Nachkriegsjahre haben andere, existenzielle Sorgen in den Vordergrund geschoben und ein vorsichtiges Innehalten in moralisch-kulturellen Dingen gebracht. Aber in den frühen sechziger Jahren, als eine gesicherte und wohlhabende Gesellschaft etabliert war, traten Reformer auf, und der individuelle, alternative Lebensstil hat wesentliche Impulse erhalten: die Studentenbewegung, die Hippies, die alternativen Aussteiger.[26] »Anders leben« wurde zu einem ehrenhaften Programm, es war nicht mehr das Signal für sonderbare Formen von Devianz und Verrücktheit. Was vordem bloß für einige Jugendliche aus bürgerlichem Elternhaus möglich war, wurde »demokratisiert«. Alle wollten anders sein. Die letzten Jahrzehnte des 20. Jahrhunderts, das »europäische Fenster« zwischen Nachkriegszeit und Jahrhundertwende, haben den westlichen Ländern jenen Luxus vermittelt, der das Individualitäts- und Identitätsproblem jenseits der existenziellen Sorgen zum entscheidenden Kriterium eines gelingenden Lebens werden ließ.

Die Selbstverständlichkeit des Andersseins. Alle »Selbste« sind möglich.[27] Aber damit ist das Problem, wo das Selbst seinen Sitz haben und wie es beschaffen sein mag, noch lang nicht gelöst. »Bei Schiller heißt es: ›Jeder individuelle Mensch, kann man sagen, trägt, der Anlage und Bestimmung nach, einen reinen, idealistischen Menschen in sich, mit dessen unveränderlicher Einheit in allen seinen Abwechslungen übereinzustimmen die große Aufgabe seines Daseins ist.‹ Dieser reine Mensch – ist er das eigene Selbst?«, so fragt sich Lionel Trilling. Dann ist es offensichtlich ein besseres Selbst, das nicht ganz deckungsgleich ist mit dem *normalen,* vorgefundenen Selbst. Oder ist es gar kein individuelles Selbst, sondern das Selbst eines *idealen* Menschen, der Menschheit bestes Selbst?[28]

Aber so weit reichen die Überlegungen der Identitätskonstrukteure der Gegenwart nicht. Sie verstehen es als Frage in deskriptiver Absicht: Wie schaue ich aus? Wie wirke ich auf andere? Irgendwann auf dem Weg zur Moderne ist der Übergang zum *Individuum* vollzogen worden: »Isoliert genommen ist diese Behauptung unsinnig. Wie sah ein Mensch aus, der kein Individuum war? Sollte eine Person, ein Mensch, der vor einem bestimmten Zeitpunkt geboren worden war, keine Augen haben? Hatte er keine Hände, Organe, Sinne, Gefühle und Leidenschaften? Stach man ihn, so blutete er, kitzelte man ihn, so lachte er. Doch es gab einiges, was er nicht besaß oder tat, bevor er ein Individuum war. Er hatte kein Bewusstsein von dem, was der Historiker Georges Gusdorf als ›inneren Raum‹ bezeichnet. Er dachte sich selbst nicht […] in mehr als einer Rolle, so als stünde er außerhalb oder über seiner eigenen Person. […] Wenn der Mensch Individuum wird, beginnt er mehr und mehr in privaten Räumen zu leben. […] Das Individuum blickt in Spiegel. […] Wenn es ein Künstler ist, wird das Individuum wahrscheinlich Selbstbildnisse malen.«[29] Das haben die Künstler denn auch getan, seit dem Ende des Mittelalters.

Schon als die Geschichte einen Anlauf zur wirklich modernen Welt nahm, am Ende des 19. Jahrhunderts und an der Wende zum 20., haben scharfsinnige Zeitbeobachter vorausgesagt, wie sich das Schicksal des Individuums entwickeln würde. Georg Simmel hat etwa die Widersprüche von Vergesellschaftung und Differenzierung so gefasst, dass wir die Originalität des Einzelnen nicht überstrapazieren müssen: Zwar individualisieren sich die Menschen, aber sie gehen auch neue Beziehungen ein. Es ist die »Kreuzung sozialer Kreise«, die für jedes Individuum einzigartig ist.[30]

Eine 38-jährige Biologie-Lehrerin in Wien: Sie ist Alleinerzieherin, hat einen zehnjährigen Sohn. Sie engagiert sich für Greenpeace *und für die Rechte der Tiere. Sie hat irgendwann auf die Veganer-Diät umgeschwenkt. Sie liebt die Oper und hat ein Abonnement. Sie wohnt in einer Altbauwohnung, hat sie aber mit modernem Chic eingerichtet; vieles selbst gemacht. Sie fährt gern nach Amerika, was für Leute mit ihrer Lebenseinstellung nicht üblich ist. Sie bezieht den Spiegel. Sie ist katholisch, aber auf Distanz zur Kirche gegangen; sie betrachtet sich als religiös, hat etwas für Meditation übrig. Vor weitergehender Esoterik schreckt sie zurück, da ist sie zu sehr vom Biologie-Studium geprägt. Sie spielt Tennis … Alles das machen mehrere Leute. Manche Verknüpfungen zwischen Eigenschaften werden auch öfters vorkommen. (Der Prozentsatz der Veganer könnte unter* Greenpeace-*Anhängern größer sein als in der Durchschnittsbevölkerung.) Aber die Kombination aller dieser und weiterer Eigenschaften wird es wohl nur einmal geben. In diesem Sinn ist diese Dame einzigartig.*

Individuell sind nicht die einzelnen Elemente, sondern ihre Kombination. Aber diese muss ein originelles Bild ergeben. Wer nicht anders als die anderen leben und nicht ein *Original* sein möchte, der ist in der Spätmoderne ein Verlierer, ein Weichei, ein Anpassler. Identität ist nicht mehr einfach Ergebnis der Sozialisation, sie entwickelt sich nicht mehr von Außen nach Innen.[31] Denn die Außenwelt ist anonymisiert, die zentralen Institutionen und Strukturen, an denen man sich orientieren konnte (Familie, Geschlechterrollen, Arbeitsverhältnisse, Karriereverläufe, religiöse Sinnstiftungsinstanzen usw.), befinden sich in Erosion, und der Einzelne hat seine Person, die in eine labile Situation hineingesetzt ist, selbst zu kreieren. Vielleicht ist es gerade das Gefühl der Anonymisierung in undurchschaubaren Strukturen, das zusätzlich dazu drängt, Unverwechselbarkeit anzustreben. Man will in der Welt dieser Netzwerke, Maschinerien und Beziehungen nicht untergehen, kein anonymer »Knoten« sein, der seine Besonderheit nur aus der Positionierung im System bezieht, weil eben bestimmte Einflüsse und Ströme über diesen Knotenpunkt laufen. Er/sie will als Person wahrgenommen werden, als Individuum, mit besonderen Wünschen und Sehnsüchten, mit unverwechselbaren Eigenschaften, mit seinem/ihrem Leiden. Das ergänzt sich mit der gesellschaftlichen Botschaft: Sei ganz du selbst! Werde! Mache! Er/sie versucht es: Da bin ICH.

Die generelle Fiktion der Gegenart lautet: Das Ich ist unterdrückt, und es muss befreit werden. Wenn das gelingt, lösen sich alle anderen Probleme von selbst. Wenn im Frauen-Magazin Myself *– man beachte den Titel – von der »Ich-Falle« gesprochen wird, dann soll der Begriff nicht andeuten, dass man sich allzu sehr auf sich konzentriert (denn das gibt es gar nicht), sondern im Gegenteil.* »Partnerin, Geschäftsfrau, beste Freundin – bei all den Rollen, die wir spielen, kommt oft das zu kurz, was uns eigentlich am wichtigsten sein sollte: wir selbst. Finden Sie heraus, wie gut Sie sich wirklich behandeln und mit welchen kleinen Tricks Sie aus der ›Ich-Falle‹ entkommen.«[32]

Die Botschaft der Gegenwartsgesellschaft an den Einzelnen lautet: Du stehst an erster Stelle! Verzichte auf vorgegebene Modelle und Muster! »Sozialisation« hieß in früheren Zeiten so werden wie die Erwachsenen. »Sozialisation« heißt heute: sich finden; sich entscheiden, wer man ist oder sein möchte; sich *erschaffen*. Persönlichkeit, Lebensstil und Biografie sind nicht mehr Sache des Schicksals, der Klasse, des Geschlechts, des Wohnorts; alles ist *eigene* Entscheidung. Wenn seinerzeit die Jugendlichen »anders« waren, dann hat dies die Erwachsenenwelt mit Distanz oder Entrüstung gesehen; mittlerweile wird das »Anderssein« – in Grenzen – eingefordert. Früher galt: Wer anders ist, bei dem ist die Erziehung nicht gelungen. Heute gilt: Wer *nicht* anders ist, bei dem ist sie misslungen. Schon die Elterngeneration gehörte zu den »Kindern der Freiheit«,[33] und sie fordert von ihren Kindern erst recht die angemessenen Nachweise für deren »Freiheitsleistungen«. (Die Achtundsechziger wollen ja die »Revolution« nicht vergebens gemacht haben.)
In der *Me-Generation* der Gegenwart hat sich das Individualisierungsspiel verschärft. Von früher Kindheit an wird der nachwachsenden Generation nahegelegt, auf ihre eigenen Gefühle und Impulse zu achten.

Ein Psychiater berichtet aus seiner Praxis: »Ich arbeite seit 1988 als Kinderpsychiater. In den letzten 15 Jahren habe ich beobachtet, dass sich das Verhalten von Kindern und Jugendlichen in meiner Praxis gravierend verändert hat. Während es früher vielleicht zwei, drei auffällige Kinder pro

Schulklasse gab, so sind es inzwischen oft dreimal so viel. Meist haben diese Kinder die gleiche Störung. Es sind Narzissten mit dem Entwicklungsstand eines Eineinhalbjährigen.« Die Kinder, so sagt er, könnten sich nicht auf ihn als Gegenüber einstellen. Das beginne schon, wenn er das Wartezimmer betrete: Der zehnjährige Patient lümmle am Boden und reagiere nicht auf seine Begrüßung. Die Kinder seien psychisch nicht entwickelt, vor allem deswegen, weil man nie versucht habe, sie zu führen und in die Gesellschaft einzugliedern.»Die Kinder werden von Erwachsenen unbewusst zu Partnern gemacht. Anstatt das Kind zu führen, lassen sie sich von ihm steuern.« Eigentlich handle es sich um eine Unreife der Eltern. Diese»tun alles, um von ihren Kindern geliebt zu werden. Sie wollen von ihnen dafür gelobt werden, dass sie hart arbeiten, um dem Kind das teuerste Spielzeug kaufen zu können. Kinder werden in die Elternrolle gedrängt.« Das Kind solle heute alles haben dürfen, und zwar sofort, und es solle sich alles aussuchen dürfen: wechselnde Neigungsgruppen und Bezugspersonen im Kindergarten; freie Arbeit in den Schulen, wo die Kinder nach ihren eigenen Bedürfnissen (Lerntempo) arbeiten können oder auch überhaupt nicht; vielerorts seien die Kontrolle der Hausaufgaben und eine adäquate Notengebung weggefallen. Die Kinder hätten keine Leitfiguren, sie könnten keine Arbeitshaltung oder Frustrationstoleranz entwickeln, weil sie immer alles bekämen und nicht warten müssten.[34]

Niemals gab es eine Generation, in der es so viele *Wunschkinder* gab. Empfängnisverhütung und Abtreibung haben den Prozentsatz der ersehnten Abkömmlinge wesentlich gesteigert. Es sind Kinder, die tatsächlich (aus der Sicht ihrer Eltern) *etwas Besonderes* sind; man wollte sie; man hat sie geplant und sich auf sie gefreut; und sie sind auch deshalb etwas Besonderes, weil es wenige sind. Deshalb hat sich die Botschaft von der Besonderheit jedes»Exemplars« noch stärker aufgedrängt, und sie wurde den Babies schon in die Wiege gelegt: Du bist etwas Einmaliges. Du bist das Wichtigste.

Das klingt paradiesisch. Aber die Härte lauert im Hintergrund. Denn die Jugendlichen *können* nicht nur in diesen Selbstfindungsprozess einsteigen, sie *müssen* es auch: Die Selbstgestaltungsaufforderung gegenüber Jugendlichen gehört einfach dazu. Wer sich im Alter von 16 Jahren nicht mit der»Wer-bin-ich-Frage« auseinandersetzt, mit dem stimmt etwas nicht. Vor hundert Jahren hätte man denjenigen, der diese Frage stellt, in die Kategorie psychisch Verdächtiger eingereiht; heute hat sich die Sache umgedreht: Wer diese Frage nicht ernst nimmt, der befindet sich auf keinem guten Weg.[35] Aber natürlich ist diese Aufgabe eine gewaltige Überforderung.

Das innere Erleben

Welche Materialien stehen für dieses Selbsterschaffungsprojekt und diese Lebensumweltgestaltungsarbeit zur Verfügung? Die großen Erzählungen und Ideologien sind es nicht mehr, denn sie liefern keine handfesten Kriterien mehr, nach denen die *Human-Design*-Aktivität zu vollziehen wäre. Das Christentum bietet für die meisten Menschen im Abendland keine umfassende Erzählung mehr, mithilfe derer Person und Welt zu verstehen wären. An den Sozialismus glauben nur noch wenige Restexemplare aus dem 20. Jahrhundert, und anderen Ideologien geht es nicht viel besser. Selbst der Aufklärungsglaube, das Vertrauen in den Verstand und die Wissenschaft, hat schon einmal bessere Zeiten gesehen.[36] Der Fortschritt hat sein Janusgesicht hinlänglich gezeigt.[37] Die sozial-moralischen Milieus, die Nachbarschaften, die eine selbstverständliche Orientierung für das ganze Leben geboten haben, die solidarischen Notgemeinschaften, in denen man sich zusammenschließen musste, sind verschwunden.[38] Da ist nicht viel, wo man sich festhalten kann. Es ist nicht nur der Wandel, den es immer gibt; vielmehr geht ein *Ancien Régime* zu Ende. Das lineare Leben ist vorbei, es wird chaotisch. Gesellschaftliche Subsysteme bieten keine Sinnwelten. Sie haben ihre eigenen »Codes«, die nichts mit einer Kategorie wie dem *Lebenssinn* – oder mit moralischen Kategorien, nach denen die Menschen ihr Leben ordnen – zu tun haben. Die Wirtschaft will nicht »versorgen«, sondern ist auf die Logik von Geld und Gewinn orientiert. Die Politik will nicht »gestalten«, sie orientiert sich am Prinzip der Machterhaltung beziehungsweise der Wählerstimmenmaximierung. Die Bildung zielt nicht mehr auf die Reife der Persönlichkeit, sondern pragmatisch auf die Vorbereitung für den Arbeitsmarkt. Die Religion hat nicht mehr viel mit Transzendenz, Erlösung und Gnade zu tun, sondern legitimiert sich durch karitative Handlungen. Es mag wohl komfortabel, spannend, unterhaltsam oder exotisch sein, sich durch diese Teilsysteme zu bewegen, aber keines reicht für eine Welterklärung. *Die Ganzheit fehlt.* Niemand erklärt das Ganze. Mit den Potenzen und Rollen kann man »spielen« – oder man fühlt sich ihnen ausgeliefert. Weder sind die großen Ideen und Ideologien noch die kleinen Gruppen und Gemeinschaften verlässlich. Das Gefühl der Behausung in der Welt und der Einbettung in ein verlässliches Ambiente ist verloren gegangen.[39] Da draußen sind nur noch »verlassene Landschaften«. Das bröckelnde *äußere* Zuhause wird durch das *innere* ersetzt: »Halt findet man nur noch in sich selbst.« Der spätmoderne Mensch kann sich nur noch auf sich selbst verlassen.[40] Freilich hat die Sache damit begonnen, dass man sich nirgendwo mehr anhalten *wollte*.[41] Die meisten halten, glücklicherweise, nicht viel von dogmatischen Lehren und heiligen Texten, ob nun Bibel oder Koran, Marx oder Mao. Die *Kultivierung des ständigen Zweifels* ist die große Leistung der europäischen Kultur, und sie rechtfertigt ihren Anspruch auf Universalismus. Sie zieht jeden Glauben in Zweifel, sie ermöglicht ihn aber auch als Freiheit der Andersdenkenden. Man ist frei. Aber das ist eben das Hauptproblem der Individualisierung: Man muss eine Wahlsituation bewältigen, aber man hat keine Kriterien mehr für die Entscheidung. Das schafft existenzielle Unsicherheit. Es besteht Entscheidungszwang ohne Hilfe, wie richtig, vorausschauend und lebensklug zu entscheiden wäre. Die seinerzeitigen Einschränkungen waren unbehaglich, aber der Entscheidungszwang im Zustand der Undurchschaubarkeit ist es auch. Das *Unbehagen an einem Freiheitsmangel* wird vom *Unbehagen an einem Freiheitsüberschuss* abgelöst.

Wenn es nicht mehr Lehren wie jene von der religiösen Tugendhaftigkeit oder vom sozialistischen Engagement sind, die sich als Handlungsmaximen aufdrängen, dann bleibt in einer zweitmodernen Gesellschaft nichts anderes als das Kriterium des inneren Erlebens. Die äußere Welt ist flüchtig und flüssig geworden, deshalb werden Stützen des Seins in den Tiefen der eigenen Seele gesucht. Die Identitätsschaffung ist geglückt, wenn man angenehme Resonanz im Inneren verspürt. Ein gutes Leben ist ein ereignisreiches Leben. Der Tag ist geglückt, wenn man etwas erlebt hat und sich dabei *cool* findet. Alles wird gut, wenn du auf dich selbst hörst; auf dein Inneres, auf Herz oder *spirit*. Dann werden ungeahnte Kräfte wach, und alles wird möglich. *Believe in yourself.*

Vom Schicksal zum Machsal. Äußere Unverfügbarkeiten – Erbschaft, Nation, Schicksalsgemeinschaft – sind für Individuen, die auf ihre eigene Entfaltung ausgerichtet sind, untragbar. Das Schicksal ist abgeschafft. Denn Schicksal ist das *Unverfügbare;* dort endet jede Machbarkeit. Für eine geltungsfeindliche Machbarkeitsgesellschaft ist das unerträglich. Selbst bei Naturkatastrophen müssen die »Schuldigen« ausfindig gemacht werden, und wenn ein Achtzigjähriger stirbt, steht die Vermutung im Raum, dass es wohl ein ärztlicher Fehler gewesen sein dürfte, der ihn das Leben gekostet hat. Alles, was *gilt,* ist unverfügbar und deshalb widerwärtig. Auch Weltanschauungen, wertende Prinzipien oder religiöse Gebote haben im Allgemeinen den unerfreulichen Anspruch der unbedingten Gültigkeit. Aber es gibt sie ohnehin kaum noch, bestenfalls in Form flauschiger Prinzipien, die auch schon wieder diskussionsfähig sind. Alles in allem: »Da draußen« ist kein fester Halt zu gewinnen, weil man ihn sich auch nicht aufoktroyieren lassen will. Der Weg ist – mit einem schönen Begriff von Odo Marquard[42] – vom Schicksal zum »Machsal« gegangen.

Gestaltbarkeit und Vorfindlichkeit. Festen Halt gewinnt man nur dort, wo man glaubt, die eigene Seele ausfindig zu machen. Im Inneren suchen, allenfalls unter quasi-professioneller (therapeutischer) Begleitung, damit man dort mehr finden möge als nur ein schwarzes Loch. Es sind nun allerdings zwei Innerlichkeitsvorstellungen, die die Rezepturen der Individualisierung beherrschen, und sie sind miteinander nur schwer vereinbar. Auf der einen Seite ist es das Prinzip der *Gestaltbarkeit:* Ich mache mich selbst; ich kann und soll mich gestalten; man muss daran arbeiten, einzigartig zu werden. Auf der anderen Seite ist es das Prinzip der *Vorfindlichkeit:* Ich muss mich entfalten, das heißt meinen wahren Wesenskern zum Vorschein bringen; ich muss meine Authentizität eruieren und leben; ich finde mich in der Tiefe meines Ichs. Die Wahrheit des Seins wird – in dieser zweiten Variante – nicht *er-,* sondern *ge*funden.

Es handelt sich also um eine schwierige Ambivalenz: vorfinden und gestalten; an sich selbst arbeiten, um jenen goldenen Kern ans Licht zu heben, der das schon immer vorhandene verborgene Ich ausmacht. Glücklicherweise weisen postmoderne Individuen eine hohe Toleranz gegenüber Ambivalenzen und Inkonsistenzen auf, um diese Vereinigung von »Gestaltung« und »Findung« unter einen Hut – beziehungsweise in den jeweils eigenen Kopf – zu bringen: die Kombination von Designbarkeit und Vorfindlichkeit, von Konstruktion und Exploration.

Überforderung durch Individualisierungszwang. Die Konstruktion einer wahren Identität unter den Bedingungen einer spätmodernen Welt ist eine anspruchsvolle, belastende, im Grunde sogar eine unmögliche Vorgabe. Sicher ist nur, was man *nicht* will: so werden wie die Älteren. Auch das Über-Ich braucht man nicht mehr, wenn man doch ganz Ich sein will – und ohne Über-Ich lebt es sich ganz angenehm. Sich selbst ähnlich werden. Sogar ein bisschen ausgeflippt sein ist super – und mittlerweile in vielen Fällen sogar karrieredienlich.[43] Aber welche Materialien haben die Menschen – als Konstrukteure ihres Ichs, Designer ihrer Lebenswelt und Gestalter ihrer Zukunft – da draußen, in diesem Materialienhaufen, zur Verfügung? Es sind Versatzstücke, die in einem *Supermarkt von weltanschaulichen Accessoires* angeboten werden. Es sind Maximen, die mit den zeitdiagnostischen Begriffen von Multioptionsgesellschaft, Erlebnis- und Spaßgesellschaft, Event-, Sensations- und Spektakelgesellschaft beschrieben werden; als Gesellschaft der »zweiten Moderne« oder der »reflexiven Moderne«; als säkularisierte und entideologisierte Gesellschaft; als »liquide«, »flüchtige« oder »flüssige« Gesellschaft. Viele andere »Etiketten«[44] ließen sich hinzufügen. Innere Fülle, äußere Leere: »Ichlinge« in einer dürren Welt. Institutionen zerbrechen, die »großen Erzählungen« erodieren. Folgerichtig ist die Wendung zur Person: Es bleibt nur das Individuum als Problemlöser. Das ist sein Glück und sein Verhängnis.

Die gebastelte Identität

Die Selbstmanagement-Aufforderung ist unmissverständlich: Werden Sie zum Unternehmer ihres Lebens![45] Die Gesellschaft hat zwar keine Rezepturen zur Identitätskonstruktion, aber sie bietet eine Fülle an materiellen und immateriellen Ressourcen zur Komposition des persönlichen *Styles*. Die Angebote sind vielfältig, verwirrend, inkonsistent; aber dass auch die Persönlichkeiten nicht mehr eines besonders hohen Grades an Konsistenz bedürfen, macht die Konstruktionsarbeit schon wieder leichter. Man muss sich »basteln«. Also fröhlich ans Werk, mit dem Begriff Ronald Hitzlers: eine »Bastelidentität« zusammenkleistern. Ein »Existenzdesign« gestalten.[46] Eine »Wahlbiografie« konzipieren.[47] Ein »Do-it-yourself-Selbst« klempnern. Eine »Patchwork-Identität«[48] generieren.[49]
Die *klassische* Konzeption einer Persönlichkeit hat mit den Begriffen Ganzheit, Kohärenz und Einheitlichkeit operiert; die Person müsse rundum *gelungen* sein, konsistent, beständig, in sich ruhend, autonom, einschätzbar. Die *spätmoderne* Konzeption ist anders: kein souveräner

Entwerfer, eher ein Hobby-Bastler, ein »Pfuscher« des eigenen Lebens. Kein innenarchitektonisches Design mit modern-klaren Linien, eher »Eigenarbeit« mit Baumarkt-Materialien auf dem Versuch-und-Irrtum-Trip. Selbstgestaltung ist stressig: *Identitätsarbeit, Identitätsstress, Identitätsterror.* »Teil-Selbste« komponieren und diese zu einer (quasi) ganzheitlichen Person zusammenfügen: ein wackeliges Gebilde.[50] Aber wenn man die äußeren Dinge in den Griff bekommt, muss dies auch mit den inneren Dingen funktionieren.

Es kann nichts anderes geben als eine Bastelidentität, und die Bastelei an sich selbst findet niemals ein Ende.[51] Das autonome *Kernsubjekt* war wohl immer eine Übertreibung, aber in der Spätmoderne ist das Selbst zersplittert, aufgelöst, widersprüchlich, es hat anomische Züge. Ein »Supermarkt für Weltdeutungsangebote aller Art« hat sich entwickelt, ein Sinn-Markt. Er bietet eine Vielzahl von religiösen, ästhetischen, esoterischen, chauvinistischen, rassistischen, nationalistischen, globalistischen, klassenkämpferischen, kommunistischen, ökologischen, sexistischen, technokratischen, feministischen und vielen anderen Ideen, und selbstverständlich auch die jeweiligen Anti-Ideen.[52] Und alle diese Ideen werden noch von einer reichen Symbolik der Güterwelt überlagert. Man muss das Selbst zusammenstoppeln in einer Welt, in der ein Vokabular wie Kontingenz, Diskontinuität, Fragmentierung, Bruch, Zerstreuung, Reflexivität oder Übergang[53] selbstverständlich geworden ist.[54] Die Identität, die auf diese Weise zustande kommt, hat nicht einmal die Qualität klassischer *Patchwork*-Muster, mit ihren geometrischen Formen und ihrer strukturierten Harmonie. Es ist vielmehr eine Art von *Crazy Quilt:* Dieser »lebt von seiner überraschenden, oft wilden Verknüpfung von Formen und Farben, zielt selten auf bekannte Symbole und Gegenstände.«[55] Ein Durcheinander, ein Fleckerlteppich; es mag dabei etwas herauskommen, was man »schöpferisch« nennen kann.[56]

Lob der Inkonsistenz. Nach dem Schwinden der *großen Ideologien* sind nur noch die kleinen übrig geblieben. »Zu den Moralbeständen verhält sich der Markt wie die große Industrie zu den fossilen Brennstoffen. Sie werden im Zuge ihrer Expansion verbrannt.«[57] Das soll nicht heißen, dass die *kleinen Ideologien* weniger intensiv wirken; aber sie bieten in den wenigsten Fällen ein Lebenskonzept, eine Gesamtdeutung, in der man sich zu Hause fühlen kann. Es sind eher Impulse, Anregungen, Ideen, die man auch in unterschiedlicher, auch inkonsistenter Weise kombinieren kann. Da ist man feministisch, wenn es den eigenen Karrierechancen dient, und technokratisch, wenn es um eine ernsthafte Fachdiskussion geht. Da ist man katholisch, wenn es der momentanen Stimmungslage entspricht, aber man ist auch offen für buddhistische Meditation. Man sitzt im Pfarrgemeinderat, aber fügt einem christlichen *Kerngefühl* ein paar esoterische Praktiken hinzu. Da ist man nationalistisch, wenn es um die Ablehnung der Atomenergie, und kosmopolitisch, wenn es um die Hilfe für Immigranten geht. Da ist man solidarisch, wenn es um staatliche Programme für Ärmere geht, aber utilitaristisch, wenn man eine ausländische Putzfrau für die eigene Wohnung benötigt. Irgendwie geht das alles zusammen, wenn man nicht allzu genau hinschaut.

Die medialen Materialien. Das Selbst braucht Anregungen aus der Außenwelt, und die Medien haben eine besondere Bedeutung als Materiallieferanten für die Identitätsproduktion. Sie konstruieren in der Spätmoderne die wirkliche Welt, mit der die Individuen viel intensiver zu tun haben als mit anderen Personen. Etwas übertrieben formuliert: In den fiktionalen und nicht-fiktionalen Beiträgen der Medien finden sich jene »Generalisierten Anderen«, die definieren, was eine attraktive Persönlichkeit ist.[58] Es werden Körper, Handlungen und Äußerungen vorgeführt und bewertet, die nachgeahmt werden können, als »Kopiervorlagen« für die eigene Präsentation. Anhand dieser Bilder kann man sich selbst orientieren und einstufen. Dass den Menschen die Künstlichkeit dieser Welt bewusst ist, stimmt nicht. Es werden »parasoziale« Beziehungen angeboten, durchaus mit einer Aufladung von Gefühlen, wie für halbwüchsige Mädchen und ihre geliebten *Boygroups*. Mithilfe dieser Welt kann man die eigenen Ideale formen: über Jugendlichkeit, Beruf, Frisur, Fitness, körperliche Attraktivität, Männer und Frauen, *Coolness,* Kleidung usw.

Egozentrik und Narzissmus. Das *Patchwork* des eigenen Bewusstseins wird skizziert und ausgemalt, aber es wird auch ständig neu geflickt und übermalt. Deshalb muss man sich fortwährend um sich selbst kümmern, in sich hineinhorchen, seinen innerlichen Haushalt und seine äußerliche Erscheinung sorgfältig im Blick behalten. Es bleiben fast keine Kräfte mehr übrig, die sich nach außen richten, auf die anderen. Der Egozentriker ist der Idealtypus der Postmoderne. Er kümmert sich in erster Linie um sein Innenleben, und die ganze äußere Welt ist nur eine Ausstülpung davon.»Wie könnte der Identitätsbastler kein Narziss sein?«[59] Die äußere Welt ist nicht mehr als jenes Arrangement, dessen Qualität nach dem Maßstab der psychisch-emotionellen Resonanz bemessen wird: Die Umwelt ist in Ordnung, wenn ich mich gut fühle. Die Umwelt ist schlecht, wenn *ich* nichts spüre. Es ist eine unsichere Grenze zwischen der Selbstwertschätzung und der Selbstliebe; aber eine unbegrenzte Selbstachtung ohne adäquaten Realitätsbezug gleitet in den Narzissmus hinüber.

Pädagoginnen und Pädagogen neigen zur These, man müsse sich zunächst selbst lieben, um mit anderen Menschen gut auszukommen. Doch die Selbstliebe mag eine notwendige Bedingung sein, sie ist aber sicher nicht hinreichend; im Normalfall gilt das Umgekehrte: Narzissten haben keine guten Beziehungen zu anderen Personen. Denn sie sind davon überzeugt, dass ihre eigenen Gefühle und Absichten, Bedürfnisse und Wünsche Vorrang haben, und sie achten jene der anderen nicht. Sie nehmen die Letzteren nicht einmal wahr, weil sie mit der Selbstbeobachtung ausgelastet sind.[60] Außerdem ist ihnen alles erlaubt: Sie betrügen, weil es nur um sie geht; sie verletzen die Gefühle der anderen, weil ihnen diese nicht nachvollziehbar sind; sie setzen die anderen herab, um sich selbst ins Licht zu rücken.[61]

Der neue Mensch. In vielen Utopien ist der Ruf nach einem neuen Menschen laut geworden, in christlichen, emanzipatorischen und sozialistischen Utopien; aber dieser neue Mensch hat noch allemal auf sich warten lassen. Die Konzeption des neuen Menschen am Beginn des 21. Jahrhunderts ist allerdings eine besondere Variante: klassischer Sozialismus auf den Kopf gestellt, schon wieder einmal. Sollte der»neue Mensch« im Sozialismus nämlich alle *individualistische Vorprägung* verlieren, damit er in der solidarischen Gemeinschaft aufgehen kann, so soll er heute, in der Epoche der Individualisierung, alle *kollektiven Identitäten* abstreifen, um ganz er selbst zu sein. Das Individuum wird zum Souverän, zur Monade, zum einmaligen Kunstwerk, zum verpflichtungsfreien Schmetterling. Die Spätmoderne ist eine Schmetterlingsgesellschaft.

Die Last der Möglichkeiten. Aus diesen Überlegungen ergibt sich, dass die individualisierte Identitätserzeugung strapaziös ist: ein Geschenk, aber auch eine Last.[62] Denn die liquide Bastelexistenz endet im

Allgemeinen nicht bei der Herstellung der Autonomie des Menschen, beim realisierten Entwurf eines befreienden Lebensdesigns. Ein Rundblick durch die Gegenwartsgesellschaft zeigt: Es sind nicht nur lauter befreite, glückliche Individuen, die durch die postmoderne Landschaft wuseln. Sie sind wohl im Allgemeinen mit ihren Lebensbedingungen zufrieden, wie Umfragen immer wieder zeigen, und alles andere wäre in einer Luxusgesellschaft, wie sie für die westliche Welt typisch ist, blanke Unvernunft. Sie sind aber unruhigen Gemüts, sie können nicht zur Ruhe kommen, es herrscht Unbehagen, ihre soziale Einbettung ist verloren gegangen, sie sind orientierungslos. Sie können wollen, weil es viele Möglichkeiten gibt, aber sie wissen nicht, was sie wollen sollen. Sie haben ihre Verpflichtungen abgestreift, aber sie fühlen sich allein. Die meisten Hindernisse sind beseitigt, und plötzlich erhebt sich eine große Leere.

Das doppelte Leiden. Das Unglück der Zeitgenossen ist nicht darauf zurückzuführen, dass ihre Befreiung bislang nur in einem unzureichenden Maß umgesetzt worden ist; vielmehr leiden sie an den alten Banden genauso wie an den neuen Freiheiten. Die Probleme der Spätmoderne sind deshalb nicht dadurch zu beseitigen, dass man konsequenter die Reste des Modernismus (aus der »ersten« Moderne, aus dem 20. Jahrhundert) eliminiert, dass man die »wahre« und »reine« »zweite Moderne« (des 21. Jahrhunderts) zur Entfaltung bringt, dass man insbesondere den Durchbruch in die endgültige, noch nicht ganz hergestellte Freiheit schafft. Denn für die meisten Menschen sind die Vorgaben zur Entscheidung und Gestaltung aller Lebensdimensionen eine schlichte Überforderung. Im Alltag erweist sich die Bastelexistenz als eine mühsame Angelegenheit: sich durchwursteln; Materialien komponieren; es den anderen nachmachen; und es möglichst lustig haben. Aber manchmal ist alles eben nicht so lustig.

Die flüchtige Identität

Die Flüchtigkeit des Stils, die für diese Gesellschaft kennzeichnend ist, erfasst die Identität. Auch dies ist ein Kontrast zu früheren Identitätsvorstellungen, die gerade auf den unveränderlichen Kern der Person zielten; auf das »schicksalhafte Gesetz«, welches das Leben des Einzelnen bestimmt; auf den funktionellen Knoten, der sich (mit Max Weber gesprochen) in das »stahlharte Gehäuse der Hörigkeit« einer modernen Welt einpassen muss.[63] Wir haben es nicht mehr mit den »innengeleiteten Charakteren« David Riesmans zu tun,[64] die von einem starken Über-Ich und einer festen Werteskala geleitet werden. Freilich können wir zugeben: Übertrieben waren solche Vorstellungen, Ideen einer innerlichen »Totalität«,[65] allemal. Aber während die Moderne ein stabiles und dauerhaftes Selbst wenigstens *wollte*, hütet sich die Postmoderne davor, weil sie alle Optionen offen halten will – deshalb der Wandel von innengeleiteten Individuen zu außengeleiteten, die sich, ohne Wertgrundlage und Lebensziel, von äußeren Anstößen, nicht zuletzt ihrer *Peergroup*, treiben lassen. In der Moderne herrschte noch einigermaßen Ordnung, weil die Außenwelt, mit der sich nicht spaßen ließ, Druck ausübte: Die Moderne wollte Eindeutigkeit. Mittlerweile, in der Spätmoderne, befinden sich die Institutionen in Erosion und die standardisierten Lebensläufe sind »zerschmettert«.[66] In der »posttraditionalen« Gesellschaft[67] gibt es nicht *die* Tradition, es gibt viele Möglichkeiten. Jede Idee hat Alternativen. Jede Identität hat Alternativen. Jede Stellungnahme zur Welt ist im Grunde lächerlich, bloß ästhetisch und spielerisch; und sie könnte auch ganz anders lauten. In gleicher Weise ist auch jede Stellungnahme zur eigenen Person als ästhetisch-spielerische zu nehmen. Alle Varianten sind »konstruiert« – und deshalb veränderbar. Wenn es viele Sessel gibt, auf denen man sitzen kann, muss man sich einen aussuchen; man kann sie ausprobieren; man kann wechseln; doch es kann geschehen, dass man am Ende zwischen allen Sesseln sitzt.

Wenn man die eigene Identität in den Tiefen der Seele gefunden hat, darf sie im Verständnis einer postmodernen Welt nicht *petrifiziert* werden. In einer flexiblen Gesellschaft muss immer alles zur Disposition gestellt werden können. Die Entscheidungsfreiheit wird nur durch Festlegungsvermeidung gewahrt. Deshalb die Skepsis gegenüber der *Normalbiografie* und die Wertschätzung einer *Wahlbiografie:* Man kann als Regisseur des eigenen Lebens Entscheidungen fällen, aber auch revidieren. Weg also von der innerlichen Totalität; doch am anderen Pol droht der innere Zerfall einer Person, ihre vollständige Fragmentierung, die pathogene Auflösung des Selbst. In dieser Situation muss jeder zum Meister der Kontingenzbewältigung werden. Kein Zufall darf uns mehr schrecken. Herumprobieren ist immer möglich. Die Wege sind kurvenreich geworden.[68]

Ein Dreißigjähriger: »*Andauernd sage ich:* ›*vielleicht*‹. *Das heißt: Ich will mich nie festlegen, ich kann mich schwer entscheiden. Damit bin ich nicht allein. Meine Generation leidet an der Vielleicht-Krankheit, sagen zumindest Beobachter. […] Lebensplan? Nein. Karriere? Nein. Ich mache Jobs, aber vor allem mache ich, was mir wichtig ist.*«[69]

Liquide Konstruktion. Mit der permanenten Flexibilisierung ist nicht die alte und triviale Weisheit gemeint, dass wir niemals *auslernen.* Immer war die Person nur ein vorläufiges Produkt,[70] eher ein Projekt oder ein Prozess.[71] Aber nun muss die Person bewusst in der Schwebe gehalten werden. Flexibilität ist ein Wert für sich. Zu den alten Tugenden gehörten: Stabilität, Verlässlichkeit, Kontinuität. Die neuen Tugenden sind anders: Veränderungsbereitschaft, Offenheit, Wechselbereitschaft, Kurzfristigkeit, Mobilität. Dies gilt für Bildungsgänge, Wohnorte, Partnerschaften und Jobs – und eben auch für Identitäten. Was schert mich der Typ, der ich gestern gewesen bin? Ich bin neugierig darauf, wer ich morgen sein werde.[72] Eigentlich muss man keine Identität, sondern eine *Als-ob-Identität* basteln. Man braucht ein Konstrukt, mit dem man leben kann, und dieses Konstrukt ist ein *work in progress.*

Nomadische Gestalten. Man kann es mit einer bekannten Metapher Zygmunt Baumans sagen:»Die (vergangene) moderne Welt hat das Leben zu einer Pilgerreise gemacht.«[73] Das Ziel ist klar, der Weg erstreckt sich vor der Person, sie muss nur konsequent dahin marschieren. Hindernisse gibt es viele, aber es sind Herausforderungen, die mit Eifer zu überwinden sind. Auch über den Pilger selbst gibt es keinen Zweifel: Jene Person, die aufgebrochen ist, wird am Ziel ankommen. In der postmodernen Welt gibt es den Pilger nicht mehr. Die Sozialformen sind: Flaneur, Vagabund, Tourist und Spieler.[74]

Flaneure spazieren durch die Lebenslandschaft, betrachten Episoden aus dem Leben anderer Menschen, distanziert und gelassen; es sind unverbindliche Begegnungen, sie erfordern kein Engagement und keine Verpflichtung. Vagabunden *sind heimatlos, sie streifen durch ihr Leben, ohne zu wissen, wohin sie wollen, welchen Weg sie gehen, wann sie neue Wege suchen. Wohin immer sie auch geraten, sie bleiben Fremde.* Touristen *sind ebenfalls immer in Bewegung, aber sie suchen, in ihrer Unzufriedenheit, etwas Bestimmtes: Sie suchen neue Erfahrungen und Erlebnisse, sie wollen mit Kuriositäten und mit Exotischem konfrontiert sein.* Spieler *schließlich gambeln durch das Leben, sie betrachten es als Spiel, und sie sehen die anderen als Mitspieler, von denen immer neue am Spieltisch Platz nehmen und wieder verschwinden. Die vier Figuren repräsentieren unterschiedliche Lebenskonzeptionen, aber sie haben etwas Gemeinsames: ein fragmentiertes, diskontinuierliches, bunt-abwechslungsreiches, aber auch* zerrissenes *Leben.*

Denn in dieser Welt muss man Festlegungen vermeiden, die Subjekte müssen flexibel sein. Es ist *Leben im Augenblick.* Alles bleibt locker, alles bleibt im Spielerischen. Selbst der Ernst des Lebens erhält einen spielerischen Charakter. Die Identitätsbastelei ist nicht nur die Strategie der Wahl, weil es keine andere gibt, sie macht auch Spaß: Ergebnis ist eine spielerische, proteische Identität. Alles ist im Fluss. Die Moderne war durch *Fleiß* geprägt, die Postmoderne ist von *Verspieltheit* gekennzeichnet.[75] Spaß will man haben, sagen auch empirische Studien: ein hedonistisches Sinnkonzept.[76]

Äußere und innere Nomadisierung.

Es korrespondiert die Nomadisierung des äußeren Lebens mit jener des inneren. Die *äußere* Nomadisierung wird durch die üblichen Flexibilisierungs- und Mobilitätseuphemismen geadelt: Es gehört zu den Selbstverständlichkeiten, dass jeder jederzeit bereit ist, Wohnort, Profession, Arbeitsplatz oder Aufgabenstellung zu wechseln. Seinerzeit waren jene, die unterwegs waren, arm, heimatlos und verdächtig, und Sesshaftigkeit war ein Verlässlichkeitsmerkmal. Heute ist es umgekehrt: Der Ortsfeste ist verdächtig, psychisch ist er wahrscheinlich defekt, ein Sitzenbleiber, ohne Elan, jedenfalls keiner von den *Gewinnern.* Natürlich wollen, entgegen der Propaganda, die meisten keine Nomaden werden, sie wünschen sich einen festen Wohnsitz, einen krisensicheren Job und einen verlässlichen Partner. Aber es wird ihnen beigebracht, dass sie das nicht wollen sollen. Die »Oberen« machen ihnen das vor, weil sie mit kosmopolitischer Geste zu den lukrativen Jobs *hoppen;* die »Unteren« müssen mobil sein, um an den Brosamen vom Tisch der Reichen Anteil zu haben. An der Gehirnwäsche der gesellschaftlichen »Mitte« arbeitet man noch, denn diese ist widerborstig und will nicht verstehen, warum sie jederzeit bereit sein soll, alle Lebensumstände zur Disposition zu stellen.[77]

Denn der Sesshafte wird als Sklerotiker angesehen. Das betrifft nicht nur

Ort und Zeit, auch die sozialen Bindungen werden dem Befehl von Flexibilisierung und Mobilität unterstellt: Wenn man schon bereit ist, jederzeit alles, was einem wichtig ist, auszutauschen, warum nicht auch den Partner oder die Partnerin? (Oder es ist einem eben nichts wichtig, einschließlich der Partnerbeziehung.) Freilich ist es nicht immer einfach, das Angebot zu sichten. Einschlägige Zeitschriften thematisieren das, etwa die Schwierigkeiten von Frauen über 30, passende Partner zu finden – recht locker die Zeitschrift *Wienerin:* »Frauen, die aufs Ganze gehen. Eine Frau über 30 wird eher von einem Tiger gefressen als einen passenden Mann finden. Da hilft nur noch die ganz rabiate Methode: *the unfriendly takeover!*«[78]

Die äußere Nomadisierung wird durch die innere ergänzt: die Wandelbarkeit der *Innenausstattung.* Wer auf der Höhe der Zeit sein will, der legt sich täglich anders an, da es doch gilt, sich in einer ständig veränderten Umwelt erfolgreich zu platzieren. Alles verschiebt sich, wandelt sich, glitzert und blinkt; und das ist auch mit der eigenen Persönlichkeit nicht anders. Irgendwie bleibt man sich dabei selbst auf Dauer fremd. »Doch die Leichtigkeit des Seins ist Pflicht.« Die (ernsthafte) moderne Identität drehte sich um jemandes Beruf oder Funktion in Öffentlichkeit und Familie, die (spielerische) postmoderne Identität bezieht sich auf Freizeit, auf Blicke, *Images* und Konsum.[79] Die *individualisierten Rollen* werden in unterschiedlichen Kontexten gespielt, und alles erweist sich als relativ: Man spielt mit den Rollen, man füllt sie aus, man hat sie mehr oder weniger unter Kontrolle, und so ist es auch mit der Identität. Man kann sich nicht ausruhen in einer Identität, mit der man spielt. Als »Existenzbastler« muss man zu seiner »Bastelexistenz«[80] ein lockeres Verhältnis haben. Eine *Identität als Nicht-Identität:* Wer sich auf einen Lebensentwurf festlegt, ist nicht zeitgemäß. Man muss die Bälle in der Luft halten. Aber es ist anstrengend, diese Leichtigkeit aufrechtzuerhalten. Doch das gehört zu einer angemessenen postmodernen Identitätsrepräsentation. Wir quälen uns ein ironisches Lächeln ab. Wir müssen beweisen, dass wir uns gut fühlen. Wem das Lächeln gefriert, der ist schon ein »Loser«.

Matthias Junge geht noch einen Schritt weiter. Nicht nur die Komposition unterschiedlicher Rollen, die »Kreuzung sozialer Kreise«, ist es, die in der Spätmoderne Individualität ausmacht; jede einzelne Rolle wird auch durch ihre Interpretation, durch die Rollenauffassung des Rollenträgers, zu einer individualisierten Darstellung.[81] Das hat freilich auch schon für die Moderne gegolten; aber in der Postmoderne wird jede Rolle viel freier spielbar, die Rollenvorlagen sind weniger strikt. Die Performanz wird variabel, ein Stück weit sogar *spontanes Theater*.

Um sich in dieser Situation zu behaupten, braucht man »Identitätskapital«: Kompetenzen, um sein Selbst zu erarbeiten, zu modifizieren, zu präsentieren, zu warten.[82] Schließlich stellt sich, wenn in der eigenen Seele alles sorgfältig arrangiert ist, immer noch die Aufgabe, die eigene Person in einer Vielzahl von höchst unterschiedlichen Situationen zu präsentieren. Man muss nicht nur mit sich selbst zurechtkommen, sondern auch mit der Inszenierung im sozialen Ambiente. Man muss nicht nur ein handhabbares Selbst (er)finden, sondern es in brüchigen und ambivalenten Situationen bewähren. In der Moderne hat man mit Interesse festgestellt, dass viele Menschen irgendwann in die *Midlife-Crisis* geraten. Es ist nicht verwunderlich, dass viele in der Spätmoderne schon in die *Midtwenties-Crisis* geraten: Wie lernt man das Inszenierungs-Knowhow?

Die Exhibition der Identität. Das Wesentliche, was den anderen mitzuteilen ist, ist nicht mehr in den Kategorien von Reichtum und Reputation, sondern in jenen von Identität und Erlebnis zu fassen. Man muss den anderen sagen, wer man ist; zumal wenn man es selbst nicht so genau weiß – aber wie sagt man das? Es beginnt bei den Partnerbeziehungen, hinsichtlich derer die Ratschläge aus den üblichen Männer- und Frauenzeitschriften auf Dialog und Diskurs zielen. Der banale Konsens: *Alles ausreden* ist die naheliegende Lösung, das liegt im Trend. Unterstellt wird, dass sich dabei jeder bemüht, dem anderen zuzuhören. In der *Me-Generation* endet die Sache allerdings oft damit, dass jeder sich selbst zuhören will. Denn wenn man sich selbst schon so wichtig ist, dann muss auch der Partner alles wichtig finden, was man fühlt und denkt (und sei es noch so absurd). Offenheit wird zur Pflicht. Die Ratgeber sind sich sicher: Kommunikation kann alles lösen, auch was sexuelle Wünsche betrifft. Liebe ist eine therapeutische Angelegenheit: Die Partner müssen daran arbeiten, ihre Gefühle zu managen, ihre Probleme zu lösen und ihr volles Potenzial zu entfalten.[83] In Wirklichkeit bleibt es oft beim Psycho-Gesudere und beim Betroffenheits-Geschwätz. Da Identität eine *Wettbewerbsressource* darstellt, muss sie auch vorzeigbar sein, und der Unterschied zwischen Öffentlichkeit und Privatheit schwindet. Es gibt keinen Grund, dem anderen seine Geheimnisse nicht zu verraten, bis hin zu den Perversitäten. Schamlosigkeit wird häufig als Offenheit honoriert. Günther Anders zieht einen unangenehmen Vergleich: Die Exhibitionsbereitschaft der Postmoderne sei genauso charakteristisch wie die Selbstbezichtigungsmanie für die unter blutigem Terror, also in totalitären Diktaturen, lebenden Menschen.[84] Die Absicherung der eigenen Position erfolgt durch die Mitteilung, wie viel Spaß man hat; denn dann ist man erfolgreich. Aus allen VIP-Versammlungen erschallt diese Botschaft. Wenn die Kameras vorbeikommen, muss man auch noch einen originellen Sager abringen, weil man ein kreativspritziger Mensch ist, unkonventionell, jovial und für alles zu haben. Deshalb an allen Ecken der Gesellschaft das Kreischen und das Gekichere. Nur wer stark ist, hat Spaß. Nur wer Spaß hat, ist stark. Das muss man beweisen.

Der plurale Akteur. Die Schwierigkeit um das eigene Ich ist damit nicht gelöst. Das Ich wird gebastelt und in flüssigem Zustand gehalten, und dazu kommt noch, dass es selbst mehrschichtig, inkonsistent und vielseitig ist. Das Ich ist gar kein Ich, sondern es besteht aus mehreren Ichs. Jede Person ist eine ganze »Gruppe«. Was heißt das? Der französische Soziologe Bernard Lahire spricht von einem »pluralen Akteur«: Wir können, gerade in der postmodernen Welt, nicht von einer geschlossenen Persönlichkeit ausgehen, auch nicht einmal von einem konsistenten Lebensstil (oder einem Habitus im Sinne Pierre Bourdieus).[85] Lahire betont die Unterschiedlichkeit der Kontexte, in denen die Menschen leben und handeln. In diesen unterschiedlichen Kontexten können »mehrere Handlungslogiken nebeneinander bestehen«. Jeder Einzelne verkörpert also mehrere Persönlichkeiten, er kann mehrere Stile beherrschen. Er kann seine Handlungsdispositionen umschalten (code switching) und mischen (code mixing).[86] Ein Student kann ein engagierter Lerner sein, der im Studium gut unterwegs ist, aber er kann auch ein begeisterter Party-Geher sein, der schon einmal über die Stränge schlägt, und vielleicht ist er auch noch ein erstklassiger Snowboarder. Der Konzernmanager mag Kunst sammeln, nicht nur als Vermögensanlage, sondern aus Begeisterung, und er mag in einschlägigen Kreisen als sachverständiger Kunstliebhaber anerkannt sein. Individualität »wird unter anderem durch die vielfältigen Beziehungen und Rollenerwartungen, in denen sich ein Mensch befindet, erzeugt. Je mehr Rollenerwartungen an einen Menschen herangetragen werden, umso einzigartiger ist ihre Kombination. Das bedeutet, je mehr soziale Differenzierung vorliegt, umso mehr Individualität kann erworben werden.«[87] Und doch müssen auch im Fall multipler Identitäten[88] diese Konzepte miteinander irgendwie in Einklang gebracht werden, wenn man also ein musikalisches Selbst für die Oper und ein professionelles Selbst für den Beruf, ein spaßiges Selbst für die Freunde und ein geduldiges Selbst für die Familie, ein intellektuelles Selbst für den Konferenzauftritt und ein egalitäres Selbst für den Umgang mit Handwerkern konzipiert. Sonst wäre die Sache wirklich pathologisch.

Die Identität besteht dann aus einer originellen Kombination von Teil-Identitäten, die aber ihrerseits mehr sind als Simmels unterschiedliche »Kreise«. Es sind Teil-Identitäten, die schon das Ganze der Person zum Ausdruck bringen, die »persönlich« ausgestaltet werden können, die in bestimmten Verpflichtungen und Verbindlichkeiten verankert sind, in denen jeweils bestimmte Facetten betont werden.[89] Dann sind es tatsächlich verschiedene »Selbste« – mit Umschaltmöglichkeit, aber doch in irgendeinem Zusammenhang. Stuart Hall fasst zusammen:»Das postmoderne Subjekt […] nimmt zu verschiedenen Zeiten verschiedene Identitäten an, die nicht um ein kohärentes ›Ich‹ herum vereinheitlicht worden sind. In uns wirken widersprüchliche Identitäten, die in verschiedene Richtungen drängen, sodass unsere Identifikationen beständig wechseln. Wenn wir meinen, eine einheitliche Identität von der Geburt bis zum Tod zu haben, dann bloß, weil wir eine tröstliche Geschichte oder ›Erzählung unseres Ichs‹ über uns selbst konstruieren. Die völlig vereinheitlichte, vervollkommnete, sichere und kohärente Identität ist eine Illusion.«[90] Die Illusion mag uns ruhiger schlafen lassen – oder sie stürzt uns erst recht in Ängste. Denn die Ausrede, dass eben die chaotische Bastelei die verlässliche Basis einer spätmodernen Identität darstelle, ist natürlich in Wahrheit nicht allzu beruhigend.

Die Aufgabenstellung ist also: Erstens gilt es, aus den vorhandenen Materialien (auf den Märkten) eine *originäre und originelle Identität* zu basteln. Die Auswahl solcher Identitäten ist insofern begrenzt, als es sich um eine in dieser Gesellschaft verfügbare und zugängliche Identität handeln muss. Im vorigen Jahrhundert hätten sich Frauen nicht für eine Universitätskarriere oder eine Managementposition entscheiden können. Im Wandel der sexuellen Auffassungen ist auch eine Identität als Transsexueller möglich geworden.[91] Zweitens ist diese Identität so *marktkonform* auszugestalten, dass sie mit dem System kompatibel ist, unter

Beibehaltung des Bewusstseins von der Einmaligkeit. Schließlich will man im Prozess der Identitätsfindung nicht notwendig aus der Gesellschaft *aussteigen*. Aber die Menschen haben das Paradoxon akzeptiert: Volle »Selbstentfaltung« ist erreicht, wenn eine hohe Marktnachfrage nach der speziellen Identitätskonfiguration besteht. (Wenn ich meine »wirkliche Authentizität« gefunden habe, bin ich auch für den Arbeitsmarkt attraktiv; wenn ich für den Arbeitsmarkt attraktiv bin, so ist das ein Indiz dafür, dass ich meine »wirkliche Authentizität« gefunden habe – von solchen Gleichungen muss man sich erst einmal überzeugen lassen.) Drittens ist diese Identität so *liquide und wandelbar* zu halten, dass sie keine Festlegung bedeutet, also nicht zukünftige Abwandlungen ihrer selbst verhindert. Man hat somit temporär gültige Erzählungen über das Ich, aber diese können sich auch ändern – der erfolgreiche zweitmoderne Mensch ist polyidentitär, schizophren, inkonsistenztolerant. Viertens mag die ganze Angelegenheit lebenswichtig sein, aber sie ist dennoch *nicht ganz ernst* zu nehmen, weil man sich seinen Spaß nicht verderben lassen soll. Fünftens ist dann, wenn das authentische Selbst gefunden worden ist, dieses Selbst zu *kommunizieren* und zu *inszenieren* – was in einer Gesellschaft differenzierter Milieus keine leichte Aufgabe ist. Sechstens muss man in der komplexen Spätmoderne gewärtig sein, dass man in verschiedenen Rollen und Situationen unterwegs ist; man muss also über die Fähigkeit eines Switchings zwischen verschiedenen Personen oder Identitäten verfügen und dennoch in jeder Lage klar signalisieren, dass es sich um authentische Personkerne handelt.

Die ambivalente Lage

Individualisierung – das klingt gut. Wer wollte schon nicht individuell sein? Sind die Bedenken, die hinsichtlich der Schwierigkeit der Individualitätskonstruktion geäußert wurden, nicht bloß eine Nörgelei von Menschen, denen einfach nichts recht ist? Wenn ihnen gesagt wird, was sie tun sollen, begehren sie auf, und wenn ihnen angesonnen wird, selbst zu entscheiden, passt es ihnen auch nicht. Ist es nicht ein Geschenk des Schicksals, in einer »liberalen« Gesellschaft zu leben, in der man vieles entscheiden kann? Soll uns bloß nichts Schlimmeres passieren.
Das ist sicher richtig. Aber schon beim flüchtigen Hinsehen zeigt sich die *Ambivalenz* der Individualisierung. Die *Chancen* sind klar: mehr Möglichkeiten, mehr Selbstentfaltung, mehr entscheiden können, das

Leben selbst in die Hand nehmen, Vergrößerung der Autonomiespielräume, Befreiung. Keiner will in eine »geschlossene Gesellschaft« zurück. Die *Risiken* einer »Individualismus-Falle«[92] sind aber auch klar: Selbstverantwortlichkeit; Entscheidungsdruck; niemand anderem die Schuld geben können, wenn etwas schief geht; soziale Bindungen verlieren; in der Unsicherheit leben; zur Freiheit verurteilt sein. Die Spätmoderne ist in einem langen Prozess *reflexiv* geworden, und sie hat dabei die äußeren Strukturen, die zumindest zeitweise von der Dauerreflexion entbunden haben, verloren. Jeder sucht seinen Weg, auch wenn dieser andere Bindungen nachrangig werden lässt. *Die Erfolgsgeschichte ist auch eine Verlustgeschichte.* Die Welt ist ungeordnet, bedeutungslos, entzaubert. Es gelten nur noch die instrumentelle Vernunft, die Technik, die Effizienz, die Kosten-Nutzen-Logik – oder Erlebnis und Spaß. Auch heroische Dimensionen sind verloren gegangen. Es bleibt ein erbärmliches Behagen; eine Verflachung und Verengung des Lebens.[93]

Geschlechter-Arrangements. Natürlich ist die ökonomische Gleichstellung der Frauen, die seinerzeit für das »Sozialkapital« in Verwandtschaft und Nachbarschaft gesorgt haben, die wesentlichste Veränderung. Sie haben ihre Arbeitskraft vom informellen in den formellen Bereich verlagert, und die Gesellschaft, die mit der neuen Konstellation nicht zurechtkommt, tut einstweilen so, als ließe sich die frühere weibliche Arbeitskraft im informellen Bereich folgenlos und ersatzlos streichen.[94] Freilich zeigt die Praxis, dass sich mit zwei berufstätigen Partnern, die gerade unter modernen Flexibilisierungsbedingungen auch noch ein bisschen »workoholisch« Karriere machen und ihre selbstständigen Lebensentwürfe abstimmen wollen, schwer eine Familie gestalten lässt. Wir haben *Gender*-Identitäten, die derzeit zueinander nicht passen wollen. Die Folge: »Die Normalform der individualisierten Partnerschaft ist das kinderlose Akademikerpaar, das verheiratet ist und einen gemeinsamen Haushalt führt.«[95] Individualisierung muss Bindungen minimieren, denn jede regelmäßige Verpflichtung bedeutet eine Einschränkung der eigenen Entscheidungsmöglichkeiten. Es ist *Verdrängung,* will man um die Tatsache herumdiskutieren, dass eine solche Gesellschaft nicht sonderlich solidarisch sein kann. Wenn jeder Akt der Solidarität nicht aus einem zur Hilfe bereitstehenden und verfügbaren Potenzial (an Kraft und Zeit) resultiert, sondern eines beträchtlichen Organisationsaufwandes bedarf (weil gerade die Ressourcen

Kraft und Zeit knapp sind), dann steht es um den gesellschaftlichen Zusammenhalt nicht gut. Es bleiben bürokratische Sozialtransfers. Mit dieser unerfreulichen Situation kommen die Individuen nur zurecht, indem sie sich noch intensiver mit der Ideologie der Selbstverwirklichung trösten. Man bedient sich der einschlägigen Rhetorik, um diesem Leben, das ein stetes Gefühl des Versäumnisses und der Überforderung vermittelt, einen starken Flair zu verleihen.

In verschiedenen Ratgeber-Zeitschriften werden Gender und Sex mit Selbstverwirklichung eng verknüpft: Frauen sollen von ihren Partnern einfordern, an der Kombination von Beruf, Familie und Kindern mitzuarbeiten; längst sind sie ermutigt, dem eigenen sexuellen Begehren in unterschiedlichen Spielarten Ausdruck zu verleihen; sie müssen sich selbst lieben und die eigenen Bedürfnisse durchsetzen. Das Frauenmagazin Wienerin *hat aber auch Verständnis für die Schwierigkeiten des Rollenwandels für die Männer: Diese seien orientierungslos; die Grenzen zwischen Männern und Frauen verschwimmen; der Softie ist out, der Macho ist tot, der Metro einfach nur lächerlich, und irgendwie weiß keiner mehr, was Frauen eigentlich wirklich wollen.[96] Die Zeitschrift trägt allerdings vielleicht doch zu den Schwierigkeiten dadurch bei, dass sie Untreue in den meisten Beiträgen positiv bewertet, der Seitensprung wird mit Aufregung, Lust und Leidenschaft assoziiert; er sei etwas ganz Normales; und ein schlechtes Gewissen müsse man deshalb nicht haben. Gleichzeitig wird der Themenkreis Kinder und Erziehung häufig mit Belastungen und Problemen assoziiert. Ja sogar für die Sinnlichkeit seien die Kinder eine Bedrohung, jedenfalls aber beeinträchtigten sie die eigene Persönlichkeit und die Karriere. Nur die Alleinerzieherin wird als positives Modell dargestellt. Da der Seitensprung[97] und das Sich-auseinander-Leben der Partner als wesentliche Trennungsgründe genannt werden, ist es konsequent, dass auch die Trennung grundsätzlich positiv bewertet wird: Sie kann das Selbstvertrauen stärken, die Chance bieten, frei zu sein und seine Kreativität auszuleben; die Trennung sei oft das Beste an einer Beziehung; es gibt die Kraft, die in der Krise wohnt.[98] Man kann sich des Eindrucks nicht erwehren, dass auch in der Redaktion der Zeitschrift das Sein das Bewusstsein bestimmt. Angesichts derart eindeutiger Botschaften ist es nicht verwunderlich, dass jüngere Leute zwar immer wieder ihre Sehnsucht nach Liebe und Treue artikulieren, dass sie aber glauben, im Interview eine Entschuldigung dafür finden zu müssen, dass sie mit ihrer Partnerin schon mehrere Jahre zusammen sind. Ein*

Student, der im Alter von 25 Jahren eine bereits seit sieben Jahren bestehende Partnerschaft verteidigt, muss offenbar den Verdacht zerstreuen,»unzeitgemäß« zu sein, weil die Norm dahin drängen würde, eine gewisse Variation seiner Beziehungen durchzuspielen. Eine Studentin sieht sich genötigt, die funktionierende Ehe ihrer Eltern zu entschuldigen: Damals, in den fünfziger Jahren, wäre der soziale Druck stark gewesen und man hätte sich bald einmal zufrieden gegeben, ja man hätte sogar selbst geglaubt, das Richtige gefunden zu haben.[99]

Der Druck ist stark, insbesondere auf Frauen. Das *klassische Stereotyp* Küche/Kinder/Kirche ist unter einen unwiderlegbaren Repressionsverdacht geraten: verhinderte Individualisierung, Notwendigkeit der Befreiung, radikaler Subjektivismus als Gegenmodell.[100] Das *neue Stereotyp* zielt auf die Angleichung an die herkömmliche Männerrolle, insbesondere in Sachen Job und Karriere – aber da es das gerade allgemeine geteilte Stereotyp ist, wird es nicht als solches betrachtet. Die Männer machen zögerlich mit; jene, die den Wandel ernst nehmen, katapultieren sich aus der Laufbahn, weil ihnen in Wahrheit viel geringere Lebensgestaltungsspielräume zugestanden werden als den Frauen. Sie bleiben auf die Männer-Rollen festgelegt (zugestanden, langsam beginnt sich etwas zu bewegen). So ändern sich die Zeiten: Was bei den Männern bis vor kurzer Zeit mit *Entfremdungs-Begriffen* bedacht worden ist, wird bei den Frauen nunmehr mit *Selbstentfaltungs-Begriffen* beschrieben.»Dass die Menschen ihre Liebesbeziehungen und die Fürsorge für ihre Kinder opfern, um ihre Karriere zu verfolgen, ist nicht das wirklich Eigentümliche [unserer Zeit]. So etwas hat es vielleicht immer schon gegeben. Das Ausschlaggebende ist, dass sich heute viele Menschen dazu aufgefordert fühlen, dass sie meinen, sie müssten so handeln, und dass sie spüren, ihr Leben wäre irgendwie vergeudet oder unerfüllt, wenn sie nicht so verfahren würden.«[101] Dass die Vergeudung vielleicht anderswo stattgefunden hat, weiß man erst, wenn es zu spät ist.

»Mittlerweile sind längst die Frauen in der Offensive. Sie schaffen es, nicht nur im Studium oder im Beruf mindestens so gut zu sein wie die Männer, sie haben auch ihr Privatleben im Griff und sind daneben natürlich beste Freundin und immer auch gute Tochter. Die Drei-Wetter-Taft-Frau ist auf dem Vormarsch. Sie fährt nicht mehr nachmittags in die Stadt, um für die Kleinen Kinderschokolade zu kaufen, sondern kommt abends mit dem Audi

heim, um den Geschäftsabschluss zu feiern. Die intakte Beziehung ist aber in der Wirklichkeit wie in der Werbung das Ideal auch unserer Generation geblieben, nie gab es so viele junge Menschen, die so lange zusammenblieben, nie so viele, die sich mit Zwanzig kennenlernten und dann Ende Zwanzig tatsächlich heirateten. Vielleicht gerade weil sich alles ändert zwischen Mann und Frau, ist die Treue wieder zu einem wichtigen Wert geworden. Man weiß, dass es mit einem anderen früher oder später zu denselben Problemen kommt. Da bleibt man lieber bei dem, mit dem man natürlich neben allen Schwierigkeiten auch viel Spaß hat. Und bei dem man weiß, was man hat. Die Generation Golf ist die erste, für die die Gleichberechtigung halbwegs Wirklichkeit geworden ist, für die sich die Kräfteverhältnisse nachhaltig verschoben haben. Und deshalb stehen wir vor Problemen, für die uns niemand Lösungen anbieten kann. Männer wie Frauen werden nun berufsbedingt in andere Städte versetzt, die Frauen ziehen nicht mehr automatisch mit, wenn der Freund umzieht. Die Frauen wissen, dass sie sich nehmen können, was sie wollen, weil sie von Sharon Stone gelernt haben, dass man nur die Beine richtig übereinanderschlagen muss. Und die Männer wissen noch nicht so recht, wie sie mit ihrer neuen Rolle umgehen sollen. Weil wir natürlich überhaupt noch nicht richtig begriffen haben, dass wir eine neue Rolle haben. Wir verteidigen uns, entschuldigen uns, bemühen uns. Und sollen doch weiterhin die Stereoanlagen reparieren können. Erst dachten wir alle, statt Machogehabe sei nun der Softie gefragt, aber dann merkten wir, dass es das nun auch nicht war, was die Frauen wollten. Nun herrscht erst einmal Ratlosigkeit, und jeder macht weiter wie bisher, spült aber öfter mal ab.«[102]

Alle empirischen Befunde deuten darauf hin, dass Liebes-, Partner- und Familienbeziehungen eine große Sehnsucht für die Menschen darstellen; dieser Befund ist vereinbar damit, dass sie ihre Sehnsucht nicht zu realisieren vermögen. Sie sehnen sich nach Liebe, aber die Scheidungsraten steigen. Sie wollen Kinder, aber die Geburtenraten sinken. Liebe und Familie sind nicht unwichtig geworden, sie werden nur immer weniger machbar – obwohl schon vor den ersten Beziehungen ein hoher Informationsstand erreicht wird. Die Bilder und Beschreibungen des sexuellen Aktes sind leicht zugänglich, schon vor dem ersten Mal haben sich die Jugendlichen intrapsychische Skripts angeeignet, ja sie werden als »overscripted« beschrieben. Diese Bilder und Schablonen dienen als Maßstab, und die Jugendlichen sind, manchmal verkrampft, bestrebt, es richtig zu machen und mit den »Vorlagen« mitzuhalten.[103] Diese Aspekte sind an dieser Stelle nur deshalb anzuführen, weil Liebesbeziehungen im Prozess der Identitätsfindung, auch in der Perspektive der meisten Menschen, eine ganz entscheidende Rolle spielen, vor allem auch,»weil die innerlich erzeugte Identität an ihnen ihre Feuerprobe bestehen muss«.[104] Aber das gilt nicht immer, gerade in der Spätmoderne. Es macht sich immer mehr auch das umgekehrte Verhältnis breit: Liebesbeziehungen gehen in Ordnung, solange sie die selbstgebastelte Identität nicht berühren oder gefährden. Sie werden jedoch zur Disposition gestellt, sofern sie die Identität in Frage stellen. Der Identitätsdiskurs tritt aber auch direkt als *spaltende Kraft* in Partnerbeziehungen auf; dann nämlich, wenn Partnerschaftsprobleme in seiner Sprache geführt werden, um eine Trennung zu rechtfertigen: Man muss sich selbst entfalten; und das geht nur ohne Partner oder Partnerin. Doch selbst diese Phase schwächt sich vielleicht schon ab; im Aufschwung scheint das Prinzip zu sein, dass Liebesbeziehungen in Ordnung gehen, wenn sie (nein, nicht die Identität, sondern) den Job nicht berühren oder gefährden.

Leben in Ambivalenzen. Wie lebt man unter diesen Bedingungen? Die erste Antwort: in *Unsicherheit*. Man muss mit Zufällen rechnen, das ist die *Kontingenz* des Daseins. Auf dem Weg in die moderne Welt wurde die Unsicherheit immer stärker reduziert, indem eine »künstliche Natur« geschaffen wurde, eine Ordnung mit ihren Regelmäßigkeiten und technischen Bewältigungsmöglichkeiten. Der Mensch kompensiert seine Mängel, indem er seine Kreativität zum Einsatz bringt,[105] und mit ihr schafft er Strukturen, in denen Ordnung und Regelgebundenheit herrschen. Man ist vergleichsweise sicher in der modernen Welt. Es ist entlastend, wenn man nicht mehr in jeder Minute mit allem rechnen muss.[106] Dennoch sagt Peter Atteslander über die Gegenwart:»Relativer materieller Wohlstand und die Bequemlichkeit medienorientierten Freizeitverhaltens überdecken eine tiefe Ratlosigkeit. Viele Verhaltensweisen lassen sich zunächst nur schwerlich auf die um sich greifende, endemische Ratlosigkeit zurückführen. Die unübersichtlicher werdenden, insgesamt zunehmenden Krankheitsbilder gehören dazu, ebenso Drogenkonsum aller Art, vor allem bei den Jungen. Alkoholismus und durchaus auch die Workaholics sind sozusagen epidemiologische Merkmale der Ratlosigkeit.« Um den klassischen Begriff zu verwenden: Es ist eine anomische Situation:»Das

Fortschreiten der wissenschaftlichen Erkenntnis und ihrer Anwendung hat zu einem anomischen Ungleichgewicht zwischen dem immer mächtiger werdenden Verfügungswissen einerseits und dem immer größer werdenden Bedarf an Orientierungswissen andererseits geführt.«[107] Es funktioniert, aber was ist der Sinn der Sache?

Ein zweiter Aspekt ist *Einsamkeit.* Ursprünglich war es schön, allein (und anonym) zu sein, in dem Sinn, dass einem nicht dauernd einer oder viele über die Schultern schauten. Jetzt stellen viele fest, dass diese Situation nicht immer schön ist. Man kann nicht die meiste Zeit autonom handeln, also auf die anderen keine Rücksicht nehmen, und dann, wenn man Probleme hat, mit den anderen rechnen wollen. Selbstständigkeit dieser Art bedeutet, dass man selbst mit dem Leben und allen seinen Problemen fertig werden muss, auch dann, wenn man sich nicht in seiner stärksten Phase befindet. Das ist nichts für die Schwachen. Denn auch die moralische Verantwortung trifft den Einzelnen nicht mehr: Sie wird hinterfragt und allenfalls auf kollektive Institutionen verlagert. Man braucht niemandem mehr in die Augen zu schauen.

Ein dritter Aspekt ist *Visionslosigkeit.* Karl Popper hat dieses Szenarium nicht gemeint, als er von der »offenen Gesellschaft« sprach.[108] Die »neue offene Gesellschaft« hat nicht nur die Freiheiten geschaffen. Es ist auch eine Gesellschaft, »die wie nie zuvor unfähig ist, mit einem Mindestmaß an Sicherheit den eigenen Kurs zu bestimmen und den einmal eingeschlagenen Weg gegen äußere Einflüsse zu verteidigen. War das Attribut ›offen‹ einst ein geschätztes, aber zerbrechliches Produkt von mutiger, wenn auch anstrengender *Selbstbehauptung,* so wird es heutzutage meist mit einem unausweichlichen *Schicksal* assoziiert, mit den weder geplanten noch vorhergesehenen Nebenwirkungen der ›negativen Globalisierung‹.«[109] Und nicht nur die Globalisierung nach außen ist es, die zu schaffen macht, sondern auch die Grenzenlosigkeit und Unstrukturiertheit nach innen, in den Köpfen und in den Gemütern. Es ist jede Planungsambition aufgegeben worden. »Es schwindet der Glaube an ein Ende des Wegs, auf dem wir voranschreiten, an ein erreichbares Telos des historischen Prozesses, an einen Zustand der Perfektion, den wir morgen oder im nächsten Jahrhundert erreichen können, der Glaube an eine gute und gerechte Gesellschaft, ohne Konflikte in irgendeinem Sinn: sei es ein dauerhaftes Gleichgewicht zwischen Angebot und Nachfrage und die Befriedigung aller Bedürfnisse, die perfekte Ordnung, in der alles und jeder seinen Platz gefunden hat, niemand am falschen Ort ist und kein Zweifel darüber herrscht, wer oder was wohin gehört.«[110] *Niemand ist am richtigen Ort, weil es diesen nicht mehr gibt.* Niemand kann an eine gute und gerechte Gesellschaft der Zukunft glauben, weil es keine Kriterien für das Gute und Gerechte gibt. Wohl gibt es noch irgendeine Art von sozialer Ordnung, sonst wäre Leben gar nicht möglich; aber diese ist nicht fassbar, sie ist immer hinterfragbar und deshalb nicht einmal argumentierbar – weil es ja nicht einmal Kriterien für die Argumentation gäbe. Das alles schafft *Unbehagen.*

Die optionalistische Gesellschaft

Individuen mögen mit besonderer Vorliebe in sich hineinhorchen, um eine Antwort auf die Frage nach dem Selbst zu erhalten, aber natürlich leben sie trotz dieser Egozentrierung in einer Gesellschaft, die ihnen die Maßstäbe für den Prozess der Individualisierung liefert. Sie sind schließlich keine Einsiedler, und sie sind ebenso oft selbstbewusst wie verunsichert. Sie leben in einer turbulenten Umwelt, und um den Prozess der Selbst-Suche einschätzen zu können, müssen wir die Besonderheiten dieser Umwelt betrachten.[111]

Die zweitmoderne Welt ist, wie der Schweizer Soziologe Peter Gross gesagt hat, eine *Multioptionsgesellschaft.*[112] Das Prinzip ihrer Entwicklung ist Optionensteigerung und Optionierungsdynamik, denn alles soll möglich werden; alles soll allen zugänglich sein; jeder soll sich alles aussuchen können. Die Welt verspricht immer mehr Möglichkeiten, und in der Ausschöpfung all dieser Möglichkeiten ist, dem aktuellen Verständnis zufolge, das Glück des Menschen zu finden.

Die Zukunftsoffenheit der Gesellschaft setzt positive *Gestaltbarkeit* voraus: Die Zukunft wird anders sein, besser, vielfältiger. Erfahrungsraum und Erwartungshorizont treten auseinander, und erst diese Differenz erlaubt es, die Welt als Objekt der eigenen Gestaltung zu verstehen.[113] Die Möglichkeiten steigen, und das Selbstvertrauen, sie auszubauen, wächst gleichermaßen: nicht mehr Enträtselung eines göttlichen Plans, sondern Herstellung menschlicher Planungen. Nichts ist mehr gegeben, notwendig, natürlich; alles ist herzustellen, vorzusehen, zu ordnen. Es entsteht der Anspruch auf *Grenzenlosigkeit.*

Möglichkeiten sind nur sinnvoll, wenn man sich aussuchen kann, welche Möglichkeit man nutzt. Uwe Schimank hat von der *Entscheidungsgesellschaft* gesprochen: »Damit ist gemeint, dass immer mehr

Handlungen in sämtlichen gesellschaftlichen Teilbereichen entscheidungsförmig geschehen und zu geschehen haben.« Entscheidung bedeutet aber auch Risiko – und allenfalls Reue. »Die Ungewissheit darüber, was man tun soll, wird in das Risiko transformiert, das Falsche getan zu haben. Die landläufige Redeweise von der Qual der Wahl muss differenziert werden: s gibt sowohl die Qual vor als auch die Qual nach der Wahl.«[114] Denn mit der steigenden Zahl an Wahlmöglichkeiten steigt die Unfähigkeit, vernünftige Entscheidungen zu treffen: Die Entscheidungsgesellschaft ist eine *Überforderungsgesellschaft.*[115] Sie überfordert die Individuen nicht nur im Zuge ihrer Identitätskonstruktion, sondern im Zuge des Handelns schlechthin. Das Selbst ist kompliziert, und die Welt ist kompliziert. »In unserer Wirklichkeit versteht sich nichts mehr von selbst – dieser Selbstverständlichkeitsverlust ist selbst schon ganz selbstverständlich geworden.«[116]

Eine der Strategien, die Optionen zu vervielfachen, ist es, sie auszudifferenzieren. Die Welt ist ein riesiger *Supermarkt.*[117] Es ist untragbar, wenn es weniger gibt als ein paar Dutzend Joghurtsorten; auch das lactosefreie Joghurt wollen wir; und warum gibt es das nicht auch in zwanzig Geschmacksvarianten? Aber es geht nicht nur um banale Produkte; es geht um *Lebensmöglichkeiten.* Die Aufstockungsmöglichkeit der Joghurtvarianten ist nur das triviale Beispiel dafür, was überall, immer und in allen Dimensionen geschehen soll: bei den Internetverträgen, beim Musikangebot, bei den Jeans-Modellen, bei den Bildungsmöglichkeiten, bei der Partnerwahl, bei möglichen Wohnorten. Es kann schließlich auch niemand etwas dagegen haben, denn wer könnte dafür eintreten, weniger Wahlmöglichkeiten zu haben statt mehr?[118]

Es war auf dem Fest eines universitären Fachbereichs, so erzählt Jörg Bopp.[119] Zu vorgerückter Stunde begannen die Älteren, wie sie es zu tun pflegen, von ihrer Vergangenheit zu erzählen. Ein 55-jähriger Professor schilderte die Not der ersten Nachkriegsjahre, den Mangel an Nahrung und Kleidung, an Brennstoff, Haushaltswaren und Wohnungseinrichtung. Er berichtete, dass die Haushalte nur stundenweise mit Gas, Strom und Wasser versorgt worden seien. Die Studenten wollten das nicht glauben. Sie wunderten sich, dass die Bevölkerung sich das habe gefallen lassen. Schließlich fragte ein Zuhörer den Professor kopfschüttelnd: »Warum haben Sie denn nicht demonstriert?« *Zwei Weltanschauungen, oder besser: zwei Welterfahrungen stoßen hier aufeinander. Der Professor und die Studierenden leben in einer gemeinsamen Welt, die mittlerweile eine des Überflusses ist, aber sie erfahren sie in unterschiedlicher Weise. Die frühere Welt, nur wenige Jahrzehnte davor, ist exotisch geworden. Sie ist für die Jüngeren gar nicht mehr vorstellbar.*

Eine vergleichbare Szene hat sich bei einer Diskussionsveranstaltung abgespielt, bei der unter anderem ein Bischof über seine Erfahrungen im Zweiten Weltkrieg – als Soldat – berichtet hat. Eine der ersten Wortmeldungen in der Diskussion war die eines Studierenden, der, mit leichter Empörung in der Stimme, vom Bischof Auskunft heischte, warum er denn nicht den Zivildienst anstelle des Dienstes mit der Waffe absolviert habe. Da geht es nicht nur um mangelnde Geschichtskenntnis; für den Jüngeren sind offensichtlich die Lebensbedingungen in einem totalitären System so unvorstellbar, dass ihm nicht begreiflich ist, warum dort jene üblichen Wahlfreiheiten, an die man mittlerweile gewöhnt ist, nicht bestanden haben.

Entscheidungen über Ereignisse fragmentieren das Leben. Es zerrinnt in eine Abfolge von Erlebnissen, schönen, faszinierenden, schrecklichen, erschütternden, grausigen, erhebenden, euphorischen Ereignissen, aber sie hängen so wenig miteinander zusammen wie die einzelnen Berichte in den Fernsehnachrichten. Man will freilich auch keine Kontinuität, denn sie bringt die Gefahr der Langeweile mit sich, und man möchte überrascht werden. Das Erleben bleibt eine Sequenz von Episoden, ein Mosaik, welches deshalb kein Mosaik darstellt, weil es insgesamt doch kein Bild ergibt. Alles ist gleich wichtig, und alles ist folgenlos. Günther Anders formuliert es härter: »Auch Ruiniertwerden will gelernt sein, sich total überschwemmen und sich restlos ausfüllen zu lassen, das ist keine so einfache Aufgabe. Zumeist sind wir ja, beinahe im klinischen Sinn des Wortes, ›übersättigt‹, also außerstande, die noch zusätzlich einströmende Welt zu absorbieren. Entweder ist das uns zugemutete Quantum zu groß, oder das uns zugemutete Tempo zu scharf – kurz: wir sind […] unfähig, ganz ›mitzukommen‹.«[120] Wir leben und arbeiten in der Zukunft, irgendwann wird das Leben beginnen, aktuell herrscht *Gegenwartsverdrängung.* Andererseits ist auch die Zukunft so unsicher, dass man sich mit ihr nicht wirklich beschäftigen will: also auch *Zukunftsverdrängung.* Immer so viele Möglichkeiten – da entscheidet man sich am besten gar nicht, probiert herum mit den Studienmöglichkeiten und den Partnern, bleibt in der Sicherheit des »Hotels Mama«, schiebt noch eine Weiterbildung ein, um den Berufseintritt zu vermeiden;

irgendwann wird es schon werden. Der Druck der Optionen führt zur *Optionenparalyse*, zur Entscheidungsvermeidung. Aber auch dann, wenn man sich für eine Option entschieden hat, bleibt der Anspruch, alle anderen Optionen aufrechtzuerhalten – und das geht nicht immer.

Ein Single arbeitet den Unterschied der jungen Eltern von heute gegenüber früher heraus: »*Der Unterschied zu früher ist die Weigerung vieler Eltern, etwas zu tun, was früher einfach zum Elternsein dazugehörte – zu verzichten. Junge Eltern unterscheiden sich in diesem Punkt nicht von mir, dem Single. Sie sind genauso wenig bereit, Dinge aufzugeben, auf Träume zu verzichten, auf ihre Erwartungen an das Leben. Eltern sind in diesem Punkt genauso egoistisch wie Singles. Sie sind es eben nur gemeinsam.« Das sei es, was die Generation wirklich verbindet.* »*Verzicht kommt in meiner Generation der Niederlage gleich. Wir sind die Generation der Optionen. Sie wollen Kinder und guten Sex, den Geruch halbverdauter Folgemilch auf der Haut und den neuen Duft von Gucci, sie wollen Zuckowski und The Killers. Man versteht junge Eltern besser, wenn man das nicht vergisst. [...] Im Grunde fragen sich viele junge Eltern dauernd, wie sie es schaffen, ihr Elternsein so zu leben, dass es sich vom Single-Sein nicht unterscheidet.*«[121]

Enttraditionalisierung. Für die äußere Welt bedeutet der Prozess der Optionensteigerung zunächst einmal, dass Traditionen beseitigt werden. Wenn alles möglich sein soll, dann darf nichts gelten. Denn jede Gültigkeit verweigert Möglichkeiten. Was wir bezüglich der Identität bereits diskutiert haben, gilt für alle Dimensionen der Gesellschaft und des Lebens. Nur wenn nichts gilt, wenn nichts sich aufdrängt, wenn nichts unhinterfragbar ist, dann stehen Optionen offen, dann kann der Einzelne entscheiden. In der Spätmoderne kann es keine Ketzer[122] geben, denn Ketzer müssen Gültigkeiten verletzen.

Traditionen haben auch Bindungen festgelegt. Ralf Dahrendorf hat in seiner Theorie der Lebenschancen schon früh das Problem des Verhältnisses von *Ligaturen und Optionen* beschrieben.[123] Möglicherweise, so meint er, haben wir das Gleichgewicht verloren, die Optionen zu weit getrieben und die Ligaturen, die Bindungen und Verpflichtungen, allzu sehr geschwächt. Wenn nichts mehr gilt, kann man sich auch auf andere Menschen nicht mehr verlassen. Eine mobile Gesellschaft lässt die Nachbarn »davondriften«. Die Liebe wird zu einem »ganz normalen Chaos«, Überfrachtung und Brüchigkeit gehen Hand in Hand.[124] In der

Zeitschrift *Wienerin* wird dies ganz locker gesehen:»Natürlich warten wir auf den Richtigen. Doch was spricht schon dagegen, uns in der Zwischenzeit mit dem Falschen zu vergnügen?«[125] Eine Zeitschriftenanalyse zeigt, dass die Ehe nicht mehr als dauerhafte und keineswegs als verbindliche Beziehungsform dargestellt wird.[126] Die Wahrung aller Möglichkeiten ist zwangsläufig chaotisch, im Kleinen wie im Großen. Es ist kein Wunder, wenn die Religion schwächelt; sie wäre gleichsam das Musterbild der Unverfügbarkeit, mit Regeln, an die man sich nicht je nach Belieben und Wohlgefühl halten oder nicht halten kann. Wenn auch religiöse Gebote und Ideen nicht *gelten* dürfen, weil sie das Reich der Möglichkeiten einschränken, dann tendiert man – statt zu einer ernsthaften Religiosität – viel eher zu einer *Wohlfühl-Mischung* von buddhistischem Meditieren, tibetanischer Massage und keltischem Frühjahrsfest; und ein bisschen Auspendeln darf es auch noch sein, ebenso wie Handauflegen und heiße Steine. Europäische Christen haben kein schlechtes Gefühl, wenn sie zum Dalai Lama pilgern. Ein Angehöriger der jüngeren Generation der neunzehnachtziger Jahre bekennt:»Da wir uns alles so zurechtlegen, bis es uns passt, haben wir auch ein flexibles Verhältnis zur Religion gefunden. Jeder glaubt an das, was er für richtig hält: *Hallo, Mr. Gott, hier spricht Anna.* Man ist katholisch, auch wenn man nicht an die unbefleckte Empfängnis glaubt, man heiratet kirchlich, weil man das irgendwie richtig findet. Mit dem eigenen Sexualleben hat Religion weder vor noch nach der Ehe zu tun, der Gottesdienst am Samstagabend oder Sonntagmorgen gilt als überflüssiges Ritual.«[127] Man soll das nicht so eng sehen.

Revidierbarkeit. Die Möglichkeitsgesellschaft bedeutet keineswegs, dass sich jeder über alle materiellen Zwänge hinwegsetzen kann. Aber Entscheidungen unterliegen der Revidierbarkeit und Hinterfragbarkeit: Die Entscheidung für eine Ausbildung, für einen Lebenspartner, für einen Wohnort ist nicht unumstößlich. Wenn es nicht funktioniert, dann kann man auch»umentscheiden«. Diese Revidierbarkeit möchte man sich offen halten. Wenn es eine Menge an Entscheidungsmöglichkeiten gibt, zwischen denen man keine hinreichenden Unterschiede zu erkennen vermag (hunderte Varianten von Jeans und T-Shirts), aber auch dann, wenn es tatsächlich viele wichtige Optionen gibt (weil man letztlich keine hinreichenden Kriterien hat, um sich für eine Variante zu entscheiden). Gerade die Versprechungen einer Konsumgesellschaft zielen darauf, dass es immer noch etwas Besseres geben kann, etwas Wunderbares, das irgendwo zu finden sein wird. Wenn man eine Wahl trifft, dann hat man viele Möglichkeiten ausgeschlossen; und je mehr Optionen es gibt, auf desto mehr Möglichkeiten hat man verzichtet. Sobald man deshalb eine Entscheidung getroffen hat, kann man zu zweifeln beginnen: Man kann in sich hineinhören, ob diese Entscheidung wirklich die richtige war, ob man nun wirklich glücklich ist. Für die epidemische Ausbreitung von Nichtentscheidungen gibt es bereits einen Begriff: Es sind die *Yeppies,* die *Young Experimenting Perfection Seekers,* die alles ausprobieren und sich nicht entscheiden können. Sie »hoppen« oder »zappen« deshalb von einer zur anderen Option, von einem zum anderen Job, von einem zum anderen Partner; und sie schieben viele Entscheidungen vor sich her.

Der Journalist John Naish berichtet aus seinem Bekanntenkreis: »Nehmen Sie zum Beispiel meinen Freund Paul. Ich kenne ihn von klein auf, doch nun geht er allmählich auf die 40 zu und hat, wie eine alarmierend hohe Zahl seiner früheren Mitschüler, immer noch nicht herausgefunden, was er wirklich aus seinem Leben machen will. Er ist Teilzeit-Künstler und betreibt von zu Hause aus eine kleine Marketingfirma, arbeitet aber hauptberuflich bei einer Versicherung, von der er schon seit zehn Jahren halbherzig loszukommen versucht. Folglich hat er sich nicht sonderlich angestrengt, seine Fähigkeiten zu entwickeln. Doch was Pauls Problem am besten illustriert, ist seine Beziehung zu Frauen. Paul ist groß, dunkel, charmant, witzig und einfühlsam, kommt also bei Frauen gut an. Seit seiner Jugend hatte er eine Menge Beziehungen, doch keine davon hat gehalten. Seine intelligente kleine Tochter aus einer dieser gescheiterten Beziehungen wächst nun allmählich zum Teenager heran und sähe es gern, wenn er sich mal entscheiden würde. [...] ›Ich weiß‹, [sagt Paul], ›dass es falsch ist. Dass es dumm ist. Aber ich denke immer, dass erst die nächste Frau diejenige ist, die ich wirklich will. Ich betrete ein Zimmer und weiß, dass ich am liebsten mit jeder anwesenden Frau eine Beziehung beginnen würde. Heutzutage lege ich es zwar nicht mehr so darauf an, aber natürlich färbt diese Haltung auf jede meiner Beziehungen ab. Denn mein Kopf ist niemals ganz dabei. Nie habe ich das Gefühl, angekommen zu sein, weder bei einer Frau noch in einem Job oder im Leben überhaupt. Ich weiß, dass ich älter werde und dass es allmählich etwas erbärmlich wirkt, aber ich habe immer noch das Gefühl, als wäre die nächste Gelegenheit die bessere. Die einzige, die wahre.‹«[128]

Informationsmangel. Die vielen Möglichkeiten bauen für jeden Einzelnen paradoxerweise ein tyrannisches Imperium auf. In einer Welt der unbegrenzten Möglichkeiten tut man sich schwer mit seiner Handlungsorientierung. Auf Normen, Institutionen und Routinen kann man sich nicht mehr verlassen. Es gibt keine Ausrede mehr. Der Ratschlag der Älteren ist ohnehin obsolet, die Peers sind auch hilflos, und selbst die Ratgeber in den Zeitungsbeilagen oder in spezialisierten Journalen sind keine große Hilfe, weil sie einander dauernd widersprechen.[129] Haben wirklich alle Jugendlichen im Alter von 16 Jahren Sex? Was ist die Haarfarbe der Saison? Ist Rotwein wirklich gesund und Cholesterin ein Problem? Muss man zum Britney-Spears-Konzert fahren? Oder für die Älteren: Ist es tatsächlich eine Erleichterung in der *Midlife-Crisis,* wenn man sich einen roten Porsche kauft? Oder ist eine neue Partnerin wichtiger? Oder soll man sich die neue Partnerin so aussuchen, dass sie zum Porsche passt? Wie fühlt man sich besser?

Entobligationierung. Die Nutzung der Optionen trägt ihren Sinn in sich selbst – ohne weiteren Sinnhorizont. Es gibt viele Erlebniswelten; das ist natürlich auf den ersten Blick lustig. Aber es lebt sich auch deshalb nicht leicht in der Zweitmoderne, weil die wechselseitigen Verpflichtungen ständig hinterfragt werden und die Antworten im Zustand stetiger Fluktuation des Beziehungsgeflechts unsicher sind. Muss man für die Schwiegermutter aus der ersten Ehe sorgen und sich um die Kinder mit der Ex kümmern? Muss man sich überhaupt um die älteren Familienmitglieder kümmern oder kann man sie kollektiven Aufbewahrungs- und Pflegeeinrichtungen überantworten? Wo ist die Lebensberaterin, die mir zertifiziert, dass es für jedes Baby ein Vorzug ist, wenn die Mutter Karriere macht und deswegen glücklich ist? Gilt es in Anbetracht der Klimasituation bereits als unverantwortlich, in die Karibik zu jetten, oder darf ich das, wenn ich ein Hybrid-Auto kaufe? Bin ich ein sexueller Sklerotiker, wenn ich für mich die Homo-Option ausschließe?

Da jede Verpflichtung Optionen ausschließt, geht *Optionierung* notwendig einher mit *Entobligationierung.* Verpflichtungen sind Elemente aus der gestrigen Welt. Deshalb beschwört man theoretisch Verantwortung und ignoriert sie praktisch. Deshalb beschwört man die »Werte«, hält sie aber vor allem für die Kinder für wichtig. In der praktischen Dimension wird die Welt freilich zu einem riesigen *Selbstbefriedigungsgerät[130]* – mit Fehlfunktionen. Ein Vertreter der *Generation Golf* bekennt:

»Da wir […] als selbstverliebte Menschen vor nichts solche Angst haben wie vor dem Gefühl, enttäuscht zu werden, haben wir immer eine Reißleine im Kopf und begeben uns in eine Beziehung nur so weit hinein, dass sicher ist, dass wir auch wieder hinauskommen. Wenn wir dürften, dann würden wir unser ganzes Leben so führen wie die fröhlichen jungen Menschen, die am Rande der Südsee mit *Bacardi*-Rum eine Baumhütte bauen, immerzu lachen und fröhlich sind.«[131] Über den sozialen und ethischen Minimalismus traut man sich nicht mehr hinaus.

Befriedigungsasymmetrie. Fatalerweise stößt man immer auf Hemmnisse für die Gestaltungsfreiheit, denn viele Selbstbefriedigungsmöglichkeiten bauen auf Verpflichtungen anderer Menschen. Bei einfachen Dingen fängt es an: Wenn man spontan sein will, selbst am Wochenende, braucht man eine Menge von Dienstleistern, die zu dieser Zeit nicht spontan sein können. Aber diese Asymmetrie will man nicht recht wahrhaben, will man sich doch die Illusion von der rundumspontanen Gesellschaft nicht nehmen lassen. Der moderne Sozialismus war niemals gegen die Konsumgesellschaft, er wollte nur Konsum für jeden: Universalisierung der Spontaneität. Moderner Liberalismus zielt in dieselbe Richtung: Märkte sind Inkarnationen von Entscheidungsfreiheit und Erlebnisversorgung. Ein gut funktionierender Kapitalismus bedeutet die Universalisierung von Gütern und Erlebnissen. Verpflichtungsfreiheit und Spontaneität sollen für alle gelten, man ist ja nicht so; im Konfliktfall aber auf jeden Fall für mich; und genau genommen vor allem für mich.

Das Steigerungsspiel

Gerhard Schulze hat das dynamische Element im Optionenszenarium betont. Es gibt viele Möglichkeiten, aber jede einzelne dieser Möglichkeiten lässt sich noch steigern. Schon in der Moderne, erst recht in der Zweitmoderne sind Ausweitung, Expansion, Wachstum, Fortschritt, Überbietung, Intensivierung die Prinzipien der Entwicklung – eine Ideologie der *moreness*,[132] das *Steigerungsspiel*.[133]
Im Bereich des Konsums ist diese Logik handgreiflich: Es geht immer noch mehr und es gibt immer noch mehr. Ein Weihnachtsgeschäft, das nicht das vorhergehende Jahr um zwei Prozent überbietet, ist ein Fiasko. Wenn wir in Europa schon alle Strände abgegrast haben, dann geht es

nach Ostasien, dorthin, wo das Bedienungspersonal noch so zuvorkommend und bescheiden ist. Ein Auto haben schon alle, dann das zweite, aber eine Jacht wäre noch ein Ziel. Jüngst hat sich ein Manager – ganz ernsthaft – darüber beklagt, dass es doch wirklich eine unangenehme Erfahrung sei, dass dann, wenn er mit seinem Privatjet nach Monaco oder nach Las Vegas fliege, nebenan viel größere Privatjets parkten. Die Zufriedenheit ist mit einem gegebenen Zustand, mit einem statischen System unvereinbar geworden; Statik ist eine Katastrophe. Zufriedenheit, die ohnehin nur eine jeweils temporäre, gleich wieder dementierte sein kann, ist mit dem Zuwachs verbunden. Wo kein Zuwachs, dort keine Zufriedenheit. Bestandsgrößen werden ignoriert, Stromgrößen sind interessant – nicht das Einkommen, sondern der Einkommenszuwachs; nicht das Vermögen, sondern seine Vervielfachung; nicht Erlebnis, sondern Super-Erlebnis; nicht geil, sondern mega-geil. Das heißt, es ist egal, wie reich wir sind; relevant ist, um wie viel wir reicher geworden sind im Vergleich zum vorigen Jahr. Luxus, der nicht steigt, macht unglücklich.

Streben nach Erlebnis. Im Bereich des Materiellen wird die Steigerungsprogrammatik am deutlichsten sichtbar, aber sie ist im Grunde allgemein gefasst: Es geht um die Steigerung in allen Lebensbereichen, als individuelles und kollektives Projekt. Wo Option ist, sollen Multi-Option und Mega-Option werden. Gegenwart ist provisorisch, Zukunft ist besser. In der Zukunft fängt deshalb das eigentliche Leben an. Zu den beiden Komponenten der Multioptionsgesellschaft und der Steigerungsprogrammatik kommt eine dritte: die Erlebnis- und Eventgesellschaft.[134] Denn das allgemeine Steigerungsspiel richtet sich nicht zuletzt auch auf die *Intensivierung* von Erlebnissen. Eine Identität, die sich auf das innere Befinden richtet, in einem Ambiente, welches Optionen verlangt und sich nach Steigerung verzehrt, muss beim Spektakel, bei der Sensation, bei der emotionellen Übersteigerung landen.[135] Einfache Gesellschaften haben handfeste Probleme, ihre Existenz zu sichern, und sie haben weder Zeit noch Lust zum Philosophieren. Reiche Gesellschaften stellen die Frage: Was will ich? Was soll ich wollen? Die Antwort ist: Erlebe dein Leben, fühle etwas, führe ein »interessantes« Leben; spüre etwas; suche innere Resonanz! Erlebnisorientierung wird zur Basismotivation: Auch Güter und Umwelten werden nach ihrem »Erlebniswert« geordnet. Blasierte Menschen wollen gereizt werden.

Ziel ist es, Arrangements zu finden, in denen noch Erlebnis stattfinden kann, obwohl man schon so viele Erlebnisse konsumiert hat und diese langweilig geworden sind: Elemente des Arrangements können die Situation selbst sein (ob Drachenfliegen oder Gewaltausübung); der eigene Körper (die Schönheitsoperation); der Bewusstseinszustand (glückliche Erlebnisse durch Drogen).[136]

Vermeidung von Langeweile. Wesentlich ist *emotional arousal,* eine Erregung der Gefühle. Ein spontaner, emotionaler Impuls, der bis zur Ekstase und zum Exzess führt, allenfalls mit den Hilfsmitteln von Alkohol, Drogen, Musik, Tanz, Verkleidung, Licht und anderen Reizen. Eine Gegenwelt konstruieren, in der die Normalität auf den Kopf gestellt wird: Das hat es immer gegeben, von den römischen Saturnalien bis zu den mittelalterlichen Narrenfesten, vom Karneval bis zu den Happenings. Alternativfeste oder Straßenschlachten, ganz egal. Jedenfalls gilt es, die immer drohende Langeweile, das schlimmste Schicksal einer Erlebnisgesellschaft, zu vermeiden.[137] Deshalb ist die Spätmoderne eine *hyperaktive* Gesellschaft – und somit ist eine individuelle Pathologie zum gesamtgesellschaftlichen Gestaltungsprinzip geworden.[138] Freilich gibt es auch andere, durchaus ambivalente Wertzuschreibungen: Manche Zeitbeobachter haben gemeint, die Moral der Gegenwartsgesellschaft sei ein diffuser »Egalitarismus«[139] oder ein »egalitärer Hedonismus«.[140] Andere beobachten einen generellen »Trend der Indifferenz« oder der »Entschämung«.[141] Sogar auf Fälle moralischen Engagements wird aufmerksam gemacht, solang man dadurch *emotional arousal* erzeugen kann.[142] Sicher ist jedoch, dass sich alle Orientierungen dem Prinzip der *Hektik* unterordnen. In der Postmoderne gibt es eine Präferenz für Entropie und Chaos, für Karneval und Spiel, für Individualität und Einzelfall, für Synergie und Hybridisierung; und eine Aversion gegen Ordnung, Reinheit und Klassifizierung, Generalisierung und Universalisierung, Gesetzmäßigkeit und Utopie. Ohne Stress geht das nicht.

Sensationalismus. Natürlich ist der Sättigungsmechanismus fatal. Je rascher die Steigerung, desto schneller die Sättigung. Man braucht deshalb zwei Steigerungsmechanismen: Intensitätssteigerung und Häufigkeitssteigerung. *Intensitätssteigerung* bedeutet: *Ekstase für alle.* Die Steigerungslogik schlittert alsbald in Sensationen und Extremismen, denn im Grunde wird doch alles auf Dauer fad. Noch mehr Feste, noch exotischere Urlaube, noch extremere Vorführungen, noch mehr Action: Man lebt im Überdosierungswahn. Wenn man eine ganze Menge von Actionfilmen gesehen hat, kann man Spannung vielleicht nur noch dadurch erzeugen, dass man das virtuelle Blut in die Realität umsetzt: Einen echten Menschen echt umbringen – das löst noch *thrill* aus. Wenn man in der elektronischen Welt schöner Menschen und der wirklichen Welt von VIP-Zelten zu Hause ist, mag das Glück darin gesehen werden, mit allen Mitteln, auch chirurgischen, den *perfekten Körper* herzustellen, um sich selbst so zu präsentieren, wie man sich in seiner »Eigentlichkeit« – nicht in seinem falschen, unzulänglichen wirklichen Körper sieht. Es ist dann die gefühlte, authentische Wirklichkeit, die mit allen Mitteln erst einmal herzustellen ist, und worin sie besteht, ist wiederum nur nach dem Maßstab des eigenen Wohlgefühls zu beurteilen.

Die Veralltäglichung von Ekstase. Zum anderen können Erlebnisse durch *Häufigkeitssteigerung* gewährleistet werden. Die Ekstase wird alltäglich, zumindest in dem Sinn, dass sie zu einem wiederholt konsumierbaren Gut gemacht wird: Außeralltäglichkeit als beliebig abrufbare Größe, als »programmierte Ausnahme«. Jedes Stadtfest wird das größte. Bei der nächsten Party wird es *abgehen,* wie es noch nie zuvor abgegangen ist. Jede Museumsausstellung bringt die Überbietung aller bisherigen Expositionen. Aber eine tägliche Sensation ist auf Dauer keine Sensation mehr. Deshalb steht man in einem Maximierungsspiel, einem Wettrennen, das nicht gewonnen werden kann: die Überwindung von Abstumpfung durch Mehr vom Gleichen; die Überwindung von Sattheit durch ausgefallene Genüsse; die Überwindung von Ermattung durch eine neue Anstachelung von Neugier. Auf Dauer bleibt das Versprechen von der permanenten Außeralltäglichkeit uneinlösbar. Der Dauerstress ist schwer auszuhalten. Wir können es in einen Begriff fassen, der einer aktuellen Erscheinung nachempfunden ist: Die Insassen der Spätmoderne leiden unter einer BDD – einer *Boredom Deficit Disorder.* Es fehlt die Langeweile.

»In den siebziger Jahren haben sich zwei Haupttrends vermischt und jetzt, in den Achtzigern, Allgemeingültigkeit angenommen. Der eine stammt aus dem mächtig angewachsenen Strom der Aufklärung der letzten beiden Jahrzehnte und steht unter den Stichworten: Verblassen des ›Schicksals‹ als bestimmendes Moment des Lebens, Vermassung der psychologischen Sprache,

Verfügbarkeit des eigenen Lebensentwurfs. Der andere entwickelt sich simultan zu den aufklärerischen Mustern der Emanzipation und der Vernunft und heißt: neue Romantik. Ihre Argumente kamen nicht aus der Ecke der emanzipatorischen Ideale, sondern aus der emotionalen Zivilisationskritik. Vater und Mutter hatten sich in Wohlstand, Couchgarnituren und Routine eingerichtet, sie liebten sich nur noch wie zwei Haushaltsbewohner, aber nicht wie zwei Liebende. Die neuen Beziehungen, so hieß es nun, sollten leidenschaftlich sein, und zwar möglichst lebenslänglich. Diese Haltung schien sich eine Weile gut mit den Emanzipationsidealen zu vertragen. Unter der Hand jedoch entstand der Problemismus exakt in der Mitte zwischen Emanzipationsideal und neuer Romantik. Während das Emanzipationsideal ständig seine drei Hauptstreitmächte – Artikulation, Reflexion und Selbstveränderung – in die Beziehungsschlacht schickt, ist die neue Romantik stets beleidigt, wenn die Vernunft eine Beziehung regulieren will. Die neue Romantik ist zutiefst unvernünftig. Sie will das Paradoxe möglich machen. Sie will den Haushalt, das Kuscheln und die Leidenschaft, die Geilheit und das neue Ledersofa, die Kindererziehung und den Fick am Strand, sie will mitten im Alltag alles. Aber wie in die Realität umsetzen? Dass einer den anderen erst komplettiert, dass zwei eins werden können, dieser kindliche Traum ist durch eine neue, aber ebenso naive Illusion ersetzt worden: die der ewigen Leidenschafts-Beziehung.«[143]

Das Problem des »Absackens« der höchsten emotionellen Erregung müssen verschiedene Akteure erfahren: Fernsehanbieter, die den Zuseher auf ihren eigenen Kanal locken und ihn dann dort festhalten müssen, indem sie vermeiden, auch nur fünf Minuten Langeweile aufkommen zu lassen. Lehrerinnen und Lehrer, denen mühsam beigebracht werden muss, dass sie ihre Auszubildenden in permanenter Spannung halten müssen, nach den Prinzipien einer Bilder- und Medienwelt. Auch Bildung gehorcht dem Prinzip der Sensation, sie soll (wie die Wissenschaftssendungen im Fernsehen, und die sind eigentlich nicht schlecht) Erstaunen, Überraschung und Verblüffung vermitteln. Alles Nicht-Spektakuläre versinkt im Dunkel. Politikerinnen und Politikern geht es nicht besser: Sie müssen politische Probleme als Unterhaltung inszenieren, sie sind Teilnehmer einer gigantischen Show. Manchmal ist der Sensationalismus folgenlos (warum soll nicht Spaß sein?), oft jedoch ist es ein Verdummungsprogramm.

Grenzenlosigkeit und Krise. Ein Einwand liegt auf der Hand: die Wirtschaftskrise. Könnte sie nicht ein für allemal die Illusion beseitigen, dass diese Welt grenzenlos sei und immer mehr Möglichkeiten bereithalten müsse? Aber die Wirtschaftskrise wird, genau betrachtet, von niemandem ernst genommen. Die Diskussion dreht sich um angemessene wirtschaftspolitische Maßnahmen, der Blick der Wirtschaftstreibenden und ihrer Kunden richtet sich auf das voraussichtliche Ende der Krise, auf den Ausgang aus dem Wellental, auf die Indikatoren der Belebung. Es herrscht die Idee, dass in absehbarer Zeit alles wieder gut sein wird, nämlich so, wie es gewesen ist. Die Krise wird deshalb nicht als Bruch erfahren. Sie dient vielmehr sogar als Legitimation dafür, Managementversagen ebenso wie Politikversagen zu kaschieren. Endlich benötigt man keine Verrenkungen mehr, um schlechte Botschaften ins Volk zu streuen. Dass die Europäische Union an allem schuld ist, hat man ohnehin nur mit schlechtem Gewissen verkündet; auch dass die Globalisierung hinter den Problemen stecke, hat man, mangels irgendeiner Alternative, mit Unbehagen verlauten lassen; aber die Krise ist ein aufgelegter Ball: Umverteilung zu Gunsten der herrschenden Klasse, sozialpolitische Kürzungen für die Verlierer des Spiels, der Umstand, dass die Staatsausgaben schon längst vor der Krise völlig aus dem Ruder gelaufen sind – all das tut nichts mehr zur Sache. Früher war es das Schicksal oder die Strafe Gottes, jetzt ist es die Krise.

Es ist freilich schwer abzuschätzen, welche Folgen die Erzeugung diffuser Angst hat. Das Bürgertum hatte in der zweiten Hälfte des 19. Jahrhunderts Angst vor den herandrängenden Massen, und es passte sich der Feudalmacht an. Mittelschicht und Arbeiterschaft hatten in der Zwischenkriegszeit Angst vor den Folgen der Weltwirtschaftskrise, und sie suchten nach dem starken Führer. Eine mögliche Konsequenz der aktuellen Krise ist das Titanic-Syndrom: Tanzen und Spaß haben, denn das Ende kommt ohnehin. Man lenkt sich ab, weil man nicht weiß, was man sonst tun könnte. Eine andere Konsequenz ist Egozentrik: Rette sich, wer kann, mit allen Mitteln. Bislang fehlten für die jüngere Generation auch die Schockerlebnisse (wie seinerzeit der Vietnam-Krieg) und die Feindbilder (autoritäre Eltern); sogar das »System« fordert jetzt als Antwort auf die Krise, was die Systemkritiker verlangen: Steueroasen bekämpfen, Finanzmarkt-Regulierung, Tobin-Steuer, Verstaatlichung. Es fehlt eine wirkliche Alternative, vernünftigerweise, fatalerweise.

Das Steigerungsspiel ist im Bewusstsein der Menschen noch lang nicht zu Ende gespielt. Natürlich bröckelt der alte Gesellschaftsvertrag: das Versprechen, dass es den Kindern besser gehen wird. Diese glauben kaum noch daran, dass sie eine ausreichende Pension erhalten werden. Erst langsam wird klar, dass auch mit der Option des Aufstiegs, selbst bei besten Qualifikationen, nicht mehr gerechnet werden kann. Aber ein anderes (in mancherlei Hinsicht konsumreduziertes) Leben ist den meisten unvorstellbar. *Voluntary simplicity* ist nicht Mainstream. Die Jüngeren würden in diesem Fall freilich auch jene inhaltlichen Definitionen (über das gute oder »gelingende Leben«) benötigen, die sie sorgfältig zu vermeiden trachten. Im äußersten Fall bleibt *happy pessimism:* Die Welt geht den Bach runter, aber ich werde schon durchkommen.

Die Maske:
Die halbierte Individualität

Andeutungen sind schon gemacht worden, aber wir wollen es offen eingestehen: Die These von der individualisierten Gesellschaft und der individualisierten Identität ist nur die halbe Wahrheit, und wir müssen noch einen Schritt weiter (oder besser: einen Schritt zurück) gehen, um diese These mit anderen Rundum-Beobachtungen einer Gesellschaft am Beginn des 21. Jahrhunderts in Einklang zu bringen. *Die Individualisierungsbotschaft ist eine Übertreibung.* Man kann diese Übertreibung auf zwei Ebenen plausibel machen.

Erstens auf der *Ebene des Erlebens:* Wenn man durch die Straßen flaniert, mit Bekannten plaudert oder die Zeitschriften durchblättert, dann hat man nicht den Eindruck, dass man überall auf originelle, authentische Personen stößt, dass jede einzelne Person ein Unikat sei, ganz anders als die nächste. Die *äußeren* Erscheinungsformen haben durchaus etwas Einheitliches oder Gleichförmiges, die Jungen kommen mit ihren *Sneakers* und ihren *Backpacks* daher, die Pensionisten haben mittlerweile die Jeans und die Baseball-Kapperln entdeckt. An die Gebote der Mode halten sich so viele Menschen wie nie zuvor. An der Anzahl der Metallgegenstände, die in den Körper gebohrt werden, und an der Anzahl der *Tattoos,* mit denen derselbe verziert wird, lässt sich (in einer adretten Korrelation) der soziale Status ablesen. Manager tragen nach wie vor ihre maßgeschneiderten Anzüge. Die *inneren* Erscheinungsformen sind nicht weniger gleichförmig. Als gar so unterschiedlich erweisen sich die Auffassungen über die Welt nicht; wohl gibt es unterschiedliche Milieus, aber in ihnen herrscht jeweils Konformität, von den Weltverbesserern in ökologischen und xenophilen Angelegenheiten bis zu den Skinheads auf der anderen Seite des Spektrums. Auch die Selbstpräsentation der Szenen ist voraussehbar. Das angeberisch-männliche Auftrumpfen von Arbeitern. Das sanfte Reden des Pfarrers. Jeder weiß, was der Generaldirektor sagen wird, wenn er bei einer Wirtschaftsversammlung eine Rede hält, und wie er sich spreizen wird, wenn er in einer Talkshow oder einem Interview über seine privaten Interessen Auskunft geben soll: Er wird sozial verantwortlich sein, ganz bescheidene Vorlieben haben, auch beim Essen, einige Kunstinteressen empfehlen sich, Geld ist ihm kein Anliegen, ein passendes Lieblingsbuch muss er sich überlegt haben, aber das Wichtigste wird ihm seine Familie sein – er wird das wiederholt betonen und er wird das möglicherweise alles auch noch selbst glauben. Es ist eher verblüffend, wie ähnlich sie alle einander sind. Keine Rede von Individualität.

Zweitens kann man auf der *Ebene der Funktionalität* argumentieren. Mit einem Sammelsurium von Monaden, die alle tun, was sie wollen, würde eine komplexe Gesellschaft wie jene der Zweiten Moderne nicht funktionieren. Sobald Individualität massenwirksam wird, muss sich die Gesellschaft mit Nicht-Identität beschäftigen, mit der Herstellung hinreichender Ähnlichkeit und Discipliniertheit. Die Individuen sollen eben nicht tun, was immer ihnen einfällt oder wozu sie gerade Lust haben; sonst würden sie zu Quellen von Störungen mit unabsehbaren Folgen. Eine Masse von »Originalen«: Wie sollten sie zusammenarbeiten? Teamfähig sein? Ihre Spontaneität muss wieder »eingefangen« werden, wenn es nicht um unverbindliche Bekundungen, sondern um etwas Ernsthaftes geht. Wie würde sonst der Busfahrplan funktionieren? Wer würde für das Gemüse im Supermarkt sorgen? Wer hält sich an den Lehrplan? Schließlich muss dieses verwobene Gebilde der modernen Welt funktionieren. Und es ist ein sensibles Gebilde, in dem, gerade wegen der allseitigen Interdependenzen, jeder Einzelne blockieren kann. Norbert Elias hat dies in seiner *Theorie der Zivilisation* dargelegt: »Pläne und Handlungen, emotionale und rationale Regungen der einzelnen Menschen greifen beständig freundlich oder feindlich ineinander.«[144] Die Verflechtung braucht Selbstkontrolle: »Was der abendländischen Entwicklung ihr besonderes Gepräge gibt, ist die Tatsache, dass in ihrem Verlauf die Abhängigkeit aller von allen gleichmäßiger wird.« Auch obere und untere Schichten müssen aufeinander Rücksicht nehmen, denn der »arbeitsteilige Apparat wird so empfindlich und kompliziert, Störungen an jeder Stelle der fließenden Bänder, die durch ihn hingehen, bedrohen so sehr das Ganze«, dass Abweichungen nicht tolerabel sind.[145] Die effizientere Arbeitsteilung bedeutet Abhängigkeit voneinander, »sie verlangt und züchtet eine größere Zurückhaltung des Einzelnen, eine genauere Regelung seines Verhaltens und seiner Affekte; sie fordert eine stärkere Triebbindung und […] einen beständigeren Selbstzwang.«[146] Dazu kommt die wichtige Elias-These von der Entsprechung von *Psychogenese und Soziogenese:* Die Gesellschaft drückt sich in der Mentalität der Menschen aus. Es gibt Entsprechungen: Die Menschen müssen zur Gesellschaft passen. Die äußeren Zwänge setzen sich in innere Zwänge um. Das ist nicht immer ein sanfter Prozess. Wenn wir Michel Foucault hinzudenken, dann ist die ganze Szene von Macht durchwirkt;[147] dann tragen gerade die Illusionen von Autonomie und Individualität zur Verfestigung der Machtverhältnisse bei, weil die verborgenen Machtpraktiken nicht wahrgenommen werden. Der Zwang wird unsichtbar gemacht. Er wird in die Köpfe transferiert. Jeder lebt im Gefühl der Freiheit und tut, was im Interesse der Machthaber ist. Eine Macht, die sich in den Köpfen eingenistet hat, gibt es als erfahrbare Macht nicht mehr. Deshalb *wollen* wir unendlich flexibel sein, und das ist gut für den Arbeitsmarkt. Deshalb *wollen* wir uns von der Krise nicht so schrecken lassen, dass wir nicht einkaufen gehen, und das verhindert ein Absacken der Nachfrage. Deshalb *wollen* wir elektronisch aufgerüstete Autos, ausgefallenere Fernreisen und immer neue Frisuren. Mit welchen Mitteln auch immer – in einer komplexen Gesellschaft muss der Einzelne berechenbar sein. Der Mensch ist nun einmal ein ungesellig-geselliges Wesen. Autonomie herrscht in einer *einfachen* Gesellschaft: Wo beinahe autarke Bauernhöfe über die Gegend verstreut sind, ist es fast gleichgültig, was auf einem der Höfe geschieht; das nehmen die anderen kaum zur Kenntnis, es betrifft sie nicht. Wenn es jedoch einen *Austauschzusammenhang* gibt, wird jeder vom anderen abhängig: Der eine muss die Milch, der andere die Hühner rechtzeitig liefern. Und in einer *komplex-verflochtenen* Gesellschaft ist jedes Element permanent auf das andere angewiesen: Wenn länger als ein paar Stunden der Strom ausfällt, wird der Katastrophenzustand ausgerufen. Wenn aber diese Kopplungen so dicht sind, ergibt sich eine neue Beziehung von Abhängigkeit und Autonomie. Der Einzelne mag in diesem Geflecht drinnen stecken und erleben, dass seine Spielräume gering sind, aber als ein Element im Gewebe wird er zugleich wichtig: Er hat die *Möglichkeit zur Blockade*. Wenn er nicht im Sinn des Systems funktioniert, wenn er als »Rädchen« ausfällt, dann funktioniert das ganze System nicht mehr. *In dem Moment, wo er Autonomie erreicht hat, muss diese zuverlässig unterbunden werden.*

Jetzt haben wir ein Problem. Das klingt doch wie eine Antithese zum ersten Teil des Buches. Da war doch andauernd von Individualität, Originalität und Spontaneität die Rede. Wie soll das nun gehen? *Individualität/Spontaneität* versus *Konformität/Funktionalität?* Also ganz originell sein und doch gut funktionieren; anders als die anderen und doch kompatibel; originell und anpassungsfähig; authentisch und flexibel?

Deshalb kommen wir zur *Maske*. Es ist keine Gesellschaft der Individuen, sondern eine der *individualistischen Masken*. Wenn wir für dieses Problem den Begriff der Maske verwenden, mag dies ungewöhnlich erscheinen. Landläufig versteckt sich der Mensch hinter einer Maske, und die Maske lässt ihn – als Menschen, als Individuum – nicht mehr sichtbar werden. Die Maske scheint deshalb das Gegenteil des Individuums zu bedeuten, seine Vernichtung, Verdrängung, Verheimlichung oder Zerstörung. Die Maske ist das Unpersönliche, das Allgemeine, das Routinisierte, das Erstarrte. Der Mensch verschwindet.[148] Aber das impliziert der Begriff nicht zwingend.[149] Es gibt den Maskenbildner, der ein Gesicht gestaltet: Wenn er ein guter Maskenbildner ist, dann erfolgt das so, dass die Individualität des Schauspielers auf das Beste zur Entfaltung kommt, auch wenn die Gestaltung auf eine Rolle hin erfolgt. Er kleistert nicht einfach zu. Der Maskenbildner ist der Brückenbauer zwischen Individuum und Rolle. Wenn man selbst die Schminke auf dem Gesicht oder die Accessoires auf dem Körper verteilt, dann muss man ebenfalls den beiden Komponenten Rechnung tragen. Die Gestaltung soll nicht verstecken, sondern – ganz im Gegenteil – hervorheben, das Besondere und Individuelle bestmöglich zur Geltung bringen,[150] freilich in Übereinstimmung mit der gesellschaftlichen Positionierung.

Für Psychologen (wie etwa Sigmund Freud und C. G. Jung) war es immer ein unbehagliches Verhältnis, weil sie hinter der Maske ein besonderes Selbst vermutet und die Eingliederung in Gemeinschaft und Gesellschaft immer als Verbiegung und Verformung, als Zumutung und Zwang verstanden haben; während Soziologen immer dazu tendierten, die Menschwerdung schlechthin als Prozess der Interaktion mit anderen zu verstehen.[151] Die Vorstellung, dass man seine Maske ablegen müsse, um den wahren Menschen zum Vorschein zu bringen, sodass ohne Maske erst das wahre Gesicht gezeigt werde, ist zu einfach. »Die Maske, die man sich übers Gesicht zieht, und *die Maske, die man aus seinem Gesicht macht,* werden eins. Anders gesagt, die Maske, die man zum Schutz vor der Gesellschaft überzieht, und die Maske, die einem die Gesellschaft überzieht – durch Erziehung, durch die unaufhörliche Aufforderung, andere zu imitieren, durch ›Herrschaftsstrukturen‹ –, sind dieselben.«[152] Natürlich gibt es Regeln der Höflichkeit, aber diese sind nicht dazu gedacht, eine Person hinter ihren Gesten zu verstecken, sondern dazu, den Interaktionspartner vor allzu Persönlichem zu bewahren.[153] Wo es eine Kluft gibt, tendiert diese dazu, im dauernden Handeln zu verschwinden; freilich nicht immer: Der Investor Bernard Madoff hat die Differenz ziemlich lang aufrechterhalten können.

Der konformistische Individualismus

Wenn man frische Semmeln und die Zeitungen zum Frühstück haben will, dann ist man nicht nur von einem Bäcker und einem Zeitungszusteller abhängig, sondern von vielen Menschen: Zustelldiensten, Verpackern, Journalisten, Handelsangestellten, Reinigungsdiensten, Druckern, Informatikern, Vorlieferanten, Buchhaltern und anderen. »Das Gewebe der Aktionen wird so kompliziert und weitreichend, die Anspannung, die es erfordert, sich innerhalb seiner ›richtig‹ zu verhalten, wird so groß, dass sich in den einzelnen neben der bewussten Selbstkontrolle zugleich eine automatisch und blind arbeitende Selbstkontrollapparatur verfestigt.«[154] Spontaneität geht schon in Ordnung; aber Individualisierung darf nicht mehr werden als *ein wenig Dekoration und eine begrenzte Spontaneität.* Spontan-individuelle Entscheidungen, die in irgendeiner Weise für das Funktionieren des Ganzen relevant sind, müssen *wohldosiert* sein. Kein Problem, wenn sich der Bäcker die Haare violett färben möchte; aber er soll nicht spontan entscheiden, ob er an diesem Tag ausnahmsweise ausschlafen will. Der Journalist wird in Schwierigkeiten geraten, wenn er seine Arbeit davon abhängig macht, ob ihn der kreative Genius heute zufällig anweht oder nicht; aber er kann gern ohne Krawatte in die Redaktion kommen (sofern er beim Printmedium arbeitet, im Fernsehen gibt es natürlich Kleidungsvorschriften). Multioptionalismus ist fein, darf aber im Alltag nur wohldosiert gelebt werden. Da sollte man jene Optionen wählen, auf welche die anderen zählen können. Ein komplexes System braucht *Berechenbarkeit.* »Entscheidungen sind aufgrund ihrer Aufwendigkeit ein Luxus, den sich der Akteur nicht allzu oft leisten kann. Entscheidungshandeln sitzt traditionalem und routineförmigem Handeln parasitär auf. Und so wie der Parasit seinen Wirt nicht auszehren darf, weil er damit sich selbst gefährdet, darf sich Entscheidungshandeln nicht über einen kleinen Anteil am gesamten gesellschaftlichen Handeln hinaus ausdehnen.«[155] Die große Entscheidungsfreiheit wird zur kleinen Entscheidungsfreiheit: *manche Optiönchen statt vieler Optionen.* Vielleicht ist die Multioptionsgesellschaft eher eine *Optiönchengesellschaft?*
Es wäre sowohl eine Überlastung der eigenen Person, wenn alle Entscheidungen immer neu und reflexiv getroffen werden müssten, als auch eine Belastung des Interaktionszusammenhangs. Man will nicht mit Personen verkehren oder von ihnen abhängig sein, die täglich anders

entscheiden, die es sich einmal so und dann wieder anders überlegen. Man schaut sich nach Alternativen um, wenn das Restaurant, das man besucht, manchmal offen hat, manchmal nicht, ganz nach der Laune des Wirts. Soll ich eine Vorlesung besuchen, die unverzichtbaren *Kernstoff* des Fachs ignoriert, nur deswegen, weil der Vortragende seine besonderen Marotten ausleben will? Wie halten wir es mit einem Richter, von dem bekannt ist, dass er unvorhersehbare Entscheidungen fällt, weil er eben ein ausgefallener Typ ist? Wenn wir die Nase in den Wind halten, der am Beginn des 21. Jahrhunderts in böigen Stößen daherweht, gewinnt die Spaß- und Juhu-Gesellschaft, die wir im vorigen Abschnitt besichtigt haben, erst die angemessene Doppelbödigkeit. Umfragen unter der gegenwärtigen Generation (also bei den Personen von 15/18 bis 35) ergeben immer wieder einen deutlichen Pragmatismus: Nüchternheit und Realismus.[156] Sie hat vielleicht eher als die Älteren erkannt, dass die Party der neunzehnachtziger und -neunziger Jahre vorbei ist. Nur wenige aus dieser Generation rechnen damit, dass sie einstmals eine ausreichende Pension bekommen werden. Sie haben *Nine-eleven* erlebt, und sie wissen, dass sie angesichts verschleppter Umweltpolitik den Klimawandel später auszubaden haben werden. Es ist die Generation von *iPod* und Handy, aber sie weiß, dass es in den Zeitungen vor Krisen wimmelt: Globalisierung, Umwelt, Bildung, Finanz, Gesundheit, Pension, Pflegenotstand. Es ist abzusehen, dass die Gravitationszentren der Weltpolitik nach Asien wandern. Prekäre Jobs, Praktika, Werkverträge, Projektangebote, das ist das unmittelbare Erleben im Freundes- und Bekanntenkreis. Dazwischen werden Amokläufe an den Schulen gemeldet. Sie wären verrückt, wenn sie sich nur irgendwo zwischen Selbstentfaltung und Diskothek platzieren würden, auch wenn sie die Blogs im Internet lieben, *Facebook* und *YouTube* intensiv betreuen.

Da muss man sich am Riemen reißen, wenn man überleben will. Starrer Blick auf die Selbstentfaltung – das taten vielleicht noch die Eltern. Komatrinken jeden Samstag ist nicht selten, aber auch nicht repräsentativ. Viele Jugendliche sind ziemlich *normal:* Sie wollen eine gute Partnerschaft, einen interessanten Job, ein Häuschen, Kinder, Urlaub – das klingt nicht ausgefallen. Es bedeutet aber nicht, dass die individualisierte Gesellschaft am Ende ist oder dass der Optionalismus, die Erlebnisorientierung oder das Steigerungsspiel abgesagt sind. Es gewinnt nur neue Akzente, wenn das Lebensgefühl eines der Unsicherheit ist. Die Acht-

undsechziger-Generation hat revoltiert; die Fünfundachtziger-Genera-
tion hat das Ende des Kommunismus erlebt; die jetzige Generation
erlebt den Zusammenbruch des Kapitalismus, ohne dass dies das Ende
dieses Systems bedeuten würde.

In einem Sonderheft des Spiegel *wird die Gegenwartsgeneration unter dem
Titel der »Krisenkinder« behandelt. »Wir kennen kein Protestgefühl, das uns
eint«, so heißt es in dieser Beschreibung. »Wir haben keine Wortführer. Wir
haben kein Konkret und kein Tempo, bloß Neon, und das erzählt von normalen Menschen, die über Gefühle und Karriere nachdenken. Wir sind unsichtbar. Wir sind da, aber als Generation artikulieren wir uns nicht. Wir
sind Krisenkinder, aber wir werden nicht laut. Wir haben Angst, dass es für
das Normale nicht langt, für Job und Familie. Wir erben die Alterspyramide
und die Staatsschulden. Aber wir rebellieren nicht. Der Mainstream »ist
nicht auf der Straße, sondern bei der Arbeit, in der Uni, im Büro. Er findet die Welt so kompliziert, dass er es vorzieht, nicht daran zu verzweifeln,
er ist so individualisiert, dass der Blick aufs eigene Schicksal gerichtet bleibt:
Die Welt wird wohl untergehen, ich selbst komme irgendwie durch, und
wenn nicht, dann war man eben selbst dran schuld und nicht das System.«
Die pragmatische Generation hat keine Ideologie, schon gar keine Utopie,
sie nimmt die Welt hin, wie sie ist. Sie nimmt auch hin, dass Arbeitgeber
die Freizeit und das Wochenende einfordern – und dass die Älteren sich befremdet zeigen, dass die Jungen nicht gegen jene Welt stärker revoltieren, die
letztlich von den Älteren gebaut wurde und beherrscht wird. Deshalb wird
der Jugend Verwöhntheit vorgeworfen, von jenen älteren Semestern, die in
ihrem Leben tatsächlich verwöhnt worden sind. »Wohl wahr, unsere Generation ist nicht sexy, dafür aber sind wir wenigstens nicht so anstrengend wie
die, die immer genau wussten, was gut ist und was böse, was cool ist und
was nicht. Die Popliteraten der Generation Golf waren stolz auf die
Tyrannei ihrer Geschmacksurteile, die 68er hatten die Welt politisch in
Richtig und Falsch aufgeteilt, in Ho-Tschi-minh und USA. Diese Generation ist davon frei. Sie findet alle Musik gut, die auf ihren iPod passt, sie
kann alle Meinungen irgendwie verstehen. Sie sampelt sich ihr Weltbild
zusammen und remixt es jeden Tag, mal stimmt dies, mal das. Liberal,
bürgerlich, sozialdemokratisch, grün, was eben gerade richtig erscheint.«*[157]

Das Spiel hört sich auf, wenn es ernst wird, und es wird ernst, wenn die
funktionalen Zusammenhänge bedroht sind.[158] Aber es ist gar nicht so

schwer, die Jugendlichen auf Kurs zu bringen. Werfen wir noch einmal einen Blick auf das Maschineriemodell und das Individualitätsmodell.

Erstens das *Maschineriemodell,* das *Apparateparadigma:* Irgendwie scheint an dieser Idee – die Welt als große Maschine – schon etwas dran zu sein, wenn wir in die technisch-künstliche Umwelt blicken, in das riesige »Gestell«. Wenn wir also konformes Verhalten beobachten, könnte es sich in der Tat um weiterwirkende, ja sich eigentlich erst so recht durchsetzende Potenziale der Moderne in der Epoche der Postmoderne handeln. Eine der damit stets verbundenen Befürchtungen war, dass es um Originalität, Innovativität und Kreativität des Menschen in diesem Gebilde nicht sonderlich gut bestellt sein könne – so Max Weber, Norbert Elias, Jürgen Habermas, Joseph Schumpeter. Denn die Maschine ist empfindlich: Ihre einzelnen Teilchen müssen funktionieren, wie es vorgesehen ist, und die Individuen, als Zahnrädchen in der großen Apparatur, müssen zum zuverlässigen Funktionieren gebracht werden. Maschinen können keine spontanen Zahnrädchen haben.

Zweitens das *Individualitätsmodell,* das Verlangen nach der Individualisierung: Ohne Individualisierung (mit Hedonismus, Spontaneität, Spielraum, Wahlfreiheit, Autonomie, Einzigartigkeit und so weiter) geht es nicht mehr. Das sind die Versprechungen der Moderne und der Spätmoderne. Jeder hat sich an diese Zustände gewöhnt, sie werden als selbstverständliches Anrecht gesehen, und keiner kann und will zurück in eine »geschlossene Gesellschaft«, trotz mancher nostalgischer Reminiszenzen. Da mag man sich nach vergangener Behaglichkeit und Eingebettetheit sehnen, aber nur solang man ihre Schattenseiten nicht zu spüren bekommt. Das Individualitäts-Ideal ist stark, und in der Tat ist es nicht nur ein moralisch bedenkliches Ideal (Problem Egozentrismus), sondern auch ein moralisch begrüßenswertes Ideal (Option Freiheit und Toleranz), eine der Attraktivitäten einer europäischen Gesellschaft.[159] Auch die zweite oder dritte Generation mit Migrationshintergrund findet es begehrenswert, selbst entscheiden zu können.

Es gibt jedoch Schwellen. Die Gesellschaft ist ziemlich stabil, aber wenn die Ausnahme zur Regel wird, könnte manches schwierig werden. »Spontaneität« und »lustvolle Devianz« sind gewissermaßen »positionelle Güter«, das heißt, sie können nicht verallgemeinert werden.[160] Eine Gesellschaft wird nicht mehr funktionieren, wenn alle deviant sind – oder auch nur ein beträchtlicher Teil davon. Bei den *Outsidern:* Eine moderne Gesellschaft verträgt einige Drogensüchtige, sie verträgt es nicht, wenn die meisten drogensüchtig sind. Bei den *Insidern:* Eine moderne Gesellschaft verträgt einige korrupte Manager und Finanzexperten, aber sie gerät in Probleme, wenn die meisten in dieser Weise arbeiten. Wenn das Lustprinzip die Vorherrschaft erlangt, ist das Realitätsprinzip in der Defensive, und die Gesellschaft muss die »lustvolle Devianz« wieder »einfangen«.

Der Widersprüchlichkeit entkommt man nicht. Im Spiegel special *über die Gegenwartsgeneration heißt es:* »In einer Zeit, in der Arbeit mehr ist als Arbeit, nämlich Erfüllung, ist auch die Freizeit mehr als Spaß, nämlich Arbeit an sich selbst. Der Angehörige dieser Generation, das ist die Schwierigkeit, muss eigentlich in jeder Hinsicht perfekt sein. Selbstoptimierung nennt man das. Er soll nicht nur Karriere machen und toll aussehen, sondern sich mit Musik und Büchern und Filmen auskennen, Partys feiern, seinen Körper stählen, sexuell performen, Fremdsprachen können. Und dann auch noch einen Partner finden, der so perfekt zu sein hat, wie man es selbst gern wäre. Wir sind, Krisengefühle hin oder her, eine sehr anspruchsvolle Generation.« In diesen Worten wird beides sichtbar: die großen Ansprüche, aber auch die Muster des Verhaltens, die mit gewissem Druck auf den Einzelnen einwirken. Perfektionierung und Steigerung, aber nach Vorschrift. Auch der Anspruch auf Individualität bleibt aufrecht. In einer sehr treffenden Formulierung:* »Wir sind nicht ›wir‹. Wir sind ich und ich und ich.«[161] *Auch eine Halbwahrheit, denn gerade darum dreht sich die Frage, inwiefern die Ichs dann doch ein Wir ergeben, obwohl sie glauben, nur Ichs zu sein.*

Jedenfalls haben wir es mit einer Inkonsistenz zu tun. Das *Individualitätsmodell* kollidiert mit dem *Maschineriemodell.* Wie löst man diese Widersprüchlichkeit auf? Man kann den Prozess der Individualisierung von zwei Seiten analysieren – und auf der einen Seite den Aktivitäten der Individuen nachspüren, auf der anderen Seite Möglichkeitsfelder untersuchen. Letztere fördern oder beschränken, mobilisieren oder kanalisieren, prägen oder determinieren die Handlungsmöglichkeiten der Individuen im Sinn einer Steuerung der Selbststeuerung: Eine Optionenlandschaft bieten, diese aber gleichzeitig beschränken oder formen?[162] Dort finden wir auch die Lösung des Problems, denn die funktional erforderliche Konformität in der großen Maschinerie wird hergestellt, indem den Menschen eingeredet wird (und sie es sich selbst einreden), sie hätten dann und nur dann eine ganz individuelle Identität gewonnen, wenn sie sich in Wahrheit hochkonform verhalten.[163] *Sie müssen wollen, was von ihnen gewollt wird.* Und sie dürfen es dann nicht merken.

Es werden »Muster der Individualität« vorgegeben, denen die Einzelnen begeistert folgen: So und nicht anders muss man sein, wenn man ganz individuell sein will. Es gibt eine Reihe von Mechanismen, mittels derer die Individuen auf Muster festgelegt werden: Muster, die, bei aller Vielfalt, mit den Funktionsbedingungen der Welt weitgehend verträglich sind. Das ist der wahre »Zauber« der Spätmoderne: Die widersprüchlichen Postulate werden im Bewusstsein der Menschen durch die Plausibilität der Individualisierungsmuster zusammengezwungen. Man weiß, was man tun muss, um individualistisch zu sein. Man weiß, auf welche Weise man sein originelles Selbst zum Ausdruck bringen muss. *Man weiß, dass man seine spezifische und kreative Identität unter Beweis stellen kann, indem man es so macht, wie es alle machen, die ihre spezifische und kreative Identität unter Beweis stellen wollen.* Ergebnis ist eine »serielle Einzigartigkeit«.[164] Individuell ist man dann, wenn man dem *individualistischen Konformismus* entspricht oder seinen *konformistischen Individualismus* entfaltet. Es ist eine starke, durchschlagskräftige, überzeugende Identitätsfiktion. *Identitätsfiktion* bedeutet, sich so zu verhalten, als ob man eine Identität hätte; aber eine vorfabrizierte, verfügbare, abrufbare Identität. Es gibt *Default-Identitäten;* man muss nur runterscrollen und eine anklicken.

Rekonstruieren wir noch einmal: Erstens wird das Individualismus-Axiom (man hat individualistisch, authentisch und einzigartig zu sein) von allen geteilt. Zweitens erfolgt diese Individualisierung mit verfügbaren (materiellen und immateriellen) Mitteln, die von allen benutzt werden. Individuell sein heißt deshalb nicht, dass bei einer Person alle Elemente anders sind; individuell ist die (möglicherweise einzigartige) Kombination dieser bekannten Mittel. Drittens können aber auch die einzelnen Teil-Selbste, die Rollen, unterschiedlich (von *der* Persönlichkeit her) interpretiert werden. Viertens ist aber auch die Individualität der Kombination nur beschränkt gültig, weil sich die Mittel doch wieder zu bestimmten Typisierungen fügen. Es gibt Vorbilder, *Peergroups,* Massenmedien, Stars, rote Teppiche, Milieus, Mode, Werbung. Überall dort finden sich die Bilder, die den Stoff für die »ichologische Sehnsucht« liefern. Man möchte manchen Personen und Gruppen ähnlich werden und sich von anderen abgrenzen. Man braucht dazu die richtigen Signale und Accessoires, den richtigen Habitus, die gleiche »Wellenlänge« – ein kreatives Spiel, bei dem am Ende beachtliche Ähnlichkeiten herauskommen. Fünftens gibt es die Möglichkeit »multipler Selbste«: Es sind zwar konforme Muster, denen man folgt, aber man verfügt über mehrere von diesen. Man ist Minister, aber treibt sich heimlich in Homosexuellen-Lokalen herum. Man ist Universitätslehrer, liebt aber *Raves*. Man kann *switchen*.

Das ist so kompliziert, wie es klingt. Es mag eine »reflexive Moderne« sein, aber es ist auch ein »reflexiver Konformismus«. Man imitiert nicht einfach, unbewusst, stumpf. Man gestaltet, baut nach, übernimmt, fügt zusammen. Begriffe wie »Lebensstil«, »Lifestyle«, »Milieu«[165] bündeln viele dieser Muster. Beim *Lifestyle*[166] geht es um eine ästhetische Gestaltung des Lebens, um das Lebensdesign unter dem Einfluss von Medien und Marketing und um die Lebensgestaltung im Rahmen einer Konsumkultur. *Lebensstil*[167] heißt Typenzuordnung, und diese geschieht wesentlich durch Identifikation und Imitation.[168] Es ist ein kultureller Cluster, in dem alles verschmilzt: Leben und Konsum, Haupt- und Gegenkulturen, Kritik und Kommerz.[169] Allgemeine Landkarten der Lebensstile in modernen Gesellschaften finden wir etwa bei den SINUS-Studien oder bei den VALS-Studien; andere *Pakete* von typischen Stilen werden geschnürt in der Literatur über »Generationen«; wieder andere in Marketing- oder Managementstudien oder in den Analysen von Jugendszenen. In allen diesen (empirisch geprägten) Untersuchungen geht es im Grunde um Individualisierungsmuster, also um die allgemeinen Charakteristika, in denen sich der Individualisierungsprozess ausprägt – und gleichzeitig wieder wesentlich zurücknimmt.[170]

Die Konformität hinsichtlich der individuellen Muster ist nicht der Beliebigkeit unterworfen. Es handelt sich weitgehend um Muster, die sich sozialstrukturell verorten lassen. Wir wissen, wie es läuft, ohne großen Forschungsaufwand. Friseusen und Automechaniker sind eine Gruppe, Studierende und Lehrende an höheren Schulen sind eine andere. Sie sind auch im Zeitalter der Individualisierung nicht so originell, dass sich nicht gewisse Einstellungen voraussagen ließen. Bei den Ersteren, den Friseusen und Automechanikern, wird man nicht auf den Gedanken kommen, dass sie typischerweise die deutsche Wochenzeitung *Die Zeit* abonniert haben; bei den Studierenden kommt dies zuweilen (wenn auch immer seltener) vor. Grundschullehrerinnen und

-lehrer werden seltener zum Abonnentenkreis des *Spiegel* zählen, das Lehrpersonal von Gymnasien hingegen ist das typische Zielpublikum von Medien wie *FAZ, Spiegel, Zeit*. Das Publikum für das *English Cinema* wird man auch eher bei den Letzteren finden. Bei einem allgemein zugänglichen Vortrag über Verfassungsgerichtsbarkeit wird man sich in der Zuhörerschaft üblicherweise nicht die Verkäuferin von der Supermarkt-Kassa erwarten. Manche gehen zum *Musikantenstadl*, andere zu den *Salzburger Festspielen*.

Marketingforscher, die ihre Honorare rechtfertigen müssen, finden immer wieder neue Typen – und eine Unzahl von nicht immer ganz plausiblen Verfeinerungen. Aber natürlich kennt man das eine oder andere Beispiel aus dem eigenen Bekanntenkreis. Da gibt es etwa die Ucos: ultra consumers, für die der Kauf der besten Produkte Lebensinhalt ist. Anbieter müssen sich überlegen, was sie den Fruppies, den frustrated urban professionals, anbieten, den griesgrämigen Ex-Yuppies. Was macht man mit den Limers (less income, more excitement), den Dobies (daddy older, baby younger), den Mobies (späte Mütter)? Wie hält man den Zapper (Markenwechsler) bei der Stange? Globos jetten zum Schilaufen nach Kanada und zum Shopping nach London. Der Zwumb macht zweimal Urlaub und montags blau. Die Nonamers kaufen billig, die Lohas (lifestyle of health and sustainability) und die Hanks (health and nature keepers) teuer. Die Elektronikbranche schlägt sich mit Yetties (young, entrepreneurial, techbased, twenty-something) herum und liebt die TAPs (technically advanced persons, also Technik-Freaks). Dinks werden verehrt (double income, no kids), weil sie kaufkräftig sind; unklar ist das Verhalten der Dins (double income, no sex; sie arbeiten so viel, dass sie zum Sex zu müde sind – was sagt das für ihr Einkaufsverhalten?). Frumpies (former radical upward moving people) sind mittlerweile angepasste Aufsteiger, mit einigen Erinnerungen an frühere Zeiten. Milkies (modest introvert luxury keepers) bewahren Luxus, sind aber nicht kaufwütig. Puppies (poor urban professionals) sind die Prekaristen, freiberuflich, Großstadtbewohner, die sich nichts leisten können. Slobbies (slowly, but better working people) sind langwierige Entscheider, die bewusst konsumieren, ganz im Gegensatz zu den Skippies (school kids with income purchasing power), ein Kaufkraftpotenzial.

Das ist noch lang nicht alles, aber es reicht zur Illustration.[171] Die Typen werfen allerdings auch das Problem auf, wie man oberflächliche Kennzeichnungen, die wenig Bedeutung haben, von tiefsitzenden Charakteristiken, die einen Lebensstil oder einen abgrenzbaren Typus ausmachen, unterscheiden kann. Sind zwei Personen hinreichend beschrieben, wenn sie beruflich erfolgreich, aber zu müde zum Sex sind? Was bedeutet das für ihre Wohnungseinrichtung? Wählen sie links oder rechts? Da waren die klassisch-traditionellen Verhältnisse einfacher: Unter dem »Herrn Hofrat« konnte man sich etwas vorstellen, auch Vermutungen hegen über seinen Lebensstil.

Der Psychologe Diethard Leopold[172] kommt auf einem ländlichen Friedhof in Oberösterreich ins Sinnieren: Hier ruhet in Gott, Wirklicher Hofrat – und dann folgt der Name. Warum muss dieser Titel auf den Grabstein? Muss man mit diesem Titel, mit dieser Maske, vor Gott hintreten? Welchen Sinn macht der »Hofrat« im Jenseits? »Wahrscheinlich machte dem Herrn Hofrat seine Rolle Sinn. Er empfand sich womöglich als stützendes Glied der Gemeinschaft, das persönliche Vorlieben hintanstellt und für das Allgemeinwohl auf seine individuelleren Regungen Verzicht leistet. Was so asketisch klingt, machte ihm vielleicht sogar Vergnügen, ja, am Ende seiner Tage wird er sich so sehr mit seiner – halb gewählten, halb ihm zugefallenen – Rolle identifiziert haben, dass er den Hofratstitel und die damit verbundene Tätigkeit für einen ganz persönlichen Auftrag hielt, der ihm zugeteilt und angemessen war wie seine Hemden, Anzüge und Schuhe.« Freilich mag er dabei gewisse Marotten oder neurotische Züge entwickelt haben, er wird aber auch diese Besonderheiten für normal gehalten haben. »Wir können sagen, dass Masken grundsätzlich diese beiden Möglichkeiten bieten: Einerseits machen sie seelische Erstarrung manifest, andrerseits sind sie auch genau das Gegenteil: Masken sind Medien des Lebens und befreien Zurückgehaltenes. Sie erhellen Schattenseiten und evozieren manchmal sogar Übermenschliches, Transpersonales.« Die Mitteilungen, die auf dem Grabstein stehen, sind freilich offensichtlich mehr als schlichte Hinweise zur Identifikation toter Menschen. Die Verblichenen haben diese akademischen Titel, diese Standeshinweise, die Berufsbezeichnungen offensichtlich nicht als einfache Job-descriptions verstanden; sie waren mit den Verblichenen, mit ihrer Person, verbunden, ja dies war ihre Person, ihr Selbst. Es ist gar nicht ironisch gemeint, wenn gesagt werden kann, dass sie als Hofrat, Universitätsprofessor, Postamtsleiter oder Bahnhofsvorstand vor Gott treten. Wie sonst sollten sie sich rechtfertigen, wenn die Frage nach ihrer Lebensleistung gestellt wird? Sie würden wohl auch die Frage nicht verstehen, was denn ihr »eigentliches Selbst«, jenseits des Hofrats oder Postamtsleiters, sei.

Die Verbindung der Extreme

Seinerzeit, als die Welt noch »geordnet« war, ist sie einfach zu entziffern gewesen. Noch vor wenigen Jahrzehnten war eine stärkere Gleichförmigkeit in Verhalten und Aussehen offensichtlich.

Die Männer trugen Anzüge oder zumindest Jacketts, selbst wenn sie auf den Sportplatz gingen. Wenn man Fotos von den Demonstrationen der revoltierenden Studierenden am Ende der neunzehnsechziger Jahre oder von damaligen Lesungen zur avantgardistischen Literatur betrachtet, stellt man fest, dass ein nicht unbeträchtlicher Teil der männlichen studentischen Teilnehmer eine Krawatte um den Hals geschlungen hatte, und die weiblichen Teilnehmerinnen hatten recht adrette Kleidchen an. Die Schuhe waren aus Leder, niemand latschte mit Sportpatschen durch die Gegend. Niemand hätte in irgendwelchen mittelständischen Jobs Jeans zur Arbeit getragen. Man heiratete mit Mitte Zwanzig und bekam Kinder; und wenn zwei oder drei Jahre nach der Heirat noch keine Geburt angesagt war, löste das einiges Gemunkel aus. Es war eine Zeit, in der noch ein Slogan wie jener, dass man nicht fragen solle, was das eigene Land für den Einzelnen tun könne, sondern vielmehr, was der Einzelne für sein Land tun könne, Begeisterung auslöste. Den Kindern wurde beigebracht, dass man höflich sein müsse, besonders den Erwachsenen gegenüber. Sie sollten zu Gehorsam und Selbstdisziplin erzogen werden und gute Manieren an den Tag legen; nicht herumlaufen und die Erwachsenen beim Reden stören. Für Frauen war die Hausarbeit die übliche Aktivität. Scheidung galt (zumindest) als eine milde Form von Unanständigkeit (bei den Konservativen war sie ohnehin als Todsünde, im wörtlichen Sinn, einzustufen). Über viele Dinge redete man nicht, schon gar nicht über jene, die mit dem Unterleib zu tun hatten. Wenn die Jugendzeitschrift Bravo *ein wenig Sexualaufklärung betrieb, wurden die Hefte beschlagnahmt, und die ersten Aufklärungsfilme, in heutiger Perspektive wahre Muster von Dezenz und Bravheit, wurden zum Skandal. Körperliche Züchtigung in den Grundschulen war akzeptiert. Den Schülern nahmen die Lehrer Cartoons, diese Anzeichen tückischen Bildungsverfalls, unerbittlich weg. Selbst bei der Mickey Mouse überlegte man, ob sie* mit den Schmutz-und-Schund-Paragrafen kollidierte, während man bei den Wildwest-Heftchen und den Landser-Romanen keine so starke Moralgefährdung der Jugend erkennen konnte. Mittlerweile ist dies alles nicht nur geduldet, sondern selbst die Lateinlehrer greifen zur lateinischen Ausgabe von Asterix, und die Deutschlehrerinnen sind froh, wenn die Kids überhaupt noch etwas lesen, und seien es auch John-Grisham- oder Rosamunde-Pilcher-Romane.

Die alte Gesellschaft war eine, in der die meisten Spielregeln klar waren; und es war die Generation der neunzehnsechziger Jahre, die gegen diese Regelsysteme anrannte: Warum sollte dies und jenes gelten? Warum sollte man dies und jenes nicht auch ganz anders machen können? Warum Befolgung statt Entscheidung? Warum Gehorsam statt Freiheit? Warum Disziplin statt Glück? Warum Enthaltsamkeit statt Sex? *Sit-in* und *Love-in.* Der anarchische Gestus: Mach doch, was du willst. Lass die anderen machen, was sie wollen. Lass dich nicht unterdrücken. Bring dein Ich zum Ausdruck, in allen Lebensäußerungen. Sei anders. Die Botschaft hat sich durchgesetzt, auch wenn der Beitrag der *revoltierenden* Generation dazu meist überschätzt wird.[173] Die neue individualistisch-narzisstische Ideologie beherrscht die Kommunikation der Spätmoderne. Aber der Alltagseindruck ist weniger radikal: Wir haben es nicht mit lauter Unikaten, differenzierten Persönlichkeiten, zu tun. Erstens die *Äußerlichkeiten:* Die Originalität reicht oft nicht weiter als bis zum aktuellen Modetrend. Die »Mädels« (mit einem angelsächsischen Plural), mit dem Streifen Haut zwischen T-Shirt und Hose, auch wenn es ziemlich kalt und die Hüfte nicht allzu schlank ist, haben da und dort ein bisschen Metall eingefriemt, in Nase, Ohr und anderswo. Die Burschen mit den Standardfrisuren, je nach Gesellschaftsetage, in der unteren wieder einmal eingefettet und zupfig hochgezwirbelt. In der Unterschicht wuchern die Tätowierungen, in einer sonderbaren Form der Selbstkenntlichmachung. Aber alle mit ihren blauen Jeans. Fast alle mit ihren Sportschuhen. Mit den schwarzen Sonnenbrillen, *Ray Ban,* die sie aus den amerikanischen Agentenfilmen übernommen haben. *Miami Vice. Men in Black.* Das sind die Visualisierungen des gefühlten, konstruierten Selbst. Aber *Ray Ban* quillt nicht aus der Seele, ganz einfach so. *Ray Ban* kommt von irgendwo her. Ebenso wie die *Nike Sneakers* oder die zerrissenen Jeans von *Abercrombie & Fitch.* Sogar in einer Kolumne in der Männerzeitschrift GQ wird vom »haltlos wuchernden

Selbstdarstellungszwang« gesprochen, von der »extralauten Designer-mode«, die ihre Marken überall unterbringen will: eine gigantische Geldmaschine für die Labels. »Was mich betrifft, so kann sich jemand, der sich Buchstaben in gigantischem Goldlamé auf die Brust pressen lässt, gern auch gleich mit dem Edding ›Ich leide unter einer schweren Persönlichkeitsstörung‹ auf die Stirn schreiben. Es ist die gleiche Bot-schaft.«[174] Aber das sehen viele anders.

Zweitens die *Innerlichkeiten:* Die Visualisierungen sind nur die mate-riellen Ausstülpungen der Gefühle, der psychischen Resonanzen, der vermeintlich authentischen »Kerne« im Selbst. Die immateriellen, inner-lichen Moden kommen hinzu, etwa die Selbstdarstellungsformen bei *Myspace.* Originell? Da vertreten doch die meisten dieselben Auffas-sungen und äußern dieselben Slogans, sie lieben denselben Typus von Musik und gestalten die Freizeit auf ähnliche Weise – das sind doch ge-rade die gruppenbildenden *Items.* Die Person wird zum Display, auf dem angezeigt wird, was angeblich innen drinnen ist. Das geht nur mit konsumistisch-dekorativen Mitteln. Ein Bandmusiker, Jarvis Cocker, sagt in der Zeitschrift *Spex:* »Kunst ist ja auch Konsum. Und wir kon-sumieren wie die Blöden. Gehen Sie mal auf *Myspace.* Die Profile der Leute sind nichts anderes als Auflistungen der Dinge, die sie konsu-mieren. Sie knüpfen Freundschaften auf der Basis der Schnittmengen ih-res Konsums. Du magst *Depeche* Mode? Cool, ich auch. Lass uns Freunde sein! Das ist doch verrückt.«[175] Man bestimmt die Gruppe, zu der man gehört, und zu den anderen gehört man nicht, weil man sich unterscheidet.[176]

Die Bastelei führt oft zu ziemlich ähnlichen *Bastelexistenzen.* Es gibt *Wahlbiografien,[177]* aber sie unterscheiden sich oft nicht sonderlich. Die Bastelei lässt sich tatsächlich nach dem Muster von Dilettanten im Bau-markt verstehen, denn die Auswahl ist groß, die Entscheidung ist frei, und am Ende haben alle dasselbe Balkongeländer auf dem Wochen-endhaus. Die Individuen investieren viel Überlegung in das individuelle Outfit, und doch kommt letztlich ein ziemlich einheitliches Bild zu-stande. Sie setzen sich mit ihrem Innenleben auseinander, aber die Ori-ginalität der Weltinterpretation lässt zu wünschen übrig.

Die *Vorlagen* aus den Massenmedien sind einprägsam. Auch wenn die meisten Sozialwissenschaftler die These von der Vereinheitlichung (oder Amerikanisierung) der Welt dementieren, kann man sich dem Eindruck kaum entziehen, dass in der Medienwelt eine solche Vereinheitlichung weitgehend stattfindet. Das deutschsprachige Fernsehen ist vollgestopft mit amerikanischen Filmen und Serien. Die Jugendlichen kennen sich in New York weitaus besser aus als in Berlin oder Wien. Sie sind erstaunt, dass bestimmte rechtliche Spielregeln in Europa nicht gelten – wo sie doch alltäglich erleben, dass der Staatsanwalt mit einem Beschuldigten einen Deal macht. Auf allen Kontinenten weiß man, wer George Clooney und Julia Roberts sind. Auf der ganzen Welt hat es sich angeglichen, wie man auf professionelle Weise die News präsentiert. Bei den Kids wird sichtbar, dass selbst die *Körpersprache* eine andere wird, ähnlich den Personen, die sie stundenlang jeden Tag beobachten können. Alles ist offen, aber am Ende steht eine *domestizierte Originalität.* Man kann Skeptiker sein, Aussteiger, Oppositioneller, Kritiker vom Dienst, Genie, ein Introvertierter bis zur Grenze des Pathologischen, ein Säufer. Für die meisten ist Platz, wenn auch möglicherweise nur an der Peripherie. Aber man kann auch über die Peripherie hinausgeraten, wenn man allzu»individuell«oder»originell« sein will; über jenen Kreidekreis, der die wirkliche Demarkationslinie darstellt. Dann ist man kein »Individualist« mehr, sondern ein Irrsinniger, ein Verrückter, ein Narr.[178] Aber das sind Randzonen. Der *Mainstream* ist ein bisschen weniger individuell, als meist unterstellt wird, und»normaler«, als er selbst glauben will. Für die meisten Menschen aber gilt eine Art von»reflexivem Individualismus« genauso wie ein »reflexiver Konformismus«.[179] Jeder ist der beste Beobachter seiner selbst. Wenn wir, die beiden Aspekte vereinend, vom *konformistischen Individualismus* sprechen, dann bedeutet dies allerdings keinen *Kompromiss* in dem Sinn, dass sich die Wirklichkeit gleichsam in der Mitte abspielt, dass die Menschen eben weniger individualistisch sind, als die Theorie es behauptet. Tatsächlich handelt es sich also *nicht* um eine Art von Balance zwischen Besonderheit und Anpassung. Es ist viel interessanter: In der Spätmoderne geht es nicht um den Kompromiss in der Mitte, sondern um die *Vereinigung der Extreme.* Die Gesellschaft der zweiten Moderne vereint die beiden Pole: Die Menschen fühlen sich *außerordentlich individualistisch,* aber zur gleichen Zeit sind sie *außerordentlich konform.* Ersteres ist gut für ihr Ego, Letzteres ist gut für das Funktionieren des Systems.

Einmischungsgesellschaft. Die individualistische Gesellschaft ist keinesfalls gegen konformitätsförderliche Einmischung gefeit. Da man jedoch Kriterien und Standards für Privatheit und Öffentlichkeit, für

Freiheit und Anstand verloren hat, bestehen sonderbare Fälle von *Laissez-faire* und Einmischung nebeneinander. Denn die Öffentlichkeit ruft gern zur Einmischung auf: Man meint es doch nur gut, mit der *Gender*-Sprache und dem Zigarettenrauch. Wer sich nicht einmischt, der ist hartherzig, ignorant, krisenresistent, isoliert. Wer den anderen sagt, wie sie leben sollen, der ist besorgt, empathisch, auf der Höhe der Zeit. Er zeigt seine Betroffenheit. Er sorgt für mehr »Wärme« in der Gesellschaft, wider die neoliberale »Kälte«.[180] Im Hintergrund des gesamtgesellschaftlichen Thermostat-Modells steht die Überzeugung, dass eine kuschelige Welt möglich ist; dass das Böse in der Welt durch Prävention verhindert werden kann; oder dass zumindest dann, wenn das Böse doch in die Welt getreten ist, eine therapeutische Betreuung geboten ist, die alles wieder zurecht biegt und heil macht. Denn es gibt in der Perspektive der Einpeitscher der Konformität keine harmlose Aktivität. Wer etwas aus dem Keller holt, ist des Inzests verdächtig. Wer den Unterarm einer weiblichen Kollegin berührt, spielt in Wahrheit schon mit Vergewaltigungsfantasien. Wer von »Behinderten« statt von »mentally challenged people« spricht, hat das »lebensunwerte Leben« im Hinterkopf.

In einer Gesellschaft, die aus dem Tritt geraten ist, gibt es Gegensätzlichkeiten nebeneinander: *Rüpelhaftigkeit neben Pingeligkeit.* Auch der Staat kommt dabei ins Spiel, als Fürsorgestaat und Präventionsstaat. Er sorgt sich um Fettleibigkeit und Zigarettenrauch. Er muss Kameras auf allen öffentlichen Plätzen montieren und E-Mail-Überwachung in allen privaten Kanälen vornehmen. Entmoralisierung und Moralisierung in beinahe ununterscheidbarer Gemengelage: Eigentlich herrscht generelle Indifferenz, zugleich aber ein hohes Maß an Entrüstungs- und Einmischungsbereitschaft.

Bei der Einmischung handelt es sich um einen Individualismus, der sich als Gemeinschaftsbezogenheit tarnt. Der Einmischer definiert seine Identität, indem er den anderen ihr angemessenes Verhalten vorschreibt. Er ist der Gute. Er bestätigt sich seine Wirksamkeit und seine Superiorität. Wenn man schon in den Maschinerien steckt und an ihnen nichts ändern kann, dann kann man moralisch motzen. Wenn man schon generell ein Getriebener ist, dann kann man wenigstens in Einzelfällen selbst treiben. In einer ideologischen Fetzenlandschaft ist alles möglich.

Inszenierungen des Selbst

Man muss sich inszenieren: *Selbststilisierung* liegt zwischen den Möglichkeiten, einerseits ein festes, permanentes Selbst zu entwerfen und andererseits jede Festlegung zu vermeiden. Und man kann sich entscheiden: weder Betonierung noch Verflüssigung des Lebens; einen Typus für sich reklamieren, die Reversibilität aber offenhalten; und mögliche Theatralisierungen und Dekorationen ausprobieren.[181] Man wird *Gruftie.* Man entscheidet sich für *Techno.* Man wird *Skinhead,* und dann heißt es Stiefel kaufen gehen. Oder man entscheidet sich für den »teuren Stil«, und dann sucht man den Schneider und den Lieferanten für *handmade shoes.* Da gibt es doch in der Innenstadt von London diesen berühmten Schuster, der für alle seine Kunden die individuellen Schuhleisten archiviert ...

Man muss die Praktiken der Selbststilisierung kennen, sonst katapultiert man sich schnell aus der sozialen Umgebung hinaus. Es gibt Regeln, auch für die bildliche Darstellung. Mit Militärkluft und Stiefeln sollte man bei der grün-alternativen Versammlung nicht auftauchen. Es passt nicht, wenn ein bekannter Cello-Virtuose beim Feuerwehrfest auftritt. Auch wenn der bekannte Schlager-Star schon beim *Musikantenstadl* seinen Auftritt gehabt hat und deswegen fraglos zur »Prominenz« gehört – beim Bankdirektorsfest führt seine Performance zu Getuschel. Das sind Fehltritte. Das gehört nicht ins Muster. Die Muster zu kennen gehört zum Konsum- und Identitäts-Knowhow. Jeder beobachtet sich permanent selbst und seine Wirkung auf andere, und die beabsichtigte Wirkung kann nur erzielt werden, wenn die Adressaten der Signale, ebenfalls differenziert nach Milieus, diese richtig verstehen. Jeder ist demgemäß ganz individuell, wenn er die »richtige« Haartracht hat, die »richtigen« Tattoos, das »richtige« Engagement für *Amnesty International,* die »richtige« Zeitung. Oder man muss, je nach sozialem Milieu, wissen, welche Weine man zu trinken hat, wo es die besten Steaks in Manhattan und das einzig genießbare Sushi gibt. Der Bankdirektor hat keine Tätowierungen und kein Ringerl im Ohr. In dem einen Milieu wird man belächelt, wenn man zur Bierflasche ein Trinkglas verlangt, im anderen macht man sich »unmöglich«, wenn man aus der Flasche trinkt. Man muss den Code beherrschen, sonst geht alles schief. Man muss die Normierungen und Typisierungen kennen, die das Individuum und sein Milieu klassifizieren: Was ist wo möglich, geboten oder unerlaubt? Alles kann zum Problem werden.

Themen von Men's Health: *Welche Sandalen tragen Männer diesen Sommer? Sportswear Accessories. Männer-Tools gegen Körperhaare. Die trendigsten Sonnenbrillen. Apfel essen statt Ausdauertraining? Graue Haare machen nur Schauspieler sexy. Bumerang-Werfen für Einsteiger. (Das wird schon ein bisschen ausgefallen.) Oder man lässt sich von* GQ *beraten: Die coolsten Doppelreiher. Der weiße Anzug. Jeans Trends. Der perfekte Mann: Was Frauen wirklich wollen.*[182]

Selbstthematisierung. Wenn man sich selbst zum Thema macht, muss das Ergebnis der Ich-Recherche kommuniziert werden. Selbstthematisierung mag seinerzeit verschiedene Motive gehabt haben, etwa die Erforschung der eigenen Seele im Zuge der Beichte, um durch Reue und Gnade die Gefahr der Höllenpein zu bannen. Ähnlich hat es auch die Psychoanalyse gehandhabt; man kriecht in den eigenen biografischen Untergrund, auf dass alle psychischen Spannungen gelöst werden. Neuerdings hat die Selbstthematisierung andere Ziele, etwa in medialen Inszenierungen oder in den Internet-Foren: die Aufmerksamkeit auf sich lenken, die berühmten zehn Minuten des Ruhms ernten, eine Bestätigung für *das eigene Selbst* erlangen. Das hat zwei Voraussetzungen. Einerseits wird das eigene Selbst so wichtig genommen, dass fraglos unterstellt wird, dass private Belanglosigkeiten für die Welt von Bedeutung sind; andererseits wird die *Wahrnehmung durch andere,* zunehmend in visueller Form, sowohl als Bericht über exzentrische Probleme als auch als Dauerkommunikation von Alltagstrivialitäten, als wesentliches Element der Selbstbestätigung betrachtet: Mitteilen, wie man sich fühlt. Verkünden, dass einem in dieser Minute soeben langweilig ist. Und seine»Freunde« zählen.

Man existiert nur, wenn man sich mit sich selbst beschäftigt und dies anderen mitteilen kann. Man übermittelt also, was man fühlt (aber man fühlt nichts Besonderes), was man tut (aber es ist dasselbe, was die anderen auch tun) und wie man lebt (aber die T-Shirts, die man kauft, sind in Wahrheit ebenfalls dem Publikum bekannt). Die Selbstthematisierung hat aber neue Möglichkeiten bekommen: Sie ist ein Kommunikationsakt, auf ein Publikum gerichtet, auf die eigene Peergroup, auf ein paar Grauzonen darüber hinaus, doch schließlich auch auf ein allgemeines, unspezifiziertes Publikum. Sobald man sein Magendrücken der Welt mitteilen kann (und die Welt zuhört), hat man das Gefühl, ein Weltstar zu sein.

Die Suche nach dem eigenen Typ. Wenn man die üblichen Magazine (die in einer erstaunlichen, in anderen Lebensbereichen wütend abgelehnten säuberlichen Trennung der Geschlechter für Männer und Frauen angeboten werden) durchblättert, fällt auf, dass die Suche nach Identität und Individualität im Wesentlichen so verläuft, dass man sich auf die Suche nach dem eigenen Typus begibt: zuordnen, klassifizieren. Dort wird nicht das Unikat angeboten, viele Testangebote landen sogar bei relativ groben Klassifizierungen, bei vier bis sechs Typen.

Ein Beispiel aus der Brigitte: *Welcher Wohntyp sind Sie? 13 Fragen genügen, und man bekommt einen Beitrag zu seinem Innenleben geliefert. Er sieht dann etwa folgendermaßen aus. Typ D:»Bei Ihnen herrscht Klarheit! Alles ist an seinem Platz, Ihre Einrichtung ist praktisch, aktuell, pur, zurückhaltend. Materialien und Möbel sollen qualitativ hochwertig sein, was nicht heißt, dass Sie immer nur das Teuerste kaufen. Form follows function, dieses Credo gilt auch für Sie. Sie legen Wert auf eine klare Formensprache. Übertriebenes Dekor liegt Ihnen fern. Schnickschnack, überflüssige Nic-Nacs und Plüschiges in jeglicher Form wird man in Ihrer Wohnung vergeblich suchen. Stattdessen konzentrieren Sie sich auf das Wesentliche: Reduziert-schlichte Formen, helle, reinweiße, möglicherweise mit einer kräftigen Kontrastfarbe abgesetzte Wandflächen, großzügige Fenster. Edle dunkle Hölzer, wie Wenge und Zebrano, werden mit Chrom und Aluminium kombiniert, Hightechstoffe und Sichtbetonflächen treffen auf Naturstein und satiniertes Glas. Ihre Möblierung rekrutiert sich aus dem Repertoire der modernen Klassiker. Raumfunktionen gehen fließend ineinander über. […] Technik fasziniert Sie. […] Hätten Sie eine Zeitmaschine, würde Ihre erste Reise wohl ins Jahr 1955 zu einer Cocktailparty in einem Richard-Neutra-Bungalow in den Hügeln von Beverly Hills führen.«[183] Die letzte Bemerkung verrät, dass man sogar über einiges architektonische Lifestyle-Wissen verfügen (oder dieses ergoogeln) muss.*

Brigitte *bietet weitere Tests zu Erforschung des Innenlebens an: Welches Haustier passt zu mir? Welcher Geschenke-Typ sind Sie?* Die Zeitschrift Cosmopolitan *geht gleich die wichtigen Themen an: Sind Sie bereit für das Jawort? Lieben sie das Risiko? Wie fantasievoll ist ihr Sex?* Die Zeitschrift Wienerin *bietet Tests an über die Frage: Wie alt sind ihre Gefühle?* Men's Health *ist praktisch: Wie stabil ist ihr Kreislauf? Da ist es beispielsweise wichtig zu wissen: Haben Sie manchmal Taubheits- oder Lähmungsgefühle in einer Körperhälfte? mit den Antwortmöglichkeiten: Nein, zum Glück nicht; oder: Ja, selbst ohne Vollrausch.*[184] Amica *lädt ein zu den Tests: Sind Sie eine gute Freundin? Ist er ein Fremdgänger? Wer passt zu mir? Oder zum Flirt-Check: Sind Sie eine Spielerin? (Flirten Sie ständig und mit jedem, der Ihnen begegnet – ganz gleich, ob Sie ihn anziehend finden oder nicht, sondern weil es einfach eine lustige Freizeitbeschäftigung ist?) Das Magazin* myself *offeriert Partnertests (Wie gut passen Sie und Ihr Partner zusammen?), Star-Style-Tests (Welcher Star-Ikone ähneln Sie?), Inneres Alter (Sind Sie so alt, wie Sie sich fühlen?).*[185]

Das reichliche Angebot an derartigen Tests macht deutlich, dass sich die Individuen auf dem Weg zu ihrer Selbstfindung selbst klassifizieren müssen. Sie müssen sich mit anderen vergleichen. Am Beginn steht somit das Axiom der Typenbildung: Es gibt Typen. Dann muss man herausfinden, welcher Typ man ist. Erst jetzt kann man sich entsprechend benehmen, kleiden, schminken, verhalten. Wenn man typisiert ist, dann ist man individualisiert, nämlich auf die »richtige« Weise – so wie alle. Persönliche Identität ist offenbar eine Typenzuordnung, die als Ich-Findung missverstanden wird. Existenzbastler montieren ihr Selbst nicht nur aus dem, was gerade zuhanden ist, sie halten sich sogar genau an die Bauanleitung, an den Beipackzettel.

Verhaltensdisziplinierung. Die Unterschiede haben ihre Klassen- oder Schichtaspekte, und das gilt immer noch, aber die Selbstdisziplinierung geht darüber hinaus. Auch der Portier kann heutzutage Probleme bekommen, wenn er einem Besucher, um ihm die Wartezeit zu verkürzen, einen antisemitischen Witz erzählt; denn die »Korrektheits-Subtilitäten« sickern langsam nach »unten«. Auch die Kassierin im Supermarkt schnäuzt sich nicht in ihren Ärmel, wie dies vor ein paar Jahrhunderten allgemein üblich war. Und sie wird darin geschult, jeden Kunden freundlich zu begrüßen, danke zu sagen und einen guten Tag zu wünschen. Wenn eine Kundin einem Ausländer den nachdrücklichen Rat gibt, er möge schleunigst sein Heimatland aufsuchen, und die Kassierin sekundiert: »Das können Sie laut sagen«, dann bekommt sie im Fall einer Beschwerde Probleme. Wenn der Verkäuferin die Zähne ausfallen, schlägt der schlechte Eindruck auf das Haus durch, also tut sie gut daran, sich in adrettem Zustand zu erhalten, wenn sie ihren Job weiter ausüben will. Es gibt – gerade für das »untere« Personal – Trainingsprogramme, in denen Lächelübungen empfohlen werden – in der

Früh, vor dem Spiegel, Lächeltraining ist gut für die eigene Seele und gut für den Umsatz. Man muss sich in den Griff bekommen, wenn man mitspielen will, bis ins Lächeln hinein. Denn bei den Kleinigkeiten fängt es an.

Florian Illies beschreibt in seinem Buch über die Generation Golf ein neues Phänomen:»Die achtziger Jahre waren also die Jahre, als das Laufen noch so hieß wie all die tausend Jahre davor und sogar noch einst in Marathon, einfach: Laufen. Beziehungsweise, präziser: Dauerlauf. Es dauerte und war immer bloß ein Mittel zum Zweck. Um den Bus zu bekommen, der fast schon weg war. Um wegzulaufen, weil die andere Bande hinter einem her war. Oder, von mir aus auch das, um über die Ziellinie beim Sport zu laufen. Aber daß das Laufen vom Breitensport (was immer das genau war) zum Selbstzweck werden könnte, zu etwas, daß man morgens seiner Freundin beim Aufstehen sagen kann: ›Du, ich geh' jetzt schnell zwanzig Minuten laufen‹, ohne des fortschreitenden Wahnsinns bezichtigt zu werden, das ist noch immer eines der größten Phänomene der Jetztzeit. Denn man darf nie vergessen, daß ebenjene Generation, die jetzt so fröhlich an der Alster entlangjoggt, durch den Stadtwald in Köln, den Englischen Garten oder den Tiergarten, kaum zehn Jahre zuvor noch kollektiv aufheulte, wenn man beim Sonntagnachmittagsspaziergang an einem Trimm-dich-Pfad vorbeikam oder wenn der griesgrämige Sportlehrer dreimal pfiff und man sodann eine Viertelstunde lang im Kreis dauerlief, bis das Seitenstechen unerträglich wurde.«[186] Die Fitness-Welle ist gleichzeitig herangerauscht: Fitness-Studios, die Orte,»wo hunderte von Generationsangehörigen nebeneinander an ihren Körpern arbeiten. Inzwischen ist sogar das Laufband perfekt auf unsere Bedürfnisse zugeschnitten: Ideal ist es, wenn man sich während des Schwitzens nicht nur in mehreren Spiegeln beobachten, sondern gleichzeitig noch auf frei hängenden Monitoren die neuesten Aktienkurse auf n-tv sowie die Videoclips auf VIVA verfolgen kann. Das kommt schon relativ nahe heran an die Glücksvorstellung unserer Generation.«[187]

Inszenierte Identität. Man könnte sagen, dass man über die wahre Identität und die wahre Wirklichkeit nicht mehr nachdenken muss, wenn erst klar ist, dass es um Inszenierung geht.[188] Aber die Sache läuft um zwei Ecken: Man muss eine »wahre« Identität (oder das, was man dafür hält) finden; man muss sodann nachdenken, wie diese zum Ausdruck kommen kann; und man muss eine passende Inszenierung finden, um das, was man für die wahre Identität hält, richtig auf die soziale Bühne zu bringen. Und noch um eine weitere Ecke geht die Reise: *Die Abschätzung des »Bühnenerfolgs« wirkt zurück.* Man kann sich ausmalen und es schließlich erfahren, was bei den Zusehern Erfolg hat, weil man letztlich auch selbst die *soziale Grammatik* mehr oder weniger gut zu entziffern vermag. Dieser prognostizierte Erfolg ebenso wie die ersten Erfahrungen mit der realen Resonanz wirken auf die Konzeption der eigenen Identität zurück. Weniger kompliziert formuliert: *Wenn man zu wissen glaubt, was »ankommt«, versucht man sich selbst davon zu überzeugen, dass in dieser Darstellung das authentische Ich zur Entfaltung kommt.* Die meisten Menschen sind ziemlich gut darin, sich selbst über sich selbst zu täuschen. (Manchmal, nächtens, bricht die Deutung zusammen, die sich im Tageslicht so glänzend bewährt; aber das steht man auch durch.)

Das ist der entscheidende Trick, den die Postmoderne der Moderne voraushat. Sie hat zum einen spezifische *Areale der Spontaneität* geschaffen, in denen ausgelebt werden kann, was im normalen Getriebe verpönt ist. Zum anderen hat sie Methoden entwickelt, um die Individuen *dem Gefüge konform* und ihnen begreiflich zu machen, dass gerade diese Konformität Ausdruck ihrer Individualität ist, dass gerade die *Verinnerlichung der Spielregeln* der postmodernen Gesellschaft in Wahrheit zu ihrer *authentischen Innerlichkeit* gehört.

Das Beispiel der Liebe. Die Regelhaftigkeit des Spontanen betrifft alle Lebensbereiche. Heiner Keupp verweist etwa auf Liebesgeschichten, die erzählt werden. Sie sind deshalb aufschlussreich, weil sie doch als etwas sehr Persönliches, Individuelles und Authentisches gelten. Es gibt jedoch dafür klare Erzählregeln, also Muster, wie Liebe *geschehen* kann: »Wenn Mann schon nicht als Eroberer daherkommt, müssen Frau und auch Mann wie vom ›Blitz getroffen sein‹, es muss irgendwie plötzlich und unaufhaltsam ›passiert‹ sein, ›man konnte nichts dagegen machen‹, war von Emotionen durchflutet, und ›dann ist es eben passiert‹. So ungefähr muss erzählt werden, damit es das ist, ›was man unter Liebe versteht‹.«[189] In diesem Kontext haben rationale Erwägungen keinen Platz, ebenso wenig wie Alltag und Langeweile. Man wäre (heute, im Gegensatz zum 19. Jahrhundert) befremdet, wenn ein Mädchen die Anbandelung mit einem jungen Mann offen damit begründen würde, dass er offensichtlich eine glänzende Laufbahn mit entsprechenden Einkommenschancen vor sich hätte und sie sich diese gute Partie nicht entgehen lassen könne. Das würde als »kalt« und berechnend beurteilt werden – ein Luder. Aber auch andere Komponenten gehören in eine solche Story nicht hinein, wie etwa Argumente nackten Begehrens oder schlichter Geilheit. Wenn man schon einmal den Kopf verliert, dann muss das in eine ansprechende Story gepackt werden. Den Freundinnen einfach zu sagen, er sei der geilste Typ, den man jemals getroffen habe, geht (noch) nicht. Das tut man nicht. Da mögen lebensweltliche Erfahrungen belegen, dass sinnliche Situationen jede Zurückhaltung außer Kraft setzen, und empirische Studien nachweisen, dass es sonderbare Unterschiede in den »Paarungschancen« je nach Einkommenshöhe gibt – solche Elemente haben in einer ordentlichen Liebesgeschichte nichts zu suchen. Es gibt Prinzipien: Liebe ist selbstverständlich; nur die Liebe zählt; Liebe ist Zufall; die Personen müssen zueinander passen; man *weiß* im Ernstfall, ob er/sie der/die Richtige ist; Liebe bricht aus einem heraus, und da kann man nichts dagegen tun.[190] Die Formen liegen fest, und sie sind romantisch geprägt; allenfalls in intellektuellen Szenen können die kitschigen Formen mit leichter Ironie verbunden werden – obwohl sie dennoch benutzt werden. Die zentrale Idee ist aber nicht nur *geschönt*, wie empirische Studien über Partnerbeziehungen zeigen, sie kollidiert auch mit der intensiven Suche nach einer Entsprechung des persönlichen Typus mit dem Partnertypus.

Der Psychologie-Professor Burghard Andresen hat (natürlich) mit seiner Studie in den allgemeinen Zeitschriften (und vor allem den Frauenzeitschriften wie Brigitte *und* Cosmopolitan) *Anklang gefunden: Er beschäftigt sich mit der »Beziehungspersönlichkeit«, die nicht identisch sei mit unserer allgemeinen Persönlichkeit. Erstere entwickle sich (eigenartigerweise) recht eigenständig gegenüber dem allgemeinen Selbst: In der Liebe ist man anders als sonst. Grundsätzlich ist eine Beziehung umso stabiler, je ähnlicher die Liebes-Ichs der Partner sind (Gleich und Gleich gesellt sich gern). Es gibt aber auch Komplementaritäten (Gegensätze ziehen einander an: der führungsstarke Manager gibt im Liebesleben lieber das »masochistische Häschen«). (An den alten Volksweisheiten scheint einiges dran zu sein.) Es gibt aber keine typisch weiblichen oder männlichen Profile, auch Frauen zeigen Aggressionen oder starkes sexuelles Begehren; die Geschlechterrollen nivellieren sich. Jedenfalls findet Andresen elf Elemente des Liebes-*

Ichs: Erotik, Romantik und Einfühlung; Charme, Ausstrahlung und At-
traktivität; Hilflosigkeit, Abhängigkeit und Furcht; Dominanz, Aggressi-
vität und Streitlust; Hingabe, Nähebedürfnis und Verträglichkeit;
Ritterlichkeit, Großzügigkeit und Mut; Treue, Gewohnheit und Anstand;
Stolz, Statusdenken und Anspruch; Glück, Zufriedenheit und Vertrauen;
Sex, Begehren, Libido; Kinderliebe, Familiensinn und Fürsorge. Diese elf
Elemente sind bei jedem Menschen vorhanden, jedoch unterschiedlich stark
ausgeprägt. (*Offensichtlich decken sie in der Tat wesentliche Dimensionen*
des menschlichen Verhaltens ab, da wären sich wahrscheinlich die meisten
Psychologen einig.) *Das Beispiel ist nur deswegen interessant, weil der An-*
spruch erhoben wird, ein besonderes Teil-Selbst zu beschreiben, das von der
Gesamtpersönlichkeit unabhängig zu sein beansprucht; und natürlich stellt
sich über die Studie hinaus die Frage, ob dies nur für den Bereich der
Beziehung der Fall ist oder ob tatsächlich andere Teil-Selbste in relativer
Unabhängigkeit voneinander bestehen. Sicher ist jedenfalls, dass damit
wieder Typen beschrieben sind, deren Kenntnis als notwendig erachtet wird,
um eine erfolgreiche Beziehung führen zu können.[191]

Individualisierte Regelhaftigkeit. Wie also läuft es mit der Individualisierung? *Jeder ist individualisiert, wenn er die Individualisierungs-*
Spielregeln kennt und befolgt. Deshalb verachtet man den Massentouris-
mus und fährt in die Toskana – und schon ist die Toskana auch wieder
out, weil dort alle sind. Man strömt auf den Golfplatz, weil dies zeitge-
mäßer ist als der Tennisplatz, und trifft dort alle Bekannten, weil das Gol-
fen langsam aus der elitären Sphäre in den Massenbetrieb hinüberglei-
tet; oder man trifft sich beim Beach Volleyball, weil derzeit eben alle der
Meinung sind, dass es sich um den Ausdruck ihres wahren – »kalifor-
nischen« – Lebensgefühls handelt, auf dem warmen Sand herumzu-
hüpfen; oder man besucht wenigstens das wichtigste Spiel der Fußball-
Europameisterschaft und springt vorschriftsgemäß auf, wenn es alle
von den Sitzen reißt. Man ist ganz original, individuell und authentisch,
wenn man endlich sein *Piercing*-Ringerl im Nabel hat, dort, wo es alle
haben, und dann fühlt man sich gut. Man verbeugt sich vor den pan-
demisch grassierenden Botschaften: Positiv denken! Herausforderungen
lieben! Leiden ist Wehleidigkeit! Armut ist Schwäche![192] – und tut dies
so wie alle.
Das bringt die Leute möglicherweise sogar zusammen, insofern sich
Gleich und Gleich gern gesellt oder »mechanische Solidarität« (durch

Gleichheit, wie dies Durkheim nannte) entwickelt.[193] Differenzierung und Ähnlichkeit sind dann miteinander vereinbar, wenn die Menschen ihre Individualität darin sehen, dass der eine grün und der andere rot gefärbte Haare hat, während sie jene Konformität übersehen, die darin besteht, dass Identität sich trefflich und harmlos durch ausgefallene Haarfärbung ausdrücken lässt. Jeder ist ganz individuell, wenn er im Cabrio sitzt und sich dekorativ den Schal um den Hals windet. Jeder ist ganz er selbst, wenn er sein Präsentationstraining im kleinen Finger hat, sodass er endlich genauso präsentiert wie alle anderen auch. Natürlich führt die massenkonsumistische Bereitstellung der Mittel, die für die Verfertigung der ganz individuellen Person benutzt werden, zur *Massenproduktion von Maskeraden*. Letztlich sehen alle gleich aus. Sie benehmen sich gleich. Sie glauben das Gleiche. Sie vergnügen sich auf die gleiche Weise. Aber sie wissen es nicht. Deshalb fühlen sie sich wohl. Funktionalität und Authentizität fallen in eins. Deshalb ist die individualisierte Gesellschaft in Wahrheit eine halb-individualisierte Gesellschaft. *Moderne Individualität ist mentale Konformität plus dekorative Diversität.*

Es gibt verschiedene typische Inszenierungen mit hohem Konformitätsgehalt. Dazu gehören etwa Darstellungen als Opfer, als Elite, als kritischer Intellektueller.

Die Journalistin Julia Friedrichs hat sich bei der Nachwuchs-Elite umgesehen, bei jenen High Potentials, die als zukünftige »Leader« erzogen werden. Ihnen wird in besonderer Weise nachgesagt, dass sie kreativ und innovativ sein müssten, um als nationale und globale Führungspersonen die Wirtschaft und die Welt in die Zukunft zu führen. Das Ergebnis der Recherchen war für sie ernüchternd. Der Typus, der in den Business Schools und Nobel-Institutionen erzeugt wird, ist freundlich, nett, adrett, zuvorkommend; aber er ist von höchstem Konformismus geprägt und vertritt ein einheitliches, darwinistisches und wenig durchdachtes Weltbild. Dieses Weltbild lässt sich in einigen Punkten zusammenfassen.
(1) Es ist nicht verwunderlich, dass Leute, denen permanent gesagt wird, dass sie Elite seien, den Wunsch nach einer Förderung von Eliten aussprechen. Ihre Selbstbeurteilung: Sie sind brillant. Sie sind die Besten. Sie sind Europas neue Führungsgeneration. Für sie ist es nicht nur ein Interessenstandpunkt, sondern eine Weltsicht: Man braucht mehr Eliten. Eliten machen Betriebe effizienter und treiben das Wirtschaftswachstum voran. Elite,

das bedeutet: Verantwortlichkeit, Leistungsfähigkeit, Talent – und natürlich ein beträchtliches Einkommen. Diese Nachwuchskräfte haben dieselbe Art, sich zu bewegen. Schnell, aber nicht hektisch, selbstsicher, an der Grenze zur Arroganz. Sie sprechen geschliffen, ohne steif zu sein, sind freundlich, ohne sich wirklich zu öffnen, liefern Anekdoten in Serie. Sie wissen um den passenden Dresscode, der auch bei den eigenen Feiern genau eingehalten wird, und sie sind mit den Nobelmarken vertraut.

(2) Sie legen ein starkes Bekenntnis zu Leistung, Ehrgeiz und Fleiß ab, verbunden mit einer mitleidlosen Missachtung für alle, die nicht erfolgreich sind oder scheitern. Sie wissen, dass sie die nächsten Jahre (und vielleicht viel länger) mit einer Arbeitsleistung von 70 oder 80 Stunden pro Woche rechnen müssen, und sie finden das gut. Ein junger Berater, Marko, fasst zusammen:»Es gibt Menschen, die sind oben – das sind Gewinner. Und Menschen, die sind unten – die Verlierer. Pass auf, dass du im Leben zu den Gewinnern gehörst.« Leistung müsse sich wieder lohnen. Sie mögen keine Menschen, die in ihren Augen»Bremser«sind; alle, die nicht dem eigenen Typus entsprechen oder dieselben Ziele haben, sind langsam, arbeitsscheu,»Minderleister«. Ihnen stehen die»Leistungsträger«gegenüber, also sie selbst. Mit der Gleichmacherei müsse Schluss sein. Das sagen jene, deren Eltern gewaltige Gebühren für oft in Schlössern untergebrachte Privatschulen bezahlen, die teuerste Markenkleidung tragen, fast durchwegs über gediegene Autos verfügen und sich über ihr nächstes weltweites Praktikum den Kopf zerbrechen: eine Armani-Cabrio-Welt.»Wir müssen endlich die Löhne liberalisieren«, sagt einer.»Wenn einer für drei Euro putzen will, warum lassen wir ihn dann nicht?« Das finden alle gut. Im Führungskräfteseminar müssen sie alle die Merksätze nachsprechen:»Wir wollen unsere Mitmenschen lenken, führen und begeistern.«»Ich fühle mich wie ein Fels in der Brandung. Nichts haut mich um.«»Bietet dir das Leben eine Zitrone, mach Limonade daraus.«»Ich schaffe es. Ich erreiche mein gesetztes Ziel.« Warum brauchen wir Rhetorik?»Wir müssen die seelische Lohntüte unserer Angestellten üppig füllen.«

(3) Sie haben das Gefühl, dass sie angesichts der eigenen Leistung Privilegien verdienen. Dieses Gefühl ist bereits bei jenen Studierenden in den Nobelschulen ausgeprägt, die selbst nichts geleistet haben, sondern mit dem Geld der Eltern behaglich leben. Der Mythos wird gepflegt, in der Wirtschaft gehe es, im Gegensatz zur Politik, um Leistung: Funktionselite, Leistungselite; auch gegen jede empirische Evidenz. Diese besagt nämlich, dass es vorrangig um Beziehungen und Erbschaften geht.[194] Auch bei den Elite-

schulen wird (durch Aufnahmsprüfungen) der Gedanke von Leistung und Selektion betont; in Wirklichkeit spielt das Geld eine mindestens gleich wichtige Rolle. Das Selbstverständnis ist: Man muss die Spitze fördern und Verlierer in Kauf nehmen. Leadership. Excellence. Top. Nur in die Politik wollen sie nicht, denn da verdient man zu wenig, und allgemeine gesellschaftliche Ziele vertreten sie nicht.

(4) Sie wissen um die Bedeutung von Vernetzung. Grundsätzlich bieten die Elite-Institutionen kaum eine bessere Ausbildung als die Massenuniversitäten, aber sie schaffen es, auf der Grundlage des Elite-Bewusstseins, aber auch durch Nutzung ihrer eigenen Selbstdarstellung, ein starkes Gemeinschaftsbewusstsein, auch bei den Absolventinnen und Absolventen, zu erzeugen, auf dass diese die Nachrückenden stützen können. Man hat Zugang; man bekommt Praktika; man kommt in die ersten wichtigen Positionen; man ist einander behilflich.[195]

Training für die Seele

Die Spaßgesellschaft macht nicht immer Spaß. Jedenfalls dann nicht, wenn man einen Job braucht. Dann muss man sich auf dem Arbeitsmarkt umsehen, und die Selbstentfaltung ist dort vielleicht doch nicht das oberste Prinzip. Es soll Personalchefs geben, denen die freundliche Obsorge für die Psycho-Bilanz von Job-Kandidatinnen und -Kandidaten nicht das prioritäre Anliegen ist.

Die Spätmoderne ist nun einmal widersprüchlich; es hat unterschiedliche Strategien der Dynamisierung gegeben, und sie schlagen sich selbst noch in den »Ratgebern« nieder, die dem Individuum zu seiner Platzierung in dieser Gesellschaft verhelfen sollen. »Die Erfolgsratgeber postulieren sowohl eine rationale wie eine charismatische Form der Selbstbeherrschung. Auf der einen Seite soll das unternehmerische Selbst ein rechenhafter Betriebswirt des eigenen Lebens sein, auf der anderen Seite ein Motivationsgenie, das rastlos nach neuen Höchstleistungen strebt und unablässig ein Feuerwerk an Ideen abbrennt. *Selbstdisziplinierung* und *Selbstenthusiasmierung* laufen parallel, was auch die offensichtliche Inkohärenz der Programme erklärt, die stets beide Optimierungsmodi zugleich fördern. Der disziplinierenden Kontrolle und Übung dienen Checklisten, Vertragsformulare und Feedbacksysteme, der Entfesselung von Leidenschaft Affirmations-, (Auto) Suggestions- und Grenzüberschreitungstechniken. Gibt das eine den subjektiven Anstrengungen die Richtung, so liefert das andere die Energie.«[196] Auf der einen Seite steht die *balanced scorecard,* auf der anderen das Seminar *Jesus als Manager.*

Insbesondere den *Nachwuchskräften* wird eingebläut, dass ihre Individualität so ausgestaltet werden muss, dass sie *marktkonform* ist. Die Reflexivität bezüglich der eigenen Person setzt also ein hohes Niveau an »Marktgespür« voraus. Jeder Einzelne muss erfühlen, was genau verlangt wird; er muss sein Selbst im Sinn dieser Marktnachfrage adaptieren; und er muss dieses marktkonforme Ich erfolgreich dekorieren und darstellen. Er muss also andauernd in beide Richtungen schielen: auf den Markt und auf sich selbst. Er beobachtet sich beim Handeln, beim Beobachten und beim Beobachtet-Werden. In diesem Sinn ist er reflexiv: Er steht außerhalb seiner selbst und schaut sich zu. Er prüft seine Performance an der Außenwirkung. Er muss erkennen, welche Signale als die richtigen eingeschätzt werden. »Lauter vermeintliche Einzelgänger, die einen vorgeschriebenen Individualisierungsparcours von Scheidung und Fernreisen, spontanem *Shell*-Boykott und gelegentlicher Mitarbeit im Kinderladen, Gewerkschaftsaustritt und Essen beim Vietnamesen zu absolvieren haben, bis sie einander endgültig gleichen wie ein Ei dem anderen. […] Etwas Trostloseres und, dies vor allem, Unfreieres als diese Art Freiheit ist schwer vorstellbar.«[197] Das Individuum muss anschlussfähig und teamfähig, kompatibel und flexibel, kooperativ und koordinativ sein; sonst passt es nicht auf einen komplexen Arbeitsmarkt. »Individualismus ist zu einer sozialen Rolle mutiert, die der konkurrenzfähige Mensch darstellen muss, will er den Marktgesetzen gehorchen und einer postmodernen Kultur, die Individualität als Distinktionsbegriff interpretiert.«[198]

Allerdings schaut die Sache auf dem Arbeitsmarkt gar nicht so übel aus, wenn man sich die Inserate für diverse attraktive Positionen ansieht, wenn man die Ratschläge betrachtet, die auf den Bildungs- und Karriereseiten von Qualitätszeitungen vermittelt werden, wenn man sich die Qualifizierungsratschläge der Bildungspolitiker anhört und den Vorgaben der Personalexperten folgt. Seinerzeit wurden im Wirtschaftsleben Fachleute gesucht, heute sind es Persönlichkeiten, die sich selbst einbringen, ihre *social* und *personal skills;* Personen, die auf den in Betracht stehenden Positionen ihr Engagement entfalten und ihre Kreativität zum Tragen bringen können; und dies in einem kurios-aufregenden Ambiente, das von Teamarbeit, innovativem Geist und ungebrochener

Arbeitsfreude geprägt ist. Diesen Beschreibungen zufolge sucht die Wirtschaft nicht mehr verbogene, entfremdete, ausgebeutete Sklaven, sondern selbstentfaltete, kreative, selbstbewusste Menschen. Leben und Job werden unproblematisch vereinbar, und die allseitigen Aufstiegsversprechungen kommen dazu. Die Wirklichkeit ist ambivalent: Es bleibt beim Dilemma zwischen Lebenswelt und Unternehmen, die Akteure sind »befreit und entwurzelt«.[199] Auch der Designer Nino Cerruti wendet ein: »Jeder kann es schaffen – das ist ein Mythos, den jeder Einzelne mit Frustration bezahlt.«[200]

Stellenanzeigen, insbesondere für qualifizierte Mitarbeiter, weisen ein stereotypes Vokabular auf, das – gerade aufgrund seiner Austauschbarkeit – zwar nicht viel über die konkrete Stelle aussagt, die zu besetzen ist; wohl aber zeigt es den generellen Trend, derartige Positionen zu beschreiben, als ob es sich um einen Abenteuerurlaub handelt. Das Vokabular entnehmen wir einschlägigen Anzeigen in Qualitätszeitungen.

- *Persönliches Engagement, unternehmerisches Denken und Mobilität zeichnet Sie aus.*
- *Sie denken und handeln unternehmerisch, sind kommunikativ, initiativ, zielstrebig und gewohnt, sehr selbständig zu arbeiten.*
- *Neben Führungserfahrung sind unternehmerisches Denken, kaufmännisches Verständnis, professionelles Auftreten und soziale Kompetenz wesentliche Voraussetzungen für diese eigenverantwortliche Tätigkeit.*
- *Neben dem erforderlichen seriösen Auftreten überzeugen Sie durch ausgeprägte Kommunikations- und Präsentationsstärke, Konsequenz in der Marktbearbeitung, ein übergreifendes betriebswirtschaftliches Verständnis und fachliche Kompetenz.*
- *Kommunikationsstärke, gutes Auftreten sowie die Fähigkeit, andere zu begeistern, sind Voraussetzung.*
- *Deutliche Kunden- und Lösungsorientierung.*
- *Ausgeprägte Team- und Kundenorientierung runden Ihr Profil ab.*
- *Starke analytische und kommunikative Fähigkeiten.*
- *Ihr Gefühl für administrative Prozesse und Ihre analytischen und kommunikativen Talente verbinden sich ideal mit Ihrer professionellen Erscheinung und Ihren Ambitionen.*
- *While guaranteeing a stimulating variety of challenging projects, flexibility, openness to the requirements of an interdisciplinary environment, and excellent communicational skills will be required.*

- *Kommunikative Fähigkeiten, Teamgeist, Organisationsgeschick und Bereitschaft zum selbstständigen Arbeiten.*
- *Analytische und konzeptionelle Fähigkeiten, Organisationstalent, Kreativität, Kommunikations- und Verhandlungsgeschick, Leistungswillen und Bereitschaft zur Teamarbeit.*
- *Bereitschaft zur Einordnung in ein leistungsfähiges Team.*
- *Kommunikations- und Teamfähigkeit, Überzeugungskraft, Verantwortungsbereitschaft, Fähigkeit zur kooperativen Mitarbeiterführung.*
- *Teamfähigkeit, Flexibilität und Organisationsgeschick.*
- *If you are a self-starter, innovative and well organized … If you are dynamic, flexible and solution-oriented.*
- *Ihr persönliches Profil wird ergänzt durch Ihre Freude an selbständigem und teamorientiertem Arbeiten.*
- *Für diese Aufgabe benötigen Sie Organisationstalent, Analysefähigkeit, ein hohes Maß an Problemlösungskompetenz sowie Kenntnisse im Bereich Projektmanagement-Methoden und -Techniken. Führungsfähigkeiten, Durchsetzungsvermögen und Stressresistenz zeichnen Sie ebenso aus wie Planungs- und Verhandlungssicherheit, Kostenbewusstsein und seriöses Auftreten.*
- *Weiters erwarten wir einen selbständigen Arbeitsstil, Durchsetzungsstärke, Führungserfahrung und Reisebereitschaft. Sie verfügen über ausgeprägte Führungseigenschaften, hohe persönliche Einsatzbereitschaft, Organisationstalent, Kommunikations- und Teamfähigkeit, soziale Kompetenz.[201]*

Wenn man dazu entschlossen ist (oder einem nichts anderes einfällt), dann lässt sich die ganze Welt in einer Management-Perspektive verstehen, zweckmäßigerweise angereichert um Kulturgerede. Es klingt nicht schlecht: Nicht mehr die langweiligen Tugenden von Pflichtergebenheit und Treue sind gefordert, sondern Dynamik und Flexibilität, Weiterbildung und Entschlussfreude, Autonomie und Selbstverantwortlichkeit – als hätten die Kapitalismuskritiker der sechziger und siebziger Jahre die Kommandohöhen des Wirtschaftslebens erklommen; denn alles das, was damals zum Zweck des Abbaus der Entfremdung gefordert wurde, wird nunmehr von den Personalchefs und Personalberatungsfirmen formuliert. (Es ist nicht überraschend, dass die Kapitalismuskritiker mit dieser Vorgangsweise nicht einverstanden sind; so leicht lässt man sich das Feindbild nicht wegnehmen. Aber die Kritik ist dann bequem, wenn beide Alternativen als »heimtückisch« einzustufen sind: Partielle Nutzung der Arbeitskraft ist entfremdend, vollständige Nutzung der Arbeitskraft erst recht ausbeuterisch.) Es ist die Sprache der Bohème, die Sprache des romantischen Künstlers,[202] die nunmehr bis auf die Ebene des mittleren Managements vorgedrungen ist: intrinsische Motivation, die Aufhebung der Trennung von Arbeit und Leben, die Identifizierung von Person und Werk. In der Spätmoderne benötigt die Marktgesellschaft keine *protestantische Ethik* mehr, sondern ein *romantisches Verhältnis* des Arbeitnehmers zu sich selbst. Seine Impulse müssen nur auf den rechten Weg geleitet werden, sodass der Beruf als Berufung begriffen wird und die Buchhaltung als künstlerisches Projekt. Mediatoren dieser Umwandlung waren Kulturvermittler, Lehrerinnen und Lehrer, die kreative Klasse. Wenn erst einmal ökonomische Ausbeutung als wichtige Erfahrung im Zuge der Selbstwerdung verstanden wird, beginnt die Sache für Arbeitgeber rentabel zu werden. Intrinsische Motivation ist billiger als extrinsische. Das macht die Ambivalenz des Geschehens aus. Arbeitnehmer wollen ihre Persönlichkeit einbringen, Unternehmer wollen die Fähigkeiten der ganzen Person nutzen. Beide Seiten antizipieren die Interessen des anderen und versuchen, die des anderen für die eigenen zu nutzen. Natürlich kann es dann keine »selbstbestimmte« Individualisierung sein. Es geht um standardisierte Vorstellungen von Individualität und Identität und um ein wechselseitiges Arrangement. Denn mögliche Jobaspiranten müssen sich in das betriebliche Gefüge einpassen, als aktive »Doer«. Nicht jedes *Human Resource Management* ist üble Heuchelei. Doch müssen die *High Potentials* danach schielen, wie sich der Personalchef einen »individualisiert-originell-innovativen« Menschen vorstellt. Welche Seele wird nachgefragt?

Taylorisierung der Seele. In den Unternehmen hat sich, nicht zuletzt unter dem Einfluss einer geschäftstüchtigen Berater- und Schulungsklasse, die Auffassung verbreitet, dass Sozialkompetenz machbar ist und durch eine »Taylorisierung der Seele«[203] erworben werden kann. Diese ist dem industriegesellschaftlichen Taylorismus, mit seiner technokratischen Fortschrittsgläubigkeit, eng verwandt. »Während einst Leute wie Taylor an der ideologischen Aufbereitung der Zähmung der Arbeiterklasse mitwirkten, sind es heute ganze Heerscharen von Betriebswirten und Unternehmensberatern, die der Taylorisierung der Seele die zugehörigen Deutungen voraus- oder hinterherliefern.«[204] Manchmal neigt die neoliberale Welt zu einer Planungsdichte, gegen die jede Planwirtschaft verblasst: vom disziplinierenden Fließband zur disziplinierten Selbstkontrolle. So wie seinerzeit körperliche Unbeholfenheit, Langsamkeit und Ungeschicklichkeit durch Systematisierung in Effizienz, Geschwindigkeit und Produktivität verwandelt wurden, so werden nunmehr psychischsozialer Dilettantismus, Tollpatschigkeit und Sozialunverträglichkeit durch entsprechende Schulungs- und Trainingsmethoden in »Sozialkompetenz« (in umfassendem Sinn) verwandelt.

Antiindividualistische Persönlichkeitsentwicklung. Eine boomende Szene von Managementkursen, Fortbildungsseminaren und Persönlichkeits-Trainings sorgt dafür, dass den Individuen die Reste von Persönlichkeit und Spontaneität ausgetrieben werden: psychische Eigenheiten, die noch nicht *bearbeitet* sind, müssen abgeschliffen werden. Die »zurechttrainierte« Persönlichkeit soll sich sowohl im Berufs- wie im Privatleben leichter tun. Reinhard Sprenger sagt mit Recht: »Die Kleintierzüchtung der Führung zeugt harmlose Menschen. Man träumt vom ›Mitarbeiter nach Maß‹ – und produziert Mittelmaß.«[205] Aber es ist glückliches Mittelmaß: »Der moderne Mensch ist nachdrücklichst eingeladen, am frenetischen Getriebe der Arbeitswelt teilzunehmen und dazu ein glückliches Gesicht zu machen.« Außer ganz unten – »dort unten kann jeder dreinschauen, wie er will. Alle anderen müssen die Arbeitswelt, aus der es kein Entrinnen gibt, äußerlich und innerlich akzeptieren.«[206]

Dabei tun Führungskräfte unter größten Anstrengungen, was ihnen anempfohlen wird. Man versucht, mit den Mitarbeitern eine echte *Vertrauenskultur* zu gestalten, solang man sie nicht hinauswirft; man kommt aus dem »Reengineering«, das freilich auf Permanenz angelegt sein soll, nicht mehr heraus; man versucht, nach dem »Lernen« krampfhaft und schnell wieder zu »entlernen«; man zahlt für eine ISO-Zertifizierung, ohne dass sich im Unternehmen etwas ändert; man schwafelt über *Total-Quality-Management,* bis niemand mehr etwas von Qualität hören kann. Ein Rezept nach dem anderen wird probiert, im Zuge der Sehnsucht nach einer Berechenbarkeit und Planbarkeit komplexer Systeme, die es nicht geben kann, und im Zuge der Sehnsucht nach der Ausschaltung der Unberechenbarkeit von Individuen, deren Innovativität und Originalität mit derselben Inbrunst gefordert wird, mit der Maßnahmen zu ihrer Begrenzung, Einzäunung und Domestizierung ausprobiert werden.

Nirgends zeigt sich wirklich ein Erfolg, aber Stress kommt auf, was alle wiederum fällig macht für das Stress-Management. Sprenger lächelt über den Glauben der Unternehmen, sie könnten ihre Mitarbeiter »zum Erfolg kontrollieren.«[207] Die meisten Unternehmen seien überreguliert. Nicht zufällig bilden MBA-Programme zum *Master of Business Administration* aus.[208] Zudem muss auch die passende Ideologie eingebläut werden: Führungskräfte sind »Leistungseliten«, auch wenn das empirisch als »Mythos«[209] erwiesen wird; und es zeugt auch nicht von hoher sozialer Kompetenz, wenn den Mitarbeitern andauernd mitgeteilt wird, wir, die Manager, seien die »Leistungsträger«, während alle anderen offensichtlich die »Nichtleistungsträger« seien. Mittlerweile hat die Wirtschaftskrise das Image angekratzt: Die meisten hätten in den letzten Jahren zugestimmt, dass die harte Arbeit eines Managers, die sich im betrieblichen Erfolg widerspiegelt, auch in einem (immer umstrittenen) hohen Einkommen ihren Niederschlag findet. Mittlerweile haben die Manager selbst bewiesen, dass es ihnen vor allem um das eigene Konto geht, völlig unabhängig von der (selbstverschuldeten oder krisenbedingten) Lage des Unternehmens – von »Leistungsträgern« keine Spur. Jedenfalls ist *Individualität unter diesen Bedingungen ein Systemdefizit,* aber das darf man nicht sagen. Somit muss sie unter dem Titel der Selbstentfaltung in einen durch Schulungen erzeugten Konformismus umgearbeitet werden. Verharmlosung und »Verhausschweinung« sind die Ergebnisse der Versuche, eine Perfektionierung des Menschen zustande zu bringen. Wer »anders« ist, wird für das Training fällig. Dieses beseitigt den *Affront der Nichtangepasstheit,* indem das besondere Potenzial des Einzelnen *gehoben* und er selbst zum modellgerechten Mitarbeiter zurechtgeschnitten wird: *Personalentwicklung als Antiindividualismus unter dem Vorwand, individuelle Potenziale zu aktivieren.*

Symbolik der Güterfülle

Die vielfältigen Möglichkeiten für Entscheidungen und die Steigerung aller nur denkbaren Lebensdimensionen betreffen alles, aber sie werden im wesentlichen Maß auf die Möglichkeiten des Konsumierens abgebildet. Der Produktionskapitalismus ist zum Konsumkapitalismus geworden.[210] Kaufen ist die universelle Form der Bedürfnisbefriedigung. Es entschädigt für alles, was sonst nicht stimmen mag. Das rastlose Streben nach dem Genuss überlagert die Gefühle der Angst und der

Desorientierung. Der autonome Mensch liefert sich dem Markt aus, und er ist glücklich darüber, dass er seine Freiheit auf die Konsumentscheidungen reduzieren kann. Nur im Kaufen bin ich Mensch – hier kann ich's sein. Der Kunde ist König, und was will man mehr sein als König?

Im Wohlstand, spätestens nach den siebziger Jahren, sind Identitätsgewinn und Kaufverhalten zur Deckung gekommen. Seit der Generation Golf gilt: »Der Kauf bestimmter Kleidungsgegenstände ist, wie früher die Lektüre eines bestimmten Schriftstellers, eine Form der Weltanschauung geworden. In dem, was ich kaufe, drückt sich aus, was ich denke, beziehungsweise: In dem, was ich kaufe, drückt sich aus, was die Leute denken sollen, was ich kaufe. Deswegen ist es auch üblich, die schönen Joop!-Tüten noch wochenlang zum Transportieren von ausgeliehenen Büchern aus der Unibibliothek oder beim Umzug zu benutzen, wenn möglichst viele Umzugshelfer sehen, welch Geistes Kind wir sind. Es ist wahnsinnig, aber wir glauben das wirklich: daß wir mit den richtigen Marken unsere Klasse demonstrieren. Wichtig ist, schon beim Einkaufen Coolness zu zeigen. Sehr dankbar waren wir über die Einführung der Kreditkarte, die uns ermöglichte, jederzeit mehr zu kaufen, als wir eigentlich bezahlen konnten. Dennoch zitierten wir im Geiste American Express, sagten: ›Bezahlen wir einfach mit unserem guten Namen‹, und meinten es tatsächlich ein bißchen ernst. Auch sah ich viele junge Frauen in teuren Boutiquen ihre Plastikkarte auf den Tresen knallen, weil sie wußten, wie gut es aussieht, wenn die Frau in dem Werbespot die Visakarte aus ihrem schwarzen Badeanzug zieht, auf den Tisch knallt, und dazu spielt die Musik ›Die Freiheit nehm' ich mir‹. Die Freiheit nehm' ich mir – das ist als Spruch für unsere Generation mindestens genauso wichtig wie das ›Weil ich es mir wert bin‹ [...] Hauptsache, so sagen diese Sprüche, mir geht es gut. Oder auch: Wenn jeder an sich denkt, ist an alle gedacht. Und wenn es mir schlecht geht, muß ich mir selber helfen, schließlich bildet inzwischen jeder, wie die Brigitte *schrieb, eine Ich-AG.« Das Kreisen um sich selbst sei die wichtigste Antriebsfeder der Generation. »Wir alle glauben, daß kein anderer uns je wirklich verstehen kann. Und wir uns deshalb umso mehr um unser eigenes Seelenheil kümmern müssen. Um die Minenopfer in der Dritten Welt kümmerte sich ja Lady Diana, und die Obdachlosen versorgt die Caritas.«[211]*

Auch der Identitätsaufbau ist auf den Konsum verwiesen, und eine zuverlässige Präsentation des Ich findet über die Welt jener Signale statt, zu denen der Güter- und Leistungskonsum verhilft. Denn die Güter sind allesamt »symbolisch« geworden: Ein Schuh ist kein Schuh mehr. Die Produkte stehen heute nicht mehr für das, was sie scheinen: Der Sportschuh steht für Fitness. Die *Hilfiger*-Inschrift auf dem Pullover transportiert Coolness. Eine neue *Nespresso*-Maschine besagt, dass wir mit der Zeit gehen – und George Clooney mögen. Ein paar *Swarovski*-Glasscherben auf dem Handy machen deutlich, dass wir für den Glamour etwas übrig haben. Der *Fairtrade*-Kaffee gibt natürlich nicht das Signal, dass wir Kaffee lieben, sondern dass wir mitfühlende, kosmopolitisch denkende und gerechtigkeitsliebende Menschen sind. Natürlich kann man auch einen Kleinen Braunen bestellen, aber der Latte macchiato ist doch etwas ganz anderes. Selbst bei den Wienerschnitzeln gibt es Unterschiede: die Einfallslosigkeit eines Standard-Wiener aus dem Fettbecken oder die Subtilität eines in der Pfanne herausgebackenen Stückes, ganz bescheiden mit ein paar Rosmarinkartoffeln. Handy hat jeder; aber wo verorten wir lebensstilistisch den *Blueberry* und das *iPhone?*

Wer den Theoretikern nicht glaubt, der glaubt vielleicht jenen, die mitten im Zentrum des Geschehens sind. Beispielsweise dem Designer Nino Cerruti, der die kontinuierliche Konfrontation mit den ästhetischen Phänomenen der Umwelt für eine »komplette Überforderung« der Menschen hält. Also vermeiden sie die persönliche Entscheidung, sie passen sich dem generellen Trend an. Auf die Frage, ob dies nicht dem gegenwärtigen Individualitätsgefühl widerspreche, sagt er: »Es hat noch nie eine Zeit gegeben, die diesbezüglich weniger individualistisch war.« Es setzen sich bestimmte Muster durch: »In irgendwelchen Sportswear-Klamotten herumzurennen vermittelt die Illusion von individueller Freiheit und Lässigkeit.« Jedes moralische Argument ist »old-fashioned«. Und weiter: »Wir leben ›S&S‹ – ›Sex and Shopping‹. Gebt den Menschen Sex und Shopping, und sie denken, es fehlt ihnen an nichts. […] Produkte haben angefangen, uns zu dominieren und ein Eigenleben zu entwickeln. Das Gefühl, das damit einhergeht, ist Gier.«[212]

Die Gier richtet sich aber nicht auf den Besitz, sie richtet sich auf das Leben, auf die Person, auf die Erfahrung. Man kauft Produkte in Metallic-Tönen und mit sanft geschwungenen Formen, weil sie eine virgine Atmosphäre erzeugen: Jungfräulichkeit, Zukunft, ewiges Leben. Man kauft ein Mineralwasser oder ein Duschgel, weil die Säfte versprechen, man könne sich von den Belastungen des Alltags freimachen, unerschöpfliche Energie tanken, unbeschmutzt durch das Leben schweben. Jedes Shampoo ist ein Stück Psychotherapie, und jedes Produkt setzt einen inneren Film in Gang, in dem man eine vorteilhafte Rolle spielt.[213] Joghurt ist Schönheit. Versicherung ist Unbesorgtheit. Und die Fertigsuppe garantiert eine glückliche Familie. Auch Konsumprodukte erzählen Geschichten: Aber in ihren Geschichten ist kein Platz für tragische Helden, existenzielle Opfer, komplizierte Konflikte, lebenswichtige Entscheidungen, die List des Schicksals; kein Platz für vielschichtige Stimmungen, unheimliche Motive, verborgene Bedeutungen, ererbte Belastungen, individuelle Sonderbarkeiten. Dort gibt es nur strahlende Menschen, Sieger, Erfolge, *Happy Ends,* Sauberkeit, Klarheit, gute Laune, Glück.[214]

Die Menschen kaufen keine Güter mehr, sie kaufen Bedeutungen, Signale, Botschaften, die an andere und an sie selbst gerichtet sind. Sie stückeln sich selbst zusammen, indem sie aus den Dingen ihre Identität destillieren: mit der Obstpresse und dem Freizeitsessel, mit der Haarfärbung und dem Ohrringerl, mit der Handtasche und dem Softdrink. Selbst der Nichtkauf ist symbolische Botschaft: Man kann den Freunden erzählen, dass man heuer zu Weihnachten die Geschenke ausfallen lässt. Und man kann sich dabei als edler Weltenretter – wegen der Ökologie – oder als Miniatur-Revolutionär – wegen der Konsumkritik – fühlen, auch wenn das Hauptmotiv der Kaufverweigerung darin zu finden ist, dass einem absolut nichts mehr einfällt, was man den wohlbetuchten Anverwandten überhaupt noch schenken könnte.

Aber die Steigerung aller Optionen und ihre Intensivierung befördern unleugbar die Individualisierung; es dämmert nicht gleich die Massengesellschaft der Klone herauf, wie griesgrämige Kulturkritiker allemal befürchtet haben. Kapitalismuskritiker müssen zugeben:»Der zeitgenössische Kapitalismus befördert keineswegs Konformismus, im Gegenteil: Jede Form der Individualität ist ihm willkommen, gerne auch *Patchwork*-Identitäten, denn für fast jeden denkbaren *Lifestyle* hat er die zugehörigen *Gadgets* schon im Angebot – und wenn nicht, schickt er seine *Trendscouts* los, um entsprechende Waren zu entwickeln. Das macht die Welt auch bunter.«[215] Aber Robert Misik macht auch die Gegenrechnung auf: Das kostet. Die Konsumkultur formt sich die Städte, sie richtet sich die Menschen her, sie dringt in unser Innerstes vor. Innenstädte sind *Malls.* Leben heißt Kaufen. Die Freiheit des Kaufens schlägt auf die sozialen Beziehungen durch: Augen offen halten, bessere Optionen kann es immer geben. Computer ist nach drei, Frau nach fünf Jahren auszutauschen. Das Konsumsystem glänzt, aber es hat auch etwas Elendes, etwas Verelendetes. Eigentlich gibt es auch keinen Widerstand dagegen; denn noch jeder Widerstand wird als Nischenabsatzmarkt vereinnahmt. Auch Leiberl mit konsumkritischem Slogan werden gern angeboten. Es ist ein smartes System: Feinde nicht bekriegen – sie vielmehr vereinnahmen, korrumpieren, mit ihnen Geschäfte machen. Bei allen Kriegen waren nicht die Soldaten oder Heerführer, sondern die Armeelieferanten jene, die verdient haben.

Vermarktlichung aller Lebensbereiche. Die Individualisierung geht zwingend mit einer Vermarktlichung aller Lebensbereiche einher. »Individualisierung bedeutet Marktabhängigkeit in allen Dimensionen der Lebensführung.«[216] Ältere Menschen wurden früher im Familienkreis gepflegt, jetzt werden sie in Pflegeheimen versorgt. Essen wurde früher in der heimischen Küche produziert, jetzt wird es in Form von Halbfertig- oder Fertigprodukten gekauft und aufgewärmt. Kindern wurden früher Fertigkeiten wie Schwimmen oder Schifahren in der Familie beigebracht, heute werden sie von professionellen Animateuren betreut. Der Garten wird von der Pflanzexperten-Firma betreut. Irgendwann hat es Volksfeste gegeben, die tatsächlich vom Volk und für das Volk abgehalten wurden, jetzt werden folkloristische Akteure zum Zweck des touristischen Amüsements von Eventagenturen angeheuert. Das wesentliche Kriterium für erfolgreiche Forschungsprozesse ist die Akquirierung von Drittmitteln. Museen, die man früher einmal als öffentliche Stätten etabliert hat, müssen *Events* bieten und Einnahmen lukrieren. Die Vermarktung des Menschen selbst steht (über gentechnische Erkenntnisse) vor der Tür. Museums-Shops sind deshalb so wichtig, weil es die Menschen nicht mehr aushalten, vor Gütern zu stehen, die sie nicht »haben« können – nur ein paar Räume mit »unberührbaren« Produkten sind zumutbar, dann gerät man wieder in eine Normalwelt, wo man diese Produkte, wenigstens ihre Repliken, kaufen kann.[217]

Fundamentalökonomisierung. Niemals gab es so viel Markt. Das Paradigma wird auf andere Lebensbereiche übertragen, ja im Grunde auf alle Lebensbereiche. Markt heißt eben auch: unverbindliche, anonyme, anlassbezogene Transaktionen, ohne persönliche Randbedingungen und

Implikationen. Der Markt trainiert gewissermaßen sportliche, kurze Interaktionen; er schließt alles Persönliche und Verpflichtende aus. Im Gasthaus kann jeder essen, was er mag. Im Supermarkt kann sich jeder aussuchen, was immer er will. Der Kunde befiehlt, er muss der Verkäuferin nicht Rede und Antwort stehen: warum und wieso? Kurze Begegnung, Geld gegen Ware, nichts Persönliches, aus. So passt es zum Paradigma des Marktes, wenn allenthalben unverbindliche Begegnungen als Freundschaften imaginiert werden, auch wenn es gerade nicht das wahre Wesen der Freundschaft ist, dass man beliebig einsteigen oder abschalten kann. Vermarktlichung passt also in eine Szene, die von Flüchtigkeit, Oberflächlichkeit, Anlassbezogenheit, Bindungslosigkeit und Verpflichtungsunwilligkeit geprägt ist. Sie passt auch in einen Prozess der Entmoralisierung des sozialen Lebens, womit nicht einfach Unmoral gemeint ist, aber jedenfalls das Vorhandensein von konkurrierenden Moralen mit Verunsicherungsfaktor. Der »offizielle« Anstößigkeitskonsens konzentriert sich auf einige wenige *Political-Correctness*-Themen, und ansonsten ist immer mehr, sogar alles möglich. In dieser Situation ist der Markt eine substituierende Disziplinierungskraft angesichts schwindender Regelbestände. Markt und Geld sind überzeugend – das lässt wenig Diskussionsmöglichkeit offen, das zwingt die Menschen in die vorgesehene Bahn.

Der Vorzug des Markts als eines Koordinationsmechanismus ist, dass er sparsam ist sowohl hinsichtlich des Informationsbedarfs als auch hinsichtlich des Altruismusbedarfs. Man muss niemanden lieben, um mit ihm Geschäfte zu machen. Aber wenn die ganze Welt ein Geschäft ist, dann wirkt das auf die Identität der Menschen zurück. Dann drängt sich der Markt überall auf, auch weil er bequem ist: Die Geburtstagsfeier für die Kleinen findet bei McDonald's statt, wo auch noch der Clown beigestellt wird – und der ist als Clown viel besser als die Eltern. Da man so selten zum Friedhof kommt, überlässt man die Grabpflege einem Gärtner im Abonnement – und damit ist die Sache bis Allerheiligen erledigt. Markt ist überall, alles wird auch in der Sprache von Markt und Management abgehandelt: Wenn der »Partnermarkt« falsche Ergebnisse produziert hat, dann werden die Probleme in Partnerbeziehungen durch »Beziehungsmanagement« bearbeitet; soweit man Zeit hat, denn im Allgemeinen ist man ja mit »Identitätsmanagement« oder »Karrieremanagement« ausgelastet. Aber diese Sprache ist heimtückisch: Es zeichnet sich vor dem geistigen Auge eine andere Wirklichkeit ab.

Tugendhafte Laster. Die Umstellung des Weltbilds ist Hand in Hand gegangen mit den unglaublichen Produktionsverbesserungen der Moderne. Denn zu den Tugenden des 19. Jahrhunderts zählten noch die klassischen Dispositionen Mäßigung, Bescheidenheit, Zufriedenheit.[218] An der Schwelle zum 20. Jahrhundert erlebte man jedoch eine ungeheuerliche Produktivitätssteigerung im Wirtschaftsleben, und Ängste vor einer Epoche der Sättigung, mit entsprechenden Systemkrisen im Wirtschaftsleben, wurden wach. Tatsächlich braucht die Produktivitätssteigerung in der Produktion eine entsprechende Produktivitätssteigerung im Konsum: Wenn man fünfmal so viel pro Stunde herstellen kann, muss man fünfmal so viel pro Stunde verbrauchen. Die Sorge um eine ungenügende Nachfrage, mit unleugbar unangenehmen sozialen Konsequenzen, drängt also zur Idealisierung einer unbegrenzten Welt, zur Ausrufung der Grenzenlosigkeit von Konsumbedürfnissen. Die Tugenden müssen weg. Das System funktioniert nicht, wenn jeder nur so viel möchte wie im Vorjahr. Man braucht Endlosigkeit: jene Motivation, welche die moderne Welt zu ihrem Reichtum führt. Aber diese Motivation funktioniert nicht mit bescheidenen und zufriedenen Menschen. Gier rückt von den Lastern zu den Tugenden: Geiz ist geil. Es wäre unpatriotisch, angesichts eines Terroranschlags nicht weiterhin zu konsumieren wie bisher und das Weihnachtsgeschäft zu gefährden: Wenn man nicht freudig kauft, spielt man den Terroristen in die Hände oder versetzt sich in den Status eines Terror-Sympathisanten. Es wäre aber auch ein persönliches Versagen, wollte man nicht mit der allgemeinen Konsumentwicklung mithalten. Bei den Flachbildfernsehern verschiebt sich die Größe von 80 auf mindestens 106 Zentimeter, und weitere Schübe sind abzusehen; und die Größe der Fernseher wächst über die Größe der Wohnungen hinaus. Bei den Autos werden die Cabrios attraktiv, vor allem als Zweitautos; Energiekrise und Klimaprobleme hin oder her. Ich bin es mir wert – *ich*. Es geht gar nicht mehr so sehr darum, die Dinge effizient zu nutzen oder den Nachbarn zu imponieren (die haben ja auch schon den größeren Fernseher). Es geht um das persönliche Erlebnis: Was trägt ein Produkt zu meiner Selbsterschaffung bei? Doch die Standards für diese Gefühle kommen natürlich nicht aus der eigenen Seele.

Die Macht der Relevanzstrukturen. Die Welt des Konsums vermittelt nicht nur die Botschaft, dass dieses oder jenes Produkt wichtig sei; jede Werbung vermittelt eine Meta-Botschaft: dass es wichtig sei, für das Leben und für die eigene Persönlichkeit, sich mit diesem oder jenem *Thema* zu beschäftigen – mit der Haarfarbe, mit der Automarke, mit dem Handy, mit der Modefarbe. Jeder ist überfordert mit den tausenden Impulsen, die aus der Umwelt auf ihn einwirken. Die Auswahl des Wahrnehmbaren erfolgt nach vorgängigen Mustern, sie spiegelt eine Relevanzstruktur wider, und die dauernde Kanonade der Werbung erzeugt eine solche. Was ist wichtig? Nicht nur *BMW, Seat* oder *Toyota* – »Autos« sind wichtig. Die Konsumwelt drängt sich in den Vordergrund. Sie wird stärker gewichtet, anderes wird unwichtig. Man ist gültiges Mitglied der Gesellschaft, wenn man weiß, was wichtig ist; und wenn man die aktuellen Spielregeln für das Kaufen und Verkaufen kennt. Und man ist draußen, wenn man sich nicht regelkonform verhält.

Asoziale Zufriedenheit. Um wirklich Ich zu sein, sind ein paar materielle Kleinigkeiten erforderlich, sogar viele materielle Kleinigkeiten, und für den ganzen wirtschaftlichen Apparat ist das ohnehin gut. Man ist – paradoxerweise – auf das Materielle gar nicht mehr so erpicht, man braucht das ganze Zeug vor allem als Ausdruck der eigenen Identität. Ich kaufe, also bin ich. Man gönnt sich ja sonst nichts. Ich will alles, und zwar jetzt. Zufriedenheit wird hingegen zu einer asozialen Kategorie. Ein zufriedener Mensch ist ein Wirtschaftsschädling, ein Arbeitsplatzvernichter. Wer nicht immerfort »hungrig« ist nach mehr, der ist ein Versager. Grenzenlosigkeit ist Erfolgspostulat. Wer sich der Mäßigkeit verpflichtet, katapultiert sich aus dem gesellschaftlichen Getriebe hinaus: ein Obskurantist; ein Spinner; ein Heuchler. Jedenfalls einer, dem die Trauben zu hoch hängen. Ein Verlierer, ein Loser, der sich das nicht eingestehen möchte.

Die zweidimensionale Gesellschaft

Das Rätsel, das sich uns stellt, habe ich als das der »zweidimensionalen Gesellschaft«[219] bezeichnet. Sie folgt den beiden Prinzipien: Geld und Spaß. Erlebnismaximierung (die Output-Seite) braucht Ressourcen (Geld als Input-Seite). Zwei Komponenten, die im 20. Jahrhundert unvereinbar schienen, werden miteinander verbunden. Man hat das immer als Alternative gesehen; aber in Wahrheit sind es zwei Seiten derselben Medaille. Viel Spaß braucht viel Geld. Der Spaß wird freilich mittlerweile im Wesentlichen marktlich angeboten: Man kann ihn kaufen. Dazu muss man verdienen, ganz ordentlich. Geld und Spaß gehören insofern zusammen, als die Spaßerlebnisse den Lebenssinn ausmachen.

Daniel Bell hat in seinem Buch über *Cultural Contradictions* in den frühen neunzehnsiebziger Jahren Sorge darüber geäußert, ob sich die beiden Welten miteinander vereinen lassen.[220] Auf der einen Seite die Prinzipien der *Moderne:* Rationalisierung, Produktivität, Konkurrenz, Formalisierung. Auf der anderen Seite die Prinzipien der *Postmoderne:* Selbstentfaltung, Spaß, Erlebnis, Narzissmus und Bohème. Bell hat vermutet, dass die beiden Dimensionen nicht in einer Person vereinbar seien; disziplinierte Individuen könnten nicht plötzlich, nach dem Verlassen des Büros, spontan werden, fungible Rädchen könnten nicht zu Bohèmiens »umschalten«, gehorsame Bürokraten nicht zu Narzissten werden – alles pünktlich um 16 Uhr oder wann immer.

Bell hat sich geirrt. Die zweite Moderne hat diese unmögliche Lösung umgesetzt. Die Gegensätze sind miteinander kompatibel gemacht worden, vorderhand zumindest; nicht zuletzt ist dies einer der Gründe, warum das moderne Bewusstsein nicht mehr ganzheitlich, sondern nur noch inkonsistent und widersprüchlich sein kann. Das Bewusstsein muss so beschaffen sein, um die Widersprüche aushalten zu können, und deshalb herrscht auch die Überzeugung, dass man solche Inkonsistenzen öffentlich loben muss. Individuen der zweiten Moderne sind *Virtuosen der Inkonsistenz:* Alles das geht nur in krausen Köpfen zusammen. Geistiges Durcheinander ist Stabilitätsbedingung der Postmoderne.[221]

Die Bedeutung des Konsums hat sich gewandelt: Konsum bedeutet nicht mehr kaufen, genießen, besitzen. Konsum bedeutet: sich selbst erschaffen; seinen Lebenslauf komponieren; eine Vision von sich selbst und von seinem Leben entwerfen; eine geistige Verbindung zur Güterwelt herstellen. *Kein Konsum ohne Identität, keine Identität ohne Konsum.* Konsum ist das Instrument der Identitätserschaffung. Konsum ist nicht so wichtig als Element der Reputation oder zur Demonstration eines hohen Einkommens, wie das Autoren von Thorstein Veblen[222] bis Pierre Bourdieu[223] analysiert haben, sondern er ist eine *Kommunikationsressource,* um sich und den anderen zu signalisieren, *wer man selbst ist.* Nicht imponieren wegen des Geldes oder Besitzes, sondern wegen der Person: Ich bin cool, ich bin ein Kenner, ich habe Stil – *wow!*

Dazu gehört auch, dass man auf dem Umweg über die Reaktionen der anderen erst selbst erfährt, wer man ist. Die *Harley-Davidson,* die von jenen gekauft wird, die sich rund um ihren 50. Geburtstag fragen, ob das alles gewesen sein mag, soll nicht signalisieren, dass man ein beachtliches Einkommen hat oder das schönere Motorrad als der Nachbar; sie soll in erster Linie die Botschaft vermitteln, dass man ein cooler Typ ist. Und dass man eigentlich gar nicht so ist, wie alle denken; dass es einen Hintergrund, ein geheimes Leben, einen zweiten Boden gibt; eine *wahre* Person, wo die *wahre* Kreativität herrscht, wo man nicht buckelt und schuftet, sondern ein versteckter Rebell ist, jenseits des Alltagskonformismus. Das Leben ist – bei spätmodernen Erwartungshaltungen – fad, also gibt es Ventil-Strategien: nicht nur die Auszeichnung spezifischer Inseln, in denen ein höheres Maß an Emotionalität möglich ist (»die Sau rauslassen«), sondern auch die Umdeutung von Disziplinierung zu Emotionalität: also die Emotionalisierung des Nicht-Emotionalen, die Spontanisierung des Nicht-Spontanen. Es ist wirklich cool, in der schönen großen neuen Mall einzukaufen, Shrimps zu essen, zum Friseur zu gehen, eine neue Sonnenbrille zu erstehen. Alles das zu tun, was alle tun. Alle Muster auszuagieren, die beschreiben, wie man individuell sein kann: Pyjama-Partys, Fête Blanche Party, GTI- oder Käfer-Treffen, Rave, Fête Blonde, im Maisfeld, an der Beach, Retro, Lederhosentreffen und vieles andere.[224]

Die gemachte Welt

Die technische Welt ist eine starke Konformisierungskraft. Einerseits machen die Menschen die Technik, und die Gesellschaft, in der sie leben, prägt die Ausformung dieser Technik; sie sind bei dieser Arbeit so erfolgreich, dass wir mittlerweile in einer technisierten Welt leben, die alles ungemein erleichtert. Andererseits stecken die Individuen nun einmal in diesem technischen Gebilde drinnen, und es wäre verwunderlich, wenn sie von ihm nicht beeinflusst wären. Wissenschafts- und Technikentwicklung, so sagt beispielsweise die Akteur-Netzwerk-Theorie, resultiert aus der Verknüpfung heterogener Komponenten zu Netzwerken; es ist eine Koevolution von Gesellschaft und Technik: Menschen und Dinge sind gemeinsam Elemente eines Netzwerks, und diese Elemente bilden ihre Identität, verknüpfen sich miteinander, üben Einfluss aufeinander aus. Die belebte und die unbelebte Natur formen sich wechselseitig, und die Dinge selbst können sogar auch als »Akteure« betrachtet werden.[225] Die Eigenschaften eines Objekts prägen Darstellungen, Interaktionen, Präsentationen. Die Größe des Schlüsselanhängers am Zimmerschlüssel eines Hotels beeinflusst das Verhalten der Gäste stärker als moralische Appelle. Es ist für den Unterricht nicht gleichgültig, in welchem Saal man unterrichtet. Es ist für die Nutzung des Handys nicht gleichgültig, was dieses alles kann. Es ist für die Nutzung eines Autos nicht gleichgültig, wie das vernetzte System des Verkehrs funktioniert. Man kann die Evolution der Dinge sogar betrachten wie jene belebter Objekte: Eine moderne automobile Gesellschaft ist für Autobatterien ein günstiges Habitat.[226]

Die Dinge verlangen von den Menschen ein bestimmtes Verhalten. In einer relativ unbewohnten Gegend konnte man seinerzeit mit einem Pferd kreuz und quer durch die Gegend reiten, wie es einem beliebte. Wenn man in einem modernen Verkehrssystem mit dem Auto durch eine belebte Stadt fährt, ist die Spontaneität ziemlich begrenzt. Man muss auf den Vordermann achten, auf Fußgänger und Radfahrer, auf die blinkende Ampel, auf Seitenstraßen und Abzweigungen, auf unbesonnene Passanten, auf den Rhythmus des Verkehrs. Der eigene Körper muss kontrolliert werden: Man darf nicht einmal spontan mit der großen Zehe zucken, sonst sitzt man dem vorausfahrenden Auto auf dem Kofferraum, denn die Zehe ist auf dem Gaspedal. Das Eigeninteresse verlangt, dass man sich an die Verkehrsregeln hält, und eine weitergehende Kontrolle erübrigt sich oft. »Da die Individuen bereits wie genormte Schrauben in genormte Schraubenmuttern hineinpassen«, meint Günther Anders, »kann das System auf Prozeduren, die der ausdrücklichen Konformierung gelten, weitgehend verzichten; und ebenso können es sich die Individuen zumeist ersparen, sich durch ausdrückliche Adaptionsanstrengungen ihrem System einzupassen.«[227] Eine bewusste Gleichschaltung ist dort überflüssig, wo sie ohnehin die ganze Zeit geschieht, weil sich Verhaltensanpassungen aufdrängen und alles andere schlicht unvernünftig wäre. Mit unserer Welt gleichgeschaltet »sind wir ja in erster Linie dadurch, dass wir uns auf die tausend uns sirenisch umgebenden Produkte einstellen; dass wir uns nach den tausend, zusammen unsere Welt ausmachenden, Einrichtungen richten; und dass wir (so als wäre das unsere zweite Natur) die Schaltungsmechanismen des uns unentbehrlichen administrativen und technischen Instrumentariums so bedienen, dass wir von diesem bedient werden.«[228] Mein Computer und ich – eine schwierige Partnerschaft, und nicht so selten ist der Computer der Stärkere.

Der Idealzustand ist erreicht, wenn das Funktionieren der Maschine und ihre Bedienung zu einer Einheit geworden sind, wenn der Akteur und das Ding zu einem Gebilde (zum »Aktanten«) verschmolzen sind; denn das ist effizient, benutzerfreundlich und bequem. Konformierung wird als Spezialprozedur dort überflüssig, wo das ganze Leben die Komformierungsarbeit leistet. Der Konformist aber darf die Mechanik des Konformierens nicht kennen, denn zu seiner Pflicht gehört es, die Illusion der Freiheit aufrechtzuerhalten. Diese Pflicht erfüllt er dadurch, dass er die Allgegenwärtigkeit der Gleichschaltung ausblendet und deren Unausdrücklichkeit als Nichtexistenz missversteht.[229] Die Gewissheit, frei zu sein, bewegt freilich den Einzelnen dazu, mitzumachen. Gegen eine »Kommandozentrale« würde er sich wehren; aber es gibt keine *commanding heights* mehr. »Je stummer ein Kommando, umso selbstverständlicher unser Gehorsam. Je selbstverständlicher unser Gehorsam, umso gesicherter unsere Illusion der Freiheit.«[230] Die Dinge sind stumm. Aber wir verstehen, was sie von uns verlangen. Wenn wir uns nicht mehr an den Menschen orientieren, dann umso mehr an den Dingen.

Risikogesellschaft. Im Kalten Krieg der neunzehnfünfziger und -sechziger Jahre haben sich die Menschen vor dem atomaren Schlagabtausch gefürchtet.[231] In den siebziger Jahren haben die Computerszenarien des *Club of Rome* Aufsehen erregt, die mit ihren Simulationsmodellen den drohenden Weltuntergang rechnerisch und grafisch darstellten.[232] Die Umweltkrise ist in diesen Jahren zum Aufsteigerthema geworden, bevor sie wieder im Ranking der politischen Dringlichkeiten zurückgestuft wurde, weil die Bäume noch immer grün blieben. Spätestens seit den neunziger Jahren kamen der Terrorismus und das Phänomen der neuen Kriege dazu.[233] Dann, am Ende des ersten Jahrzehnts nach der Jahrhundertwende, die große Wirtschaftskrise. Selbst die vorläufige Bewältigung einer Krise beseitigt offenbar nicht das Problem, das sie ausgelöst hat. Das Unerfreuliche kann jederzeit wiederkehren.

Ulrich Beck hat mit seinem Begriff der *Risikogesellschaft* einen Nerv getroffen.[234] Sein gleichnamiges Buch ist 1986 erschienen, als der erste Schwung der Ökologie- und Energiebewegung schon abgeklungen war – also ein Buch, das eigentlich zu spät gekommen wäre. Aber im selben Jahr ging das Atomkraftwerk Tschernobyl in die Luft, und der allgemeine Eindruck war, dass die moderne, technisierte Gesellschaft treffend mit dem Begriff beschrieben werden konnte.[235] Beck war nicht der erste, der die Aufmerksamkeit auf die neue Dimension der Selbstzerstörungsfähigkeit der Menschheit lenkte, aber er hat die Besonderheiten der neuen Risiken systematisch durchdekliniert und sie mit der Auflösung traditioneller industriegesellschaftlicher Sozialstrukturen, eben auch mit dem Phänomen der Individualisierung, verbunden. Das sind die beiden Thesen des Buches: Das Risikohafte des Lebens unter den Bedingungen der Zweitmoderne wird einerseits durch die technisch-zivilisatorischen Gefährdungen neuer Qualität und enormen Ausmaßes deutlich, andererseits durch die Auflösung herkömmlicher Sozialformen und Bindungen sowie durch den Verlust traditionaler Gewissheiten und Handlungssicherheiten.

Die Resonanz bei vielen Menschen zeigt, dass das Gefühl steigender Risiken verbreitet ist, nicht nur im Hinblick auf Atomkraftwerke. Alle großen technischen Anlagen weiten die Risiken aus, und die globalen Verknüpfungen ebenso. Allerdings bieten gerade die entwickelten Industriegesellschaften ein luxuriöses Ambiente, wie es in der Menschheitsgeschichte noch nie vorhanden war. Trotz aller Probleme herrschen Reichtum, Sicherheit, Bequemlichkeit – letztlich auch Sicherheit. Die Infrastruktur-Systeme funktionieren, die Eisenbahnen und die Kanalisation, die Schulen und die Schneeräumung. Die Krankenhäuser arbeiten sich an ihren Patienten ab, und die Pensionen werden ausbezahlt. Ein halbes Jahrhundert an Friedlichkeit für den großen Teil des europäischen Kontinents ist eine Ausnahmesituation. Fast überall kann man ungesichert auf die Straße gehen, ohne damit rechnen zu müssen, dass die Räuber hinter dem Busch oder hinter der Straßenecke hervor springen. Die Kriminalität ist niedrig, die Lebenserwartung steigt, die sozialen Sicherungssysteme funktionieren, die Züge fahren recht zuverlässig. Warum reden wir von der *Risikogesellschaft?* Warum die Ängste?

Beck beschreibt, was sich in dieser Epoche geändert hat, in der die Schattenseiten des Fortschritts mehr und mehr die gesellschaftlichen Auseinandersetzungen bestimmen. Es sind neue Risikoqualitäten: Risiken, die örtlich, zeitlich und sozial nicht eingrenzbar sind; sie sind nach herkömmlichen Versicherungsregeln nicht zurechenbar; und sie sind nicht kompensierbar. Es sind globale statt örtlich begrenzte, unsichtbare statt sichtbare Gefährdungslagen.

Unheimlichkeit der Risiken. Es ist diese besondere Beschaffenheit der Risiken, die Ängste hervorrufen. Freilich mussten die Menschen in der Geschichte viel eher mit vorzeitigem Tod rechnen: durch Kinderkrankheiten, durch Epidemien, durch Krieg, Brand und Mord. Das waren aber wahrnehmbare, verstehbare Gefährdungen. Heutzutage sind sie mysteriös geworden. Radioaktive Materialien in der Luft sind der sinnlichen Wahrnehmbarkeit des Menschen entzogen. Dem Asbest ist es nicht anzusehen, dass er Krebs auslöst. Niemand kann wirklich beurteilen, was der chemische Cocktail in diesen oder jenen Nahrungsmitteln langfristig bewirkt. Gibt es den Elektro-Smog? Man braucht Experten, um Gefährdungen überhaupt wahrzunehmen, und selbst die Experten sind sich nicht einig. Gefahr ist überall. Man kann auf nichts mehr vertrauen. Selbst auf das Expertenurteil ist nicht Verlass, und doch kommt man ohne Expertenurteil nicht aus, weil man sonst gar nichts weiß.

Das ist eine besondere Quelle des Unbehagens: *Überall* können Gefährdungen sein, die man erst zu spät entdeckt; sie können jederzeit ein Ausmaß erreichen, das bisherige Dimensionen der Vernichtung übersteigt. Mit gewöhnlichen Risiken gehen die meisten Menschen ohnehin recht gelassen um: mit den Verkehrsunfällen und den Folgen des Rauchens. Bei vielen Risiken weiß man aber nicht, was gespielt wird. Mit der Zigarette bringt man sich selbst um, und man weiß es. Aber mit den Lebensmittelzusätzen weiß man es nicht, und ehe man es sich versieht, ist man tot. Prinzipiell lebt man in einem riesigen Gebilde, in dem immer alles neu, widersprüchlich, undurchschaubar und gefährlich ist. Mit Lebensbedrohungen mag man konfrontiert sein, und man merkt es nicht einmal.

Transfer der Ängste. Wenn wir mit der grundsätzlichen existenziellen Angst nicht umgehen können, weil es unmöglich ist, in diesem Ambiente und mit diesen Mitteln damit fertig zu werden, dann bahnt sich die Angst ihren Weg zu Nebenschauplätzen. Man sucht die kleinen Risiken zu bannen, im Bestreben, damit dem Risiko insgesamt zu entkommen. Die Ängste, die aus unverstehbaren Risiken erwachsen, werden auf *verstehbare Risiken* heruntergebrochen. Wir wollen das Krebsrisiko verringern, den ersten Symptomen einer Depression entgegenarbeiten, den Blutdruck und den Cholesterinwert senken, den Kontakt mit Bakterien vermeiden, das Risiko eines Überfalls beseitigen.[236] *Ersatzängste,* um die Existenzangst in den Griff zu bekommen. Videokameras schützen vor dem Überfall und *SUVs* vor dem Terroranschlag.

Das Problem der Sicherheit wird von der eigenen Person, die sich nur noch unsicher fühlt, in die Infrastruktur verschoben. Es werden dichte Regelungs- und Überwachungssysteme aufgebaut, die ein ziemlich konformistisches Verhalten erzwingen; schließlich werden es »dumme« Geräte sein, die (nach vorgegebenen Mustern) bei »ungewöhnlichem« Verhalten alarmieren, und sie können gar nicht anders. Man tut gut daran, den Verhaltensmustern zu entsprechen. Das erzwingt viel Konformismus.

Das Risiko der Flüchtigkeit. Wenn alles fließt, dann hat dies die unangenehme Begleiterscheinung, dass man mit allem rechnen muss: nicht nur mit dem Gewinn, sondern auch mit dem Verlust; nicht nur mit der Karriere, sondern auch mit dem Absturz; nicht nur mit dem Gipfelsturm, sondern auch mit dem Schlechtwettereinbruch. Die Bedrohung trifft nicht nur eine Unterschicht, die immer in prekären Verhältnissen gelebt hat, sondern auch eine Mittelschicht, und sie dringt sogar in die oberen Etagen der Gesellschaft vor. Individualisierungsgewinner können jederzeit zu Individualisierungsverlierern werden. Jeder kann scheitern, wenn auch auf hohem Niveau.[237] Eine fließende und flüchtige Gesellschaft spaltet in Gewinner und Verlierer, in die oberen Etagen der Wissensgesellschaft mit ihren weiteren Einkommenszuwächsen und in die unteren Etagen, wo es zu viele Unqualifizierte und Immigranten gibt, die in einem High-Tech-Ambiente nicht gebraucht werden. Die Ängste sind nicht aus der Luft gegriffen. Es gibt genug Indizien dafür, dass sich die Mittelschicht aufzulösen beginnt, schon früher in den USA, Ansätze sind auch in den europäischen Ländern sichtbar. Für die jüngere Generation, die in den strapazierten Arbeitsmarkt überhaupt erst einmal hineinkommen muss, schlägt sich diese Situation in der Beschreibung der »Generation Praktikum«[238] nieder. Wenn man in dieser Lage ist, dann ist man am besten nicht besonders individualistisch-kreativ, sondern verhält sich unauffällig.

Die Risiken der vielen Optionen. Die großen Risiken sind jene des Weltuntergangs, die kleinen Risiken beschäftigen jeden: Wie lebt man, und wie schafft man es, halbwegs gut zu leben? Die Jugendlichen geben zu, dass sie in der Multioptionsgesellschaft viel mehr Möglichkeiten haben. Zur gleichen Zeit aber glauben sie (nicht zu Unrecht), dass sie es schwerer haben als ihre Eltern. Sie müssen deshalb ihr Selbst in einen passenden Lebenslauf ummünzen, die richtigen Items sammeln, das *Patchwork* von Aktivitäten und Fähigkeiten zusammenstellen, aus dem zukünftige Arbeitgeber erschließen, wes Geistes Kind die entsprechende Person ist.

»Das Leben hat viele Seiten; bei Stefan Seiler hat es genau drei, Schriftgröße elf: Praktika bei diversen Tageszeitungen, in Archiven und beim französischen Kulturministerium; Jobs als Touristenführer in Antwerpen, als Hilfskraft an der Uni und als Kellner im Biergarten. Neben Englisch und Französisch hat Stefan Italienisch und Niederländisch gelernt, sich in einem deutsch-amerikanischen Literaturzirkel engagiert und Vorträge in Berkeley und Harvard gehalten. Er hat an Sommerkursen an der Uni teilgenommen, ist für die Grünen bei der Kommunalwahl angetreten und war Stipendiat der Studienstiftung des deutschen Volkes. Außerdem hat er einen Doppelstudiengang mit zwei Abschlüssen im Hauptfach Geschichte absolviert, abwechselnd in Tübingen und im französischen Aix-en-Provence. ›Ich habe bis zu vier Praktika in die Semesterferien gepackt‹, sagt der 29-Jährige. ›Aus Panik, dass dich auf dem Arbeitsmarkt keiner will, legst du immer noch was nach.‹ Und ständig, bei jedem Praktikum und jedem Projekt, sagt Stefan, müsse man sich heute überlegen: ›Wie macht sich das in meinem Lebenslauf? Bringt es mir was oder nicht?‹ Dabei ist Stefan nicht die Speerspitze der aktenkofferbewehrten Überholspur-Karrieristen, sondern einer von vielen ziemlich normalen Studenten.« Umfragen belegen, dass den Studierenden die Ambivalenz bewusst ist: mehr Chancen, aber größere Schwierigkeiten, sie wahrzunehmen. »Am stärksten wird allerdings der Leistungsdruck empfunden: 88 Prozent der Studenten glauben, ihre Generation müsse immer flexibler und besser ausgebildet sein. So gleicht das Leben mehr und mehr einem Bonusprogramm: Überall sammelt man Lebenslaufpunkte in der Hoffnung, sie irgendwann für einen sicheren Job einlösen zu können. ›Aus Angst, in der Globalisierungsgesellschaft unterzugehen‹, sagt Stefan, ›musste ich sicherlich mehr an Vorzeigbarem hamstern als andere.‹ Im Kalten Krieg der Lebensläufe machen viele offenbar immer seltener das, was sie wirklich wollen – und immer öfter das, wovon sie denken, dass sie es wollen sollten. So wie viele mit ihrem Körper rücksichtslos umgehen, um den gängigen Schönheitsidealen zu genügen, so tun sie es auch mit ihrem Leben, das zum perfekten Lebenslaufleben zurechtgestutzt wird. […] Immer früher sind sich viele heute bewusst, Architekt des eigenen Lebens zu sein. Doch empfinden sie dies oft nicht als Kür, sondern zunehmend als lästige Pflicht. Denn die

Zukunft scheint von Jahr zu Jahr unsicherer, gleichzeitig nehmen die Wahl-
möglichkeiten zu – und damit auch der Druck, sich richtig zu entscheiden
und etwas aus den Möglichkeiten zu machen. Diese Unsicherheit wurzelt
vor allem in den vielen Widersprüchen der Arbeitswelt: Einerseits soll man
sich mit 18 für einen Beruf entscheiden und zielgerichtet studieren, an-
dererseits aber flexibel bleiben. Einerseits soll die Karriere vorausgeplant
werden, andererseits gibt es keine Garantie, dass der gewählte Beruf in zwan-
zig Jahren noch existiert. Einerseits sollen insbesondere Akademiker Kinder
bekommen, und zwar möglichst viele und möglichst früh, andererseits sollen
sie mobil bleiben und das in die Ausbildung investierte Geld gefälligst dop-
pelt und dreifach in die Gemeinschaftskasse zurückzahlen. Einerseits sollen
sie mit immer weniger Arbeit auskommen, andererseits künftig vielleicht bis
zum 70. Lebensjahr arbeiten.«[239]

Trost der Vergemeinschaftung

Traditionellerweise haben die Menschen nicht nur in übergreifenden
kulturellen Bedeutungszusammenhängen gelebt, sondern auch in einer
Vielzahl überkommener Bindungen: in Familien und Verwandtschafts-
gruppen, in Dorf- und in Religionsgemeinschaften, in Standes-, Klas-
sen- oder Schichtmilieus. Es waren kleine Gruppen, territorial begrenzt,
denen man sich zugehörig und in die man sich eingebettet fühlte. Zuweilen wurde sogar der Nationalstaat als Ort einer solchen »Beheima-
tung« angesehen. Dort war man zu Hause. Das war der Platz für die
existenziellen Probleme. Dort war Sicherheit.
In der Postmoderne tritt ein grundlegender Wechsel ein. Alle diese
Gemeinschaften befinden sich in Erosion. Sibylle Tönnies verweist die
»Gemeinschaft« in einem Beitrag im Evangelischen Soziallexikon bereits
radikal in die Vergangenheit: Gemeinschaft bezeichne die alte Form des
sozialen Lebens, in die die Menschen noch in Großfamilien zusam-
mengefasst waren, so wie die Formen des Zusammenlebens in der Dorf-
gemeinde und in der mittelalterlichen Stadt. »Dieser soziale
Zusammenhalt ist der Moderne verloren gegangen. Auch sein letzter
Rest – die Kleinfamilie – bricht zusammen.«[240]
Das Prinzip des Wandels erfasst alle Gesellschaftsbereiche, und die
Gemeinschaften leiden darunter, *Religionsgemeinschaften* entfalten keine
lebensprägende Kraft mehr, es entsteht eine »postmoderne Religion«[241]
eine »Privatreligion«,[242] eine »individualisierte«,[243] »unsichtbare«[244] oder

»entinstitutionalisierte Religion«,[245] ein religiöser »Eigenbau«, zusammengebastelt aus unterschiedlichen Angeboten auf dem Sinnstiftungsmarkt, der zugleich mit dem Fitness- und Wellness-Markt verschwimmt.[246] *Nachbarschaften* und *Siedlungsgemeinschaften* lösen sich auf, denn der Wandel aller Verhältnisse lässt kaum jemanden in jener sozialen und architektonischen Umgebung aufwachsen, die Vertrautheit von der Kindheit bis ins Erwachsenenalter schafft.[247] *Verwandtschaftsverhältnisse* werden kompliziert, wenn Partnerschaften wechseln, unterschiedliche Verwandte auftreten und wieder verschwinden.

In der Moderne hat man diesen *Auflösungsprozess* mit Irritation gesehen, und man hat ihn gefeiert und beklagt. Die Postmoderne hingegen schüttelt sich vor Grauen, wenn sie an traditionelle Gemeinschaft denkt, und sie würde sich niemals eingestehen, dass sie trotz aller Aversionsbekundungen eine heimliche Sehnsucht nach der verlorenen Gemeinschaft verspürt. Der Gegenwartsmensch versteht sich als aufgeklärter Akteur, der auf niemanden anderen angewiesen und in diesem Sinn mit niemandem anderen verbunden ist – schlechthin gemeinschaftsfeindlich.

Die Einsamkeit der Freiheit. Diese Freiheit ist manchmal eine einsame Sache. Keiner will sich binden und verpflichten oder in eine Kontinuität hinein manövrieren; aber die Luft ist dünn bei einer solchen Lebensweise, und auf dem Gipfel der Entscheidungsfreiheit ist man so allein wie die reisenden Manager in den Bars der Luxushotels, die ihre Verlorenheit mit teurem Whisky wegspülen. Es gibt nicht nur die Einsamkeit des Herrschenden, der niemandem vertrauen kann, und nicht nur die Einsamkeit des *Underdogs,* mit dem niemand etwas zu tun haben will. Die Einsamkeit dringt in die Mittelschicht vor, in das *normale* Leben. Wenn man sich der Leitidee verpflichtet, nur das zu tun, worauf man gerade Lust hat, dann kann man nicht in Verpflichtungsverhältnissen leben: Dann ist man anderen nicht verpflichtet, aber auch die anderen sind einem selbst nicht verpflichtet. Das ist keine konservativ-missmutige Feststellung, sondern ein strukturelles Problem: Wenn man Spontaneität üben will, kann man nicht voraussetzen, dass die anderen immer ihre eigene Spontaneität hintanstellen; dann sind eben auch die anderen spontan, und im Bedarfsfall kann man sich auf sie nicht verlassen oder bestenfalls auf punktuelle Hilfe hoffen, dann wenn es gerade »passt«, aber nicht zu langwierig ist. Es bleiben ein paar Varianten der *Low-cost*-Hilfe, mehr aber bleibt nicht. Ansonsten ist man allein. Doch Alleinsein ist nur manchmal lustig. Aber dem *Koordinierungsproblem* kommt man nicht aus: Gemeinschaft bedeutet Verpflichtung, und Verpflichtung bedeutet Einschränkung von Freiheit und Spontaneität. Gemeinschaften sind im Abstieg.[248]

Posttraditionale Vergemeinschaftungen. Es gibt eine Lösung, in der sich das Unvereinbare vereinen lässt: der Wunsch nach Freiheit und der Wunsch nach Gemeinschaftseinbettung. Man kann *Vergemeinschaftungen* erfinden, die keine Gemeinschaften sind: temporäre Vergemeinschaftungen als eng umgrenzte Ereignisse, die aus dem Leben herausgeschnitten werden.[249] »Neostämme«,[250] die Inseln einer massenhaften Konsumkultur, vermitteln jene emotionellen Inputs, die man benötigt: Man fühlt sich in ihnen wohl. Es sind »Wahlgemeinschaften«, nicht »Herkunftsgemeinschaften«: Erlebnismilieus, Lebensstilgruppen, Jugendszenen, Clubs und Gangs. Sie brauchen einen thematischen »Aufhänger«, aber vor allem geht es um Zugehörigkeit, die dann auch durch einen gemeinsamen Stil, durch Rituale, durch Auffassungen gefestigt wird.[251] Auch für politische Gruppierungen, selbst rechtsradikaler Art, trifft zu, dass die Ideologie eher zum Accessoire gehört und die Zugehörigkeit essenziell ist; aber diese Gruppierungen sind ohnehin schon anspruchsvoll, was die Totalität der Person des Anhängers oder Mitläufers betrifft. Die meisten temporären Vergemeinschaftungen verlangen keine persönliche Anstrengung, die über das Ereignis selbst hinausreicht. Man kann in der fußballbegeisterten Masse aufgehen, wenn man die »Welle« macht, oder in der heiser-brüllenden Fangemeinde, wenn man im Konzert die Feuerzeuge oder Sternsprizer schwenkt. Eine euphorische Stimmung herrscht beim GTI- oder Oldtimer-Treffen, und man fühlt sich wohl in gemeinsamen Interessen oder Stimmungslagen. Man ist dabei. Die anderen sind dabei. Man braucht keine Gemeinschaftsressourcen oder Zukunftsperspektiven. Wichtig ist nur die Unterscheidung von *Insidern* und *Outsidern* in den Vernetzungen, Netzwerken, *Clustern*. Man ist so wie die anderen. Man bewegt sich wie die anderen. Man schreit wie die anderen. *Man ist, auf kurze Zeit, die vermaledeite Individualität los.* Man muss nicht einmal mehr nachdenken. So wird die Putnam-These vom »bowling alone« ein wenig korrigiert. »Bowling apart together«[252] ist die Realität: Man trifft sich zu kurzfristigen Gemeinschaftsunterhaltungen, um nicht allein zu sein, man amüsiert sich tatsächlich – und wenn nicht, dann kann man auseinander gehen. Denn man kann den zugehörigen

»Stamm« auch wechseln oder man kann auch Mitglied mehrerer »Stämme« sein – das Web 2.0 kann mit den verschiedenen *Social Networks,* von *Xing* über *Facebook* und *Studivz* bis zu *Myspace* und anderen, das Bild solcher »Stammeszugehörigkeiten« versinnbildlichen. Online-Welten haben diesen Vorzug: Man kann sogar mehrere Leben leben.[253]

Verpflichtungsfreiheit. Den anderen Zuschauern oder Fans ist man, im Gegensatz zu herkömmlichen Gemeinschaften, nicht verpflichtet. Man kann die Zugehörigkeit jederzeit beenden, man kann nach Belieben einsteigen und aussteigen. Temporalisierung der Zugehörigkeit verbindet den Einzelnen auf lose Weise mit anderen. Brüderlichkeit mit Ablaufdatum: »Alle Probleme werden durch Temporalisierung gelöst«, sagt Norbert Bolz über die postmoderne Welt.[254] Das gilt auch für die *Sehnsucht nach der Vergemeinschaftung,* welche mit der *Unfähigkeit zur Gemeinschaft* einhergeht: ein überschaubares, begrenztes, verpflichtungsfreies, jederzeit suspendierbares Gemeinschaftserleben. Das macht auch Internet-Vergemeinschaftungen so attraktiv: sich mit allen unterhalten, eins fühlen, Spaß haben; über die eigene Identität ein bisschen lügen; und jederzeit abschalten können.

Vergemeinschaftungen dieser Art sind Tennisturniere von Amateuren, Pop-Konzerte, Papstbesuche,[255] wissenschaftliche Konferenzen, Schiffskreuzfahrten, Schulschikurse, Fußballmeisterschaften. Selbst die Heirat wird in der postmodernen Welt weniger zu einer Gemeinschaft als zu einer Vergemeinschaftung, zu einer Bemühungszusage für die nächsten Jahre, und sie wird als »sequenzielle Monogamie« mit wechselnder Besetzung des Personals beschrieben. Die »Lebensabschnittpartnerschaft«, bringt sprachlich zum Ausdruck, dass ein Gebilde, das einst eine »Gemeinschaft« verkörperte, eine starke, intime, unbegrenzte, schicksalhafte Verbindung, zur »temporären Vergemeinschaftung« umgewandelt wird; mit der intensiven Hoffnung auf Permanenz, auch unterlegt mit intensiven Gefühlen; aber mit der realitätsgestützten Erwartung ihrer zeitlichen Begrenztheit.[256]

Ein schönes Beispiel für eine temporäre Vergemeinschaftung: »Die Love Parade ist die einzige Demonstration, zu der unsere narzißtische Generation noch in der Lage ist. Sie ist Hingabe an sich selbst, im Medium der Musik zwar, aber zum Zwecke der Zelebrierung des eigenen Spaßes und der eigenen Körperlichkeit. Selbstbefriedigung in der Gruppenstunde. Der andere ist unwichtig geworden, zur Kulisse, zur Masse, in der jeder ebenso in sich verloren ist wie man selbst. Jedem ist, mit Handy, Walkman und 1-Zimmer-Appartement ausgestattet, das Leben zur Selbstbefriedigung geworden. Wenn alle alle lieben, liebt keiner keinen. [...] Und wer nicht in Berlin sein kann, sitzt zu Hause und schaut die Love Parade im Fernsehen: Stundenlange Liveübertragungen eines Klassentreffens der Generation Golf. Alle haben sich lieb, sind zehn Stunden gemeinsam exzessiv und sind am Montag wieder brave Staatsbürger. Müde zwar, aber pünktlich.«257

Vergemeinschaftung in Lebensstilen. Auch die Segmentierung in unterschiedliche Milieus, Lebensstilgruppen oder Interessenvereinigungen schafft Optionen der Vergemeinschaftung, die der äußeren Umwelt nicht bedarf, weil sie sich selbst genug ist. Eine Fußballweltmeisterschaft oder ein Schirennen sind von nationalstaatlichen oder lokalen Zugehörigkeiten geprägt: Die österreichische Mannschaft hat im Schispringen souverän abgeschnitten. Die deutschen Tennisspieler beherrschen die Weltrangliste. Aber auch: Die dörfliche freiwillige Feuerwehr hat den Landeswettbewerb gewonnen. Es gibt bayerische Musikkapellen und Kärntner Gesangsvereine. Aber als *Heavy-Metal*-Fan oder als *HipHop*-Fan ist man in einer weltweiten *Community* und hat mit jenen, die sich am Samstag in einem *Musikantenstadl* begeistern oder ihr Abonnement im Konzertverein einlösen, nichts gemein. Vergemeinschaftungen kreuzen die herkömmlichen Gruppierungen: Manchmal ist der Nationalstaat (nationale Identität) relevant, manchmal ist er eher lächerlich.

Die Zugehörigkeit zu solchen *Communities* ist vielfach eine *ernsthafte* Angelegenheit, keine bloße Oberflächlichkeit und kein Zeitvertreib; schließlich wird aus solchen Zugehörigkeiten (und entsprechenden Accessoires) die persönliche Identität gebastelt. In solchen Fällen geht es nicht nur um das Eintauchen und Untertauchen in der Masse, um ein zeitweiliges Sich-Vergessen; der Bezug zur Sache bleibt auch am nächsten Tag aufrecht. Man geht nicht zufällig zum *Heavy-Metal*-Konzert, weil man gerade nichts anderes vorhat, vielmehr ist das Bekenntnis zu dieser Musik untrennbares Merkmal der Identität. Man wägt nicht vorher ab, ob man zum Techno-Konzert, zum Brahms-Festival oder lieber zur »Schlagerparade« geht. Selbst sportliche Betätigungen werden identitätsrelevant: weniger die Strapaze im Fitnessstudio, wohl aber die Zugehörigkeit zur *Snowboarder-Community*. Als *Snowboarder* ist man kein Schifahrer, was sich schon an der höchst unterschiedlichen Kleidung zeigt.[258] Bei diesen Symbolisierungen der Identität kennt die Spaßgesellschaft keinen Spaß. Stile sind in vielen Fällen deshalb nicht Oberflächenerscheinungen, sie lösen gar *Style Wars* aus. *Brand Communities* sind nicht Geschmacksfragen, insoweit es nicht um oberflächliche Mode, sondern um den dekorativen Ausdruck der Identität geht; dann handelt es sich um Wesensfragen, um den persönlichen Kern. Dekoration wird zur Essenz. Substanzlosigkeit wird zur Substanz. Oder treffender: Beides ist voneinander nicht mehr zu unterscheiden.

Der Bluff:
Eine Welt der Inszenierungen

Das *Selbst* ist der attraktive Fluchtpunkt, wenn sich spätmoderne Menschen mit ihrem Leben befassen, und das Arrangement der Verhältnisse suggeriert, dass es möglich ist, dieses Selbst zu entfalten und zu entwickeln. Die *Maske* steht für die vorder- und hintergründigen Mechanismen der Gesellschaft, die darauf hinwirken, dass die Botschaft von der Individualisierung in eine sozialverträgliche Konformität umgearbeitet wird. Es ist eine Spannung, die nicht aufgehoben wird; ein Widerspruch, der sich nicht in Wohlgefallen löst; eine Inkonsistenz, die Stress erzeugt.

Wie kann man mit diesen Widersprüchen umgehen? Um das Unvereinbare vereinbar zu machen, helfen bestimmte Strategien, auf individueller wie auf gesellschaftlicher Ebene: *Selbsttäuschung, Gehirnwäsche, Illusionismus, moral suasion, partielle Ideologisierungen.* Man braucht Vernebelungsstrategien. Wir fassen diese Strategien unter dem Begriff des Bluffs zusammen.[259] Die spätmoderne Gesellschaft ist keine, in der sich die höhere Vernunft tatsächlich behaupten konnte, obwohl deren Durchsetzung im Zuge des Fortschrittsprozesses die Aufklärung für gewährleistet hielt. Vielmehr ist sie von einem hohen Maß an »Fassadenbau« gekennzeichnet, von Potemkinschen Dörfern, die an allen Ecken und Enden errichtet werden. Von ihnen soll hier die Rede sein. Es ist eine »Governance des Als-ob«, ein Fiktionalismus, der sich Bahn bricht im Bestreben, das Unvereinbare vereinbar zu machen. Die Fiktionen werden manchmal geglaubt, manchmal auch nicht, und dennoch werden sie aufrechterhalten, solang es zum Fortbetrieb des Systems oder zur Verbesserung der Stimmungslage beiträgt. (Was natürlich nicht – in konstruktivistischer Übertreibung – in einen Bluff-Radikalismus führen soll, der alles zu Illusion, Täuschung oder Heuchelei erklärt: Bluff und Realität reiben aneinander, modifizieren und beeinflussen sich gegenseitig. Bluff ist weder einfach die Vergewaltigung der Wirklichkeit noch einfach Lüge.)

Es ist oft schwer zu unterscheiden, welche Reste von Identität hinter den Masken vorhanden sind; aber wohl noch schwerer ist es, zwischen der *notwendigen Inszenierung,* die ernsthaft als Ausdruck des Ichs oder als angemessene Repräsentation eines Anliegens verstanden wird, und der *bloßen Theatralität,* die vom Regisseur selbst nicht mehr geglaubt wird, zu unterscheiden. Denn das ist immer noch ein Unterschied. *Man kann sich nicht nicht inszenieren.* Aber man könnte an die jeweilige Inszenierung glauben, sie als Selbstverständlichkeit, als Notwendigkeit, als bestmögliche Darstellung einer Sache, einer Person oder eines Vorhabens hinnehmen: Inszenierung als »Spiegelung« dessen, was »wirklich« hinter der Maske steckt – bei allen Problemen, die sich schon mit einer derartigen Formulierung verbinden. Man braucht Fiktionen, weil sie (vorläufige) Festlegungen darstellen in einer kontingenten Welt; und irgendwann gleiten Fiktionen hinüber in Manipulation und Heuchelei. Aber die Grenze ist schwer auszumachen, wobei es sich in Wirtschaft und Politik nicht anders verhält als bei Identität und Individualität. Aber die Sache ist so komplex geworden, dass man noch einmal einen Schritt zurücktreten muss. Das Spiel läuft so: Man ist sich dessen *bewusst,* dass es einer verständnisgerechten Inszenierung bedarf, um die Erwartungshaltungen zu befriedigen. Man inszeniert nicht die »Wirklichkeit« hinter der Fassade, sondern man schielt auf den Publikumserfolg und ist sich darüber hinaus auch noch im Klaren, dass man so tun muss, als sei es das »Wirkliche« dahinter, was man darstellt. Man ist sich möglicherweise sogar darüber im Klaren, dass man die Person oder die Sache selbst anders, ein wenig verzerrt, behübscht oder dramatisiert darstellen, also mundgerecht und verstehbar machen muss, selbst dann, wenn man nicht lügen, sondern die Wahrheit bestmöglich über die Bühne bringen will.

Dieselben Strategien kann man aber auch einsetzen, um zu lügen. Man verzerrt, täuscht, heuchelt. Ein beachtliches Kontingent an Lügen hat man von Managern und Politikern im Zuge der um sich greifenden Wirtschaftskrise zu hören bekommen: Unwahrheiten über das eigene Handeln, über die Situation der betreffenden Unternehmungen, über die Lage von Branchen und Nationen. *Man inszeniert die Inszenierung.* Man muss sich um Strategien für eine Darstellung bemühen, von der man weiß, dass sie für andere Menschen zurechtgeschnitten ist, die erwarten, dass man einen ganz bestimmten *Plot* abliefert. Es sind verschiedene Fälle: Man muss bluffen, um die Wahrheit zu sagen. Man blufft, um zu lügen. Man blufft, weiß es aber gar nicht.

Das Selbst, die Maske und der Bluff verschmelzen miteinander, je länger man das Geschäft betreibt. Wenn man sich manche Dinge lange genug vorsagt, beginnt man sie selbst zu glauben. Der Zyniker lässt sich letzten Endes selbst von seinen schnoddrigen Aphorismen beeinflussen. Der Phrasenmacher fängt an, das mit Emotion zu verteidigen, was er sich (bewusst) aus den Fingern gesogen hat. Der Bürokrat beginnt an seine Formulare zu glauben, der Wissenschaftler an seine Evaluationen, und die Politikerin fühlt sich selbst, in glücklichen Momenten der Rhetorik, vom Pathos ihrer Ergüsse mitgerissen. Man mag den Prozess als einen der *Reduktion kognitiver Dissonanz*[260] beschreiben: Da es auf Dauer Unbehagen bereitet, ständig im Zustand des Bluffs zu leben, beginnt man zu glauben, was man sagt. Was ursprünglich die Unwahrheit gewesen ist, reichert sich mit Wahrheit – oder zumindest mit subjektivem Wahrheitsgefühl – an. Was ursprünglich reiner Bluff war, wird in einem gewissen Ausmaß zur Wirklichkeit, insoweit die Menschen beginnen, daran zu glauben, dass die Fassade mehr als eine Fassade ist. Ein wenig werden die »Luftballons« zu realen Elementen eines realen Lebens; das heißt, man muss mit ihnen rechnen. Der Bluff ist manchmal nicht nur Bluff.

Ein erstes Beispiel bieten die Wirtschaftskrise und ihre Vorgeschichte. Nachdem die Luftblasen zerplatzt sind, die als Anzeichen einer historisch nie da gewesenen Produktivität und Profitabilität der postindustriellen Gesellschaft genommen wurden, reibt sich jeder verwundert die Augen, aber nicht darüber, dass der Absturz überraschend zustande gekommen ist, sondern darüber, dass die meisten so lang geglaubt haben, das bodenlose Spiel mit finanziellen Werten könne tatsächlich langfristig weitergehen. Was Banken und Fonds, Investoren und *Rating*-Agenturen geboten haben, war offensichtlich Bluff, aber zu einem Teil haben sie sich sogar selbst geglaubt.

Ein zweites Beispiel: Wenn Wissenschaftler dazu veranlasst werden, Zitations-Indizes für tatsächliche Abbildungen wissenschaftlicher Leistungen zu halten (was natürlich eine Absurdität darstellt), dann schafft dieser Bluff-Indikator auf die Dauer Wirklichkeit; einerseits deswegen, weil entsprechende Prozeduren entwickelt werden, durch die wissenschaftliche Institutionen solche Indikatoren wirksam werden lassen, andererseits deswegen, weil in einem Milieu, in dem diese Indikatoren als faktisch relevante und normativ entscheidende Messgrößen genommen werden, auf die Dauer diese Vorgaben in die Köpfe der Wissenschaftler vordringen. Schließlich beginnen sie selbst in diesen Kategorien zu denken. Am Anfang wissen sie noch, dass es sich um einen Bluff handelt; später zucken sie mit den Schultern und erklären, dass man sich dem Spiel nicht entziehen kann; und letztlich beginnen sie selbst nach diesen Kriterien zu urteilen.

Bevor es allerdings soweit kommt, dass sich die getrennten Ebenen – Wirklichkeit und Inszenierung – miteinander wieder verbinden, ist eine

Kluft vorhanden. Die maskenhaften Darstellungen, die ritualisierten Spiele, die idealen Persönlichkeitskonfigurationen können reflektiert und debattiert werden. Aber die Dynamik der Entwicklung lässt die Kluft wachsen, in immer mehr Lebensbereichen. Diese Kluft kann nur durch Bluff überbrückt werden, und das bedeutet: Der Bluff-Gehalt des Systems steigt. Das ganze Leben wird zu einem Design-Kunstwerk mit mehreren Ebenen: theatralische Selbstdarstellung, marktgerechte Zurichtung der eigenen Person, »Self fashioning«, Existenzkosmetik, Kunst der Lebensbehübschung, Identitätsbildung als Schaufensterdekoration.

Der slowenische Psychoanalytiker Slavoj Zizek unterscheidet drei Arten von Nichtwissen.[261] In der Zeit der klassischen Dummheit gibt es falsches Wissen über die Welt, es muss der Schleier der Unwissenheit zerrissen werden. Es genügt oft ein Kind, das ausruft, dass der Kaiser nackt sei. In der Phase der modernen Dummheit ist der Kaiser noch immer nackt, aber alles ist so kompliziert, dass es dem Volk vermeintlich nicht zumutbar ist; es ist besser, die Leute glauben an die Problemlösungskompetenz der Machthaber. In der postmodernen Phase wissen alle, dass der Kaiser nackt ist, aber tun so, als ob sie es nicht sähen. Wollte ihnen einer die Augen öffnen, sagen sie gelangweilt: Aber das wissen wir doch. Es handelt sich um gemeinsamen Bluff. Der Machthaber (in Politik und Wirtschaft) blufft. Die Journalisten wissen das, das Wahlvolk ebenso. Auch der Machthaber weiß, dass alle um seinen Bluff wissen. Und alle wissen, dass er weiß, dass wir es wissen. Und wir spielen weiter.[262]

Das Bewusstsein von der Theatralität

Die Wirklichkeit ist nicht gegeben, sondern sie muss gedeutet, inszeniert und dramaturgisch aufbereitet werden, wie dies Erving Goffman geschildert hat,[263] und für das Individuum, das sich in diese Wirklichkeit allseitiger Inszenierung hineingeben muss, gilt dies erst recht. Man muss sich keinem übertriebenen Konstruktivismus hingeben: Natürlich ist zwischen der *wirklichen* Wirklichkeit und der *gespielten* Wirklichkeit zu unterscheiden. Schließlich kommt man nicht dadurch zu Geld, dass man sich vorstellt, dass man es hat. Wenn man am Krebs stirbt, dann ist man tot, und es hilft keine Inszenierung. Aber die funktionalen Systeme sind so funktional auch wieder nicht, dass sie gegen den Bluff immun wären. Der Satz, dass Sachverhalte dann real sind, wenn die Menschen sie für real halten, passt blendend in die postmoderne Gesellschaft. In jenen Fällen, wo der Eindruck zählt, ist es für das Ergebnis ohnehin gleichgültig, ob der Anschein wahr oder unwahr ist. Eine Korrespondenz zwischen Behauptung und Realität ist dann leicht herzustellen, wenn man die Realität nicht mehr als widerborstige Kategorie ansieht, sondern wenn der Satz, der etwas über die Realität aussagt, diese Realität konstituiert. *In einer Welt der Signale sind nur noch die Signale wichtig.*

Es kann den Individuen nicht entgehen, dass die weltanschaulichen und sinnstiftenden Inhalte dürr geworden sind; und in dieser Lage gewinnt das Theatralische, mit dem irgendwelche Elemente in die Szene geworfen werden, an Bedeutung. *Ästhetik ersetzt Existenz.* Wenn man aber wahrnimmt, dass die Dekorationen so bedeutend sind, wäre jeder dumm, würde er sie nicht in Rechnung stellen. Wenn alle spielen, muss man mitspielen. Man muss sich informieren, wie die aktuelle Welt der Signale beschaffen ist. Man muss wissen, was man spielen muss. Man muss das richtige »kulturelle Kapital« akkumulieren und pflegen: Wissen, was in und out ist. Informiert sein, was man lieben und verabscheuen muss, damit man sich marktgerecht behaupten kann. Die eigene Person als Produkt verstehen, das sich in einer Produktwelt behaupten muss, in der es, angesichts der kommunikativen Überlastung, um die Erzielung von Aufmerksamkeit kämpft.

Wozu braucht man gediegene Autos? Um beim Hotel oder einem Event die prächtige Vorfahrtsrampe zu nutzen. Eine Zeitungsbeilage gibt Tipps zur Symbolik der einzelnen Gefährte.

- *Audi A8: dynamischer als Mercedes, symbolisiert steilen Aufstieg und hohe Performance in allen Lebenslagen.*
- *Bentley: wenn man das traditionelle Familienunternehmen zu einem völlig überhöhten Preis an ahnungslose Heuschrecken verscherbelt hat.*
- *BMW X6: der Welt zeigen, dass man sich von Finanzkrise und Klimawandel nicht kopfscheu machen lässt.*
- *Lexus LS 600h: signalisiert durch Hybridantrieb hohe gesellschaftliche Verantwortung; man erspart sich das Spenden für wohltätige Zwecke.*
- *Maybach: passt gut zu wallenden Brautkleidern, verlangt einen starken Charakter, sonst wirkt er peinlich.*
- *Porsche Cayenne: hervorragende Möglichkeit, sich ins rechte Licht zu stellen, wenn der Mercedes gerade im Service ist; muss halt der Gärtner diesen Abend zu Fuß gehen.*

- *Rolls-Royce: Besitz dieses Fahrzeugs sollte stets von angemessenen Charity-Aktivitäten begleitet werden.*
- *Ssangyong Chairman: volles Bonzenfeeling zum Diskontpreis.*[264]

Wenn man sich intensiv der Inszenierungsaufgabe widmet, gerät im Lauf der Zeit die Ordnung der Dinge ohnehin durcheinander: Wenn man die *großen Gefühle* imitiert, dann bekommt man zumindest einen Hauch davon mit. Wenn man das Management »spielt«, dann lässt sich schwer beweisen, dass man es nicht wirklich tut. Und das »Erlebnis« wird oft wirklich nur dann zu einem solchen, wenn man es als Erlebnis theatralisiert; es wäre gar kein Erlebnis, wenn es der Inszenierung ermangelte.

Spielwiese Internet. Das Internet ist ein anderer Tummelplatz für Selbst, Maske und Bluff. (Es ist natürlich nicht die große Kraft, die alles verschuldet, wie es manche Netzpessimisten sehen; es ist eher eine originelle und verstärkende Begleitmusik zu dem, was sonst auch geschieht.) Das Interessante ist, dass dort die Identitätsgestaltungsmode neue Höhepunkte erfährt. Es dokumentiert sich der Drang der Menschen, sich in ihrer (vermeintlichen) Individualität, in allen Details bis hinein ins Intimleben, darzustellen. Dort wird auch am deutlichsten, in welchem Maß diese Identität eine Bastelarbeit darstellt; tatsächlich kann man dort die *Identitätsarbeiter* beim *Work in Progress* beobachten. Aber gerade das Netz hilft auch zum Bluffen, und das gehört zum Spiel. Im Netz kann man alles, was man will: maskieren, schminken, virtuell gestalten, Mimikry üben; gender swapping; virtuelle Vergewaltigung. Jedes Begehren und jeder Impuls kann ausgelebt werden.[265] Der Computer ist längst keine Rechenmaschine mehr, sondern eine Spielmaschine, eine Simulationsmaschine, eine Fantasiemaschine, eine Traummaschine. Es ist nicht verwunderlich, dass sich auf dieser Spielwiese besonders gern Voyeuristen und Neurotiker einfinden.

Chaos-Training für die Postmoderne. Das Fernsehen ist der spätmoderne Ort der Desinformation, aber es trainiert auch für das Chaos dieser Gesellschaftsformation sowie für die *indifférence à la vérité.*[266] Das alte »Broadcasting« (ein Fernsehangebot) wurde von der Atomisierung (viele Kanäle) und diese von der Vernetzung (Video und Internet) abgelöst; das ist ein Prozess von der Information zur Kommunikation.

Der Prozess ist weit gediehen, es gibt immer weitere Bereiche der »reinen« Kommunikation, die keinen Informationsgehalt mehr aufweist. Das Fernsehen lässt Wirklichkeit und Virtualität verschwimmen. Vor allem aber die Struktur der Darbietungen ist wichtig: Das Fernsehen konzentriert sich auf Verunsicherung, jedoch innerhalb eines verlässlichen Rahmenwerks. Das entspricht der Lebenserfahrung. Die Kritik am Fernsehen verkennt jene Kulturleistung, die darin besteht, »Angstbereitschaft, Kontingenzbewusstsein und Irritabilität der Gesellschaft zu trainieren.«[267] Die großen »Beeinflussungsapparate«[268] sind darin sehr effizient.

Der strategische Optimismus

Man muss so tun, als wäre man wahnsinnig gut drauf. Das ist eines der entscheidenden Bluff-Gebote. Es hat einmal eine Gesellschaft gegeben, in der die *Lebensentwürfe* eine gewisse Nähe zu den *Lebensmöglichkeiten* aufgewiesen haben. Es war freilich jene Gesellschaft, in der man sich nicht allzu viel aussuchen konnte; aber die traditionellen Sozialordnungen haben plausible, erwartbare, naheliegende Lebenswege vorgestellt und vorgezeichnet. Ich möchte Automechaniker werden. Ich werde den Bauernhof übernehmen. Ich werde Lehrerin. Die Umwelt hat das akzeptabel gefunden.

Das ist anders geworden in einer spätmodernen Gesellschaft, die den Nachwachsenden alle Optionen nicht nur offenhält, sondern die Erreichbarkeit der besseren unter ihnen verspricht und nahelegt. Was sind *bessere Optionen?* Sie sind im Bereich der Stars, der Prominenten, der Models, der Börsenmakler, der Himalaya-Bezwinger, der IT-Gurus, der Friseur-Weltmeister oder der Stararchitekten angesiedelt. Der »amerikanische Traum«[269] ist globalisiert, jedem wurde das Bewusstsein vermittelt, er könne alles, wenn er nur wolle. Deshalb wird die Freiheit der Optionen nicht mehr auf wirklichkeitsnahe Aktivitätsfelder abgebildet, vielmehr werden die Ausnahmefälle als Regelfälle präsentiert. *Die Normalität verblasst.* Die normalen Lebensläufe werden als jene von Versagern dargestellt, wenn denn die »Stars« als Vorbilder, als *role models* für alle, vorgestellt werden. Erfolg ist alles: Es herrscht eine Art von *Successophilie.* Jeder ist ein siegesgewisser Glücksritter, der er im Alltag weder ist noch werden kann: »Stattdessen spielt er als Momentpersönlichkeit den Erfolgsmenschen, der sich, um seine psychische Labilität und soziale

Destabilisierung zu verdecken, mit den vorgefertigten Accessoires der wechselnden Glücksmode ausstaffiert.«[270] Das geht nur im Bluff.

Star-Erwartungen. Der Anteil jener Jugendlichen steigt, der glaubt, später einmal Model oder Kinostar zu sein, ein berühmter Sportler oder Künstler, jedenfalls aber ziemlich reich. Schließlich haben sie tagtäglichen Umgang mit solchen Leuten, wenigstens auf den Fernsehschirmen. Also bluffen sie sich selbst. Prominenz ist eminent wichtig, und sie braucht keine Begründung mehr: Prominent ist, wer (in den Medien) vorkommt; und seien es nur jene »Damen«, die prominent sind, weil sie mit Prominenten schlafen. Aber auch die Zaungäste wollen ein vollkommenes Leben haben, und sie haben den Eindruck, dass es ihnen versprochen worden ist: ein derart vollkommenes Leben, wie man es am Ende des Samstagabend-Fernsehfilms sieht, bei den Gutsbesitzern und Landärzten. Wenn es ein Vollkommenheitsdefizit im eigenen Leben gibt, dann muss jemand schuld sein: die Ehepartner oder die Berater, die Lehrerinnen oder der Autoverkäufer, der Landwirtschaftsminister oder der Irak. Gibt es einen Unfall, sind die Straßenwarte, die Anrainer oder die Versicherer schuld. Wird ein Kind belästigt, haben sich die Sozialämter nicht gekümmert oder der Rechnungshof, der Ministerpräsident oder die EU. Wenn der Optimismus an der Vollkommenheit Maß nimmt, müssen alle Unzulänglichkeiten der Welt zurechenbare Managementdefizite sein.

Glücksverpflichtung und Melancholieverbot. Erfolg haben wird vor allem jener, der mit einer gehörigen Dosis an Euphorie in die Zukunft marschiert. Defätisten und andere Kritiker sind sozial dysfunktional, zukunftsträchtig und brauchbar sind jene, die »hungrig« sind; die alles wollen, und zwar bald. Man mag seine mehr oder minder glücklich zusammengebastelte Individualität gestalten, wie man will; wer aber nicht als Versager gelten will, der muss dynamisch und optimistisch sein und einen *glücklichen* Eindruck machen. Er muss glauben, dass ihm die Glücksgöttin über die Schulter schaut. Er hat also für sein *mood management* zu sorgen, für seine positive Stimmung.

Die Vision davon, was das Lebensziel, die erfolgreiche Karriere, das gelingende Leben ausmacht, hat sich grundlegend geändert. Ein wesentlicher Schritt in diesem Wandel war die *Diskreditierung der Normalität,* auf die wir schon hingewiesen haben. Ein normaler Job,

Zuverlässigkeit und Firmentreue, eine berechenbare Vorrückung – das alles ist sklerotisch, bürokratisch, gestrig; so skurril wie heutzutage eine »normale Hausfrau« oder die Tugend der »Keuschheit«. Wagemut ist gefordert, Jobhopping, das Risiko der Selbstständigkeit wird gelobt, Ausprobieren und Scheitern und wieder Aufstehen und Weitermachen. Irgendwann kommt der *große Treffer*. Gewinnen ist das Lebensziel. Es ist eine Gesellschaft, die nicht von ihrer Normalität her gedacht wird, von ihrer »Mitte«, denn diese wird als Form der Langeweile oder der Unmoral gesehen; sie wird vielmehr von ihren Extremen her gedacht.[271]

Der Journalist und Trendforscher Matthias Horx ist seinerzeit durch Deutschland gefahren und hat mit vielen Menschen gesprochen; alles recht sonderbare, einige extreme Typen. Dann ist ihm aufgefallen, dass ihm gleichsam die Normalität verloren gegangen ist, und er fragt:»Was wäre, wenn die Normalität sich heimlich aus der Realität verabschiedet hätte? Wo soll sie gedeihen, wenn in jeder kreuzbraven Familie längst das Scheidungsdrama lauert? Wenn Kinder die Erwachsenen und Erwachsene Kinder sind? Wenn der angesehene Abgeordnete, der Goethe liest und Chopin hört, hinter der Bibliothek eine kleine Folterkammer für seine sexuellen Obsessionen unterhält – das ist normal. Wenn sich die Mächtigen als hilflos und die Beherrschten als die eigentlich Mächtigen erweisen. Wenn jede erfolgreiche Existenz auf einem Steuerbetrug beruht, wenn die Korruption längst ein Überlebenselixier, die Ehrlichkeit aber eine Psychokrankheit ist, die Dilettanten berühmt sind und die Berühmten immer verrückter werden – was tun? Auf nichts und niemand ist mehr Verlaß. Wenn keiner mehr entscheiden kann, ob nicht die Linken in Wahrheit erzkonservativ und die Yuppies emanzipatorisch, ob die Entfremdung nicht längst verbindliche Realität, Realität hingegen längst eine Abstraktion darstellt – wer soll da Maßstäbe setzen? Wenn die schrillsten Absonderlichkeiten aus dem profanen Alltag wachsen, wenn der Spießer in Wahrheit ein Freak und der Freak ein idealer Spießbürger ist, wenn das Intellektuelle längst banal, das Banale aber intellektuell ist, wenn die Wirtschaft nur durch ihre permanente Krise, die Gesellschaft nur durch ihren Untergang gedeihen kann – soll man dann erneut nach Ordnung, Klarheit, Wahrheit rufen wie ein verrückt gewordener Moralpolizist? Und vor allem: Wogegen soll man revoltieren? Wovon sich abgrenzen?«[272]*

Gambling society

Die Individuen sind bereit, relativ hart zu arbeiten, solang sie das Gefühl haben, dass diese Tätigkeit zu ihrer Identität beiträgt. Die Idee der wahren Identität und des wahren Lebens wird in der zweidimensionalen Gesellschaft mit einer universellen Bereicherungsaufforderung verbunden: Es gibt nichts Unanständiges, wenn es genug Geld bringt; denn es gibt schließlich keine Kriterien für Anstand. Dieser bemisst sich am Erfolg. Deshalb ist die Botschaft von der harten Arbeit auch zur bloßen Ideologie geworden. Jüngst stand irgendwo: Dass im westlichen System die Leistung zähle, sei ungefähr ein Satz mit einem ähnlichen Realitätsgehalt wie:»Im Sozialismus gehören die Fabriken dem Volk.«

Denn die *Leistungsgesellschaft* hat insofern ausgedient, als die vorherrschende Botschaft neuerdings anders lautet: Ein *Mitspieler* kannst du nur werden, wenn du die richtigen Tricks kennst, wenn du mit den richtigen Leuten bekannt bist, wenn du zur richtigen Zeit an der richtigen Stelle bist, wenn du Glück hast. Die Erfolgsvorstellung hat sich entscheidend geändert: Sie spricht nicht mehr von harter und konsequenter Arbeit, von Entbehrung und Härte, von Pflichtgefühl und Langfristigkeit. Die visionären Orte des Erfolgs sind neuerdings zwischen dem Börsenplatz und der Millionenshow angesiedelt, und tatsächlich geschieht an beiden Orten etwas durchaus Ähnliches. Es hat sich herumgesprochen, dass man durch harte Arbeit wohl ein seriöses Leben führen, aber nicht nach »oben« kommen kann, dorthin, wo es wirklich aufregend wird. Eine Kassierin im Supermarkt kann, wenn sie wirklich durch Kompetenz und Einsatzfreude auffällt, Filialleiterin werden; aber das war es auch schon. Die oberen Etagen erreicht man nur auf anderem Weg, und Geld in einer relevanten Größenordnung gibt es nicht durch eigene Arbeit, sondern nur, wenn man in Positionen gelangt, wo man andere, viele andere, für sich arbeiten lässt. Allenfalls muss man am richtigen Tag die richtigen Aktien kaufen, und dazu muss man die richtigen Leute kennen; oder man muss einfach Glück haben, um beim Quiz die richtigen Fragen zu bekommen oder beim Talente-Ranking vorne zu landen. Die allseitige *gambling society* hat Plausibilität.

Das *eigentliche Glücksspiel* kennen wir: die Ebene der kleinen Spiele, etwa in den Wettcafés, vor allem die Slotmaschinen; dann Toto, Lotto und ähnliche Spiele; Glücksspiele in den Casinos: Roulette und Black

Jack und dergleichen; das Spielen im Internet ist dazugekommen, auf der Ebene des interaktiven Fernsehens steht die Branche erst am Beginn. Das *uneigentliche Glücksspiel* findet sich dort, wo es nicht um Slotmaschinen oder Kartenspiele geht, sondern um die auf andere Lebensbereiche übertragene »Logik« des Glückspiels. Natürlich drängt sich das moderne Wirtschaftsleben auf, die weltweiten Finanzmärkte, auf denen fast ausschließlich gespielt statt finanziert wird. Die Immobilienkrise, die 2008 begonnen hat, beruht auf individuellen und institutionellen Entscheidungen, die sich von herkömmlichen Glücksspielen kaum unterscheiden lassen. Deshalb sind auch in zahlreichen Fernsehkanälen jene Sendungen im Aufstieg, die den Zuseherinnen und Zusehern suggerieren, dass sie nur ein bisschen Glück bräuchten, um gegebenenfalls mit einigen Millionen nach Hause gehen zu können, von diversen Ranking-Shows bis zu Frage-Shows. Dort wird eine Mentalität erzeugt, die eine *Hintergrundstimmung* für den eigentlichen Glücksspielsektor darstellt.[273]

Das Spiel des erfolgreichen Wirtschaftens. Es war einmal eine traditionelle Gesellschaft, in der die Vorstellung bestanden hat, es gebe eine moralische Ordnung der Dinge, und der Sinn des Lebens bestehe darin, sich in diese Ordnung einzufügen. Es gab einmal eine Leistungsgesellschaft, die sich um die Leitidee herum anordnete, dass jeder nach seinen Leistungen entgolten und belohnt werde. Solche herkömmlichen Modelle – ob sie nun »Sinn« oder »Leistung« betreffen – sind dahingeschwunden. Die postmoderne Gesellschaft ist eine *Spielgesellschaft*. Denn in der Gegenwartsgesellschaft ist jener erfolgreich, der Gewinne lukrieren kann; und wenn er Gewinne lukrieren kann, dann hat er auch etwas geleistet. Leistung ist in einer Dienstleistungs- und Wissensgesellschaft unmessbar geworden: Man kann bei den Symbolanalysten und Kognitariatsangehörigen[274] nicht mehr Stückzahlen oder Schweißpunkte pro Stunde zählen, und der Input, die Anstrengung, ist ohnehin kein Kriterium. Also bleibt nur der Markterfolg. Wem am Ende das meiste Geld übrig bleibt, der hat etwas geleistet. Wer gewinnt, der hat den Gewinn verdient; denn sonst hätte er keinen Gewinn. Es ist eine *puritanisch-calvinistische Gnadenlehre ohne Gott und ohne Gnade.* Man braucht *fortuna,* und manchmal kann man der launischen Glücksgöttin nachhelfen. Der Markt funktioniert – in einer künstlichen Gesellschaft, die weit von der Schwelle der Existenznotwendigkeiten entfernt ist – mit Symbolen und mit Bluff, und der Markt ist an die Stelle Gottes getreten. Er verleiht Gnade. Er rechtfertigt alles. Er ist Ausdruck der Tugend. Glück muss man haben.

Deshalb ist Geld nicht rechtfertigungsbedürftig und schon gar nicht peinlich. Vor nicht allzu langer Zeit löste der Begriff »Luxus« negative Assoziationen aus, das ist nicht mehr der Fall. Er wird mit Stolz vorgezeigt (was auch damit zu tun hat, dass es meistenteils »Aufsteiger-Luxus« ist). Die protestantisch-puritanische Komponente durchläuft jedenfalls einen Transformationsprozess. *Hard work,* das alte Rezept, ist unter den neuen Bedingungen kein Erfolgsrezept mehr, denn der klassische Fabriksarbeiter wird im Zuge der bluffstrategischen Aufbereitung des Jahresabschlusses zum Zweck der Maximierung von Manager-Prämien auf die Straße gesetzt. Als »Wirtschaftshelden« werden hingegen jene vorgeführt, die zur richtigen Zeit am richtigen Ort waren; die eine gute Idee gehabt haben, als andere noch nicht daran dachten; die den richtigen Gag zeitgerecht aus dem Ärmel geschüttelt haben. Es sind jene, die sich mit wenigen Dollar Einsatz rechtzeitig eine Internet-Domain gesichert haben, die sie einige Jahre später um Millionen verkaufen konnten. Es sind jene, welche in ihrem Netzwerk die Finanzierung für den Kauf eines Unternehmens aufstellen können, das sich ein halbes Jahr später um den doppelten Preis verkaufen lässt. Die Welt ist ein Glücksspiel. Wie schon angedeutet, ist es eine »Künstler-Vision«, die Einzug in die Management-Etagen gehalten hat: Auf das Genie, auf die Eingebung, auf die Intuition kommt es an. Jeder Manager glaubt, er sei ein Genie. Er glaubt es, wie die Wirtschaftskrise zeigt, sogar dann noch, wenn er den Karren längst an die Wand gefahren hat. Eine Genialitätsvermutung ist dann eine besonders feine Sache, wenn sie mit Unwiderlegbarkeit gepolstert ist.

Unternehmensberater, Wirtschaftsanwälte, Consulting-Firmen und Finanzierungsexperten sind die Hauptakteure in einer »Ökonomie des Spiels«, die in der Wall Street und an den großen Börsen dieser Welt gespielt wird, mit Unternehmenskäufen und -verkäufen, mit *Mergers* und *Acquisitions,* mit Währungsspekulationen, mit Finanzinvestitionen und persönlichen Netzwerken, mit Immobilientransaktionen und anderen Anlageobjekten, schlimmstenfalls sogar mit Kunstobjekten; vor allem aber mit Derivativen, Optionen, *Futures.* Dort werden die wirklichen Vermögen gemacht. Dort ist der *Kasinokapitalismus* zu Hause.[275] William Greider nennt dieses Netzwerk in seinem Buch über die Globalisierung »das größte Videospiel der Welt«.[276] Da wollen alle mitmachen; auch die »Loser«, die freilich beim kleinen Videoschirm im Wettcafé stecken bleiben.[277]

Allgegenwart des Glücksspiels. Quiz-Shows sind früher im Fernsehen als »Spiel«, nicht als »Glücksspiel« inszeniert worden; indem etwa eine erfolgreiche Frage mit einer Fünf-DM-Münze belohnt wurde, die in ein Sparschwein gesteckt wurde. Heute sind es immer noch *Wissensfragen,* in buntem konfusionerzeugendem Durcheinander; aber das Wissensgerangel um allerlei Obskurantismen interessiert in Wahrheit weniger. Es geht darum, monetär in die höheren Etagen vorzustoßen, dorthin, wo das *große Geld* wartet. Die Absurdität der Fragenkataloge, die in solchen Quiz-Sendungen verwendet werden, macht deutlich, dass es nicht um *Allgemeinbildung* oder *Wissenshorizonte* geht – oder um sonstige Residuen einer bürgerlichen Gesellschaft –, sondern um Glück. Man muss Glück haben, um zufällig zu wissen, was zufällig gefragt wird. Jeder kann gewinnen; und die Offenbarung von gravierenden Unkenntnissen, selbst eklatanter Dummheit, wird längst nicht mehr als Peinlichkeit empfunden. Es ist kein *Wissensspiel,* sondern ein *Glücksspiel.* Ein gottloses Gottesurteil: Entscheidung durch Orakel. Ähnliches gilt für die unzähligen Varianten von Wettbewerben, in denen über eine Reihe von Auswahlverfahren die *Stars* übrig bleiben sollen: die zukünftigen Weltstars auf der Pop-Szene, die zukünftigen Models, die zukünftigen Fernsehmoderatorinnen und -moderatoren. Auch an diesem Spiel nehmen viele teil, die verinnerlicht haben, dass es nicht um Leistung, sondern um Glück geht; nicht um die Qualität des Singens, sondern um das »Hineinkommen« in das Business, in die *Rankings,* in die *Charts,* auf die Bühnen. Die meisten scheitern ohnehin, weil das Spiel letzten Endes doch ein wenig komplexer ist; aber das wissen sie erst hinterdrein. Die Botschaft ist anders: Jeder kann gewinnen. *The winner takes it all.*[278] Wer gewinnt, bekommt alles. Das normale Leben ist für die Verlierer. Nur wer ein Star ist, der lebt wirklich. Nüchtern ist es zu wissen, dass die Welt natürlich nicht gerecht ist; illusionär die Vorstellung, dass Tyche, die Göttin, mit ihrem Glücksrad *(rota fortunae),* ähnlich einer Roulettescheibe, für die Masse etwas übrig hat.[279]

Lasvegaisierung der Welt. Lasvegaisierung der Welt bedeutet, dass sich die Logik des Glücksspiels, vorzugsweise in einem künstlichen, traumhaften *Setting*, über die ganze Welt verbreitet; die Künstlichkeit des Seins im Vordergrund, das harte Business im Hintergrund.[280] Das Glücksspiel ist unausweichlich geworden, weil die Welt ideologisch als Glücksspiel aufbereitet wird. Dann wird Spiel zum Terror, wenn es nämlich keine Alternative gibt.[281] Manchmal gibt es ungewollte Nebenwirkungen des Spiels, ohne dass dies auf den Geräten als Gesundheitswarnung verzeichnet wäre.[282] Der Spieltrieb des Menschen, so vermerkt Franz Vonessen, wurde aus seinen natürlichen Schranken gelöst, er ist ausgeartet. »Wer nicht spielen kann, ist zu falschen Spielen verdammt. Nichts ist langweiliger, öder, als das Leben, das sich entzogen hat, spielen zu müssen.«[283]

Das macht im Grunde eine *Gambling Society* aus: Die Vorstellung, dass das Leben ein *Spiel* ist – nicht ein *Traum*. Dass es nicht um Arbeit oder Leistung geht, sondern um Fortuna. Dass die Logik des Glücksspiels überall ähnlich ist. Dass sich überall, schon um die nächste Ecke, unglaubliche Chancen bieten, die nicht zu ergreifen eine Dummheit wäre. Dass man irgendwie vor dem Durchbruch, vor der großen Prämie, vor dem glücklichen Leben steht, gerade einen Schritt, ein Los oder eine Münze entfernt. Dass man spielen muss, wenn man nicht zu den Verlierern gehören will. Das ist der weitestverbreitete Bluff.

Bildungs-Blendwerk

Identitäten erwachsen aus Bildungsprozessen, und dazu gehören auch die formellen. Bildung ist traditionellerweise der Individualisierungsakt schlechthin, wenn sie sich nicht auf die Abarbeitung von Qualifizierungsmodulen beschränkt. Und die unablässig proklamierte *Wissensgesellschaft* braucht auch Bildung, Ausbildung, Qualifikation, Knowhow, Kreativität. Das hat mit Personen zu tun.

Es macht Sorge, dass viele Bildungsinstitutionen der westlichen Welt den Glauben daran verloren haben, dass sie *Bildung* anzubieten haben. Sie wissen nicht mehr, was das sein soll; also verlegen sie sich auf den Bluff. Die Bildungspolitiker wissen nicht, wie sie mit kleinen Budgets mehr Bildung umsetzen sollen, also manipulieren sie die Bildungsstatistiken. Schulen scheinen weithin unreformierbar, und Universitäten zelebrieren *Governance*-Strukturen, die Eindruck machen sollen – sie ersetzen also Aktivität durch Aktivismus. Das ganze Ambiente bringt *Bildungsproduzenten* und *-konsumenten* hervor, die so tun, als ob sie mit Bildung etwas am Hut hätten. Damit können alle zufrieden sein. Aber es wird Europa spätestens zur Jahrhundertmitte nicht mehr helfen.

Bluff gibt es deshalb mehrfach: beispielsweise den Bluff, dass die Grundschulpädagogik großartig ist, während sie es nicht einmal mehr schafft, die notwendigen Grundqualifikationen zu gewährleisten; den Bluff, dass potenziellen Studierenden allenthalben die großartigsten Karrieren versprochen werden; den Bluff, mit dem sich akademische Institutionen selbst in den illusionärsten Formen inszenieren.

Der Grundausbildungs-Bluff. Der Ich-Generation ist schon im Kindergarten und in der Grundschule immer wieder gesagt worden, dass sie großartig ist, und sie fühlt sich auch so. Lehrerinnen und Lehrer, die in diesem Geist ihre pädagogische Ausbildung erfahren haben, wollen keine Autoritäten mehr sein, sondern *Coaches*. Mancherorten ist man per *du* und verkehrt mit Vornamen. Man will keinen Frontalunterricht, sondern Teamarbeit. Auch wenn einer ein Studium mit einem Doktorat absolviert hat und auf zwanzig Jahre Unterrichtserfahrung zurückblicken kann, ist er einem Sechzehnjährigen gleichgestellt, der das nicht hat: Wir sind doch alle gleich, jeder ist qualifiziert, jeder weiß etwas, was auch immer; und jede Meinung ist gleich viel wert. (Manche glauben, dieser Schub sei schon vorbei; aber diese Grundorientierung ist – über die Lehrerbildung – langfristig wirksam.) Wenn man die Youngsters kritisierte, würde man in den Ruch der Diskriminierung oder Repression kommen. Viele Lehrerinnen und Lehrer fühlen sich ohnehin seelenverwandt mit ihren Schülerinnen und Schülern, und andere haben es aufgegeben, irgendwelche sonderbaren Prinzipien, wie Leistung und Bildung, durchsetzen zu wollen, da solche Versuche auf die Aggressivität narzisstischer Pennäler, auf die Kampfbereitschaft durchsetzungswilliger Eltern und auf den Verrat opportunistischer Schulbehörden stoßen. Das ganze Spiel landet dort, wo es konfliktlösend landen soll: bei guten Noten. Die Noten werden besser, die Leistungen schlechter. (Unterrichtende sagen das, Arbeitgeber stimmen zu, empirische Studien erhärten es.)

Es ist ein Problem der Identitätsformung. Pädagoginnen und Pädagogen haben sich bemüht, allen die Botschaft klarzumachen, dass in erster Linie das *Selbstbewusstsein* der Kinder und Jugendlichen aufgebaut werden muss, weil erst auf dieser Grundlage irgendeine Leistung erzielt werden kann; also nicht umgekehrt: dass Selbstbewusstsein aus Leistungen erwächst. Es gibt keine Belege für die Richtigkeit der Auffassung, aber die Lehre hat sich gleichwohl bis in die populären Zeitschriften verbreitet: Verleihe deinen Gefühlen Ausdruck. Es ist immer wichtig, was du denkst. Alle nehmen ernst, was immer du sagst.[284] Es handelt sich um die gezielte Erziehung zum Bluff. Leistung wird abgewertet, wenn jede Handlung, auch jeder Unsinn und jede Schlamperei, gleich bewertet wird. Tatsächlich sind dann jene die Dummen, die sich Mühe geben. Auch Kinder wollen nicht dumm sein, und man sollte sie nicht unterschätzen. Sie werden in Umgehungsstrategien, Vermeidungsstrategien und Bluffstrategien geschult. Bis sie in die Pubertät kommen, wissen sie, wie die Regeln lauten. Du brauchst keine Arbeit ordentlich machen. Alles geht. Was dir nicht gefällt, das lass einfach aus. Alles nicht so genau. Bildungsziel: zum besseren Bluffer werden.

Aber das System blufft manche hinaus, die das nicht verdienen: etwa durch die in Ländern wie Deutschland und Österreich vorherrschende, sozial geprägte Selektion im Kindesalter, die dann nach oben hin, wo es tatsächlich um Unterschiede in den geistigen Fähigkeiten geht, in den völligen Selektionsverzicht übergeht. Die Idee, dass niemandem eine Dissertation verwehrt werden darf, nur deshalb, weil er dumm ist (denn für mangelnde intellektuelle Kapazität kann er ja nichts), verrät in der Tat eine Liebe zum fiktionalen Denken.

Der Bluff mit der Bildungsstatistik. Sie könnten es von den Bildungspolitikern lernen. Die Bildungsstatistik zeigt, dass man von Erfolg zu Erfolg rauscht. Es gibt viel mehr Universitäten als früher (weil man in Österreich etliche Universitäten geteilt hat); viel mehr Hochschulen (weil man frühere »Akademien« zu Hochschulen umbenannt hat); viel mehr Studienabsolventinnen und -absolventen (weil der erste Studienabschnitt, jetzt *Bachelor* genannt, bereits als akademischer Abschluss gezählt wird, der zweite Studienabschnitt, jetzt *Master* genannt, als weiterer Studienabschluss; also allein deshalb fast eine Verdoppelung; und im Übrigen spricht die Titelgebung für das Selbstbewusstsein Europas); viel mehr Auslandsaufenthalte (das bringt die Internationalisierung ohnehin mit sich); viel besserer Unterricht (das sieht man an den Papieren, die dazu geschrieben werden); viel effizientere Verwaltung (das sieht man an den Papieren); viel bessere Planung (das sieht man

…). Das Personal wird in den Newspeak eingeschult. Sie werden noch ein bisschen Zeit brauchen, aber sie werden sich in Bälde damit identifizieren.

Studierende werden mit der Botschaft erfreut, dass in alle Zeit jede Bildungsleistung kostenfrei sein wird, in »Spitzenqualität«. Da es angesichts der staatlichen Finanzkrise auch in Zukunft nicht mehr Geld für das Bildungssystem geben wird, besagt dies, dass auch in Zukunft die durchschnittlichen heimischen Universitäten, denen man als Vorbild Harvard und Yale, MIT und Stanford vor die Nase hält, mit etwa 12 Prozent der Budgets dieser Vorzeigeinstitutionen auskommen müssen, aber, mit ein bisschen gutem Willen, denselben Output liefern sollen – was immerhin für eine bereits bestehende ungeheuerliche Effizienz der Universitäten in deutschsprachigen Landen spricht.

Bildungs-Propaganda. Bildungseinrichtungen haben es mühsam gelernt: Sie seien Unternehmen wie andere auch, und sie hätten sich deshalb um ihr Marketing zu kümmern, um die Darstellung ihrer Kollektividentität. Die Universitäten weisen noch Residuen klassisch-universitärer Ideen zur umfassenden Bildung und zu nicht-nutzenbezogenen Inhalten auf; sie liefern diesen Output zwar vielfach nicht mehr, aber sie haben dabei zumindest ein schlechtes Gewissen. Viele Fachhochschulen, die in Österreich erst neu gegründet wurden, betreiben von vornherein professionelles Bildungs-Marketing im Stil akademischer Waschmittelwerbung. Ähnlich präsentieren sich auch die privaten *Business-Schools*. Alle müssen die »schöne neue Bildungswelt« anpreisen, und zu diesem Zwecke müssen sie Lärm machen. Man liest deshalb Beschreibungen von Bildungsinstitutionen, die jederzeit als ironisches Elaborat durchgehen würden: Jeder Kursanbieter aus der Provinz rühmt sich der weltweiten Reputation, des globalen Horizonts und der Karriereträchtigkeit. Adressaten sind potenzielle Studierende, aber auch die Wirtschaft, die, durch den globalen Wettbewerb unter Druck gesetzt, ihre Wissensproduktion an die Universitäten auslagern und öffentlich finanziert haben möchte. Deshalb wimmelt es nur so von der »international überzeugenden Spitzenforschung«, vom Wettbewerb mit den »weltbesten Universitäten«:[285] das »Maskenspiel der Genies«, nicht der »Genien«. Das Museum war seinerzeit die Welt des Bildungsbürgertums: Bilder betrachten mit interesselosem Wohlgefallen. Die Universität gehörte ebenfalls zu diesem Typus von Institution: interesselose Betrachtung der Wahrheit, Erkenntnis um der Erkenntnis willen (allerdings verbunden mit der aufklärerischen Vermutung, dass es nichts Brauchbareres gebe als diese interesselose Erkenntnis.) Diese Welten schwinden dahin: Der »Sammler« (im Museum) legitimiert sich durch die Höhe seiner Ausgaben und der Wissenschaftler (an der Universität) durch die Höhe seiner Forschungseinnahmen. Die »Codes« wechseln.

Die Akteure üben sich ein, und nach einiger Zeit glauben sie, was sie sagen, weil sie auch in eine Szene hineinsprechen, in der nichts anderes ankommt als eine bestimmte Phraseologie. Schließlich muss man Wissenschaft der Öffentlichkeit plausibel machen und sensible Gruppen zufriedenstellen; in einer Welt, in der alles vermarktlicht ist, ist auch den Rezipienten in erster Linie Plausibilität über das Medium des Geldes zu vermitteln. Und ein paar Kleinigkeiten symbolischer Art kommen dazu: Für die Performanz einer Universität wird es wichtig, dass es ein Gender-Programm gibt, ein Theaterprojekt, eine Erwachsenenbildungsschiene, ein Ökoprogramm für das Waschen der Labormäntel und ein akademisches Vorlesungsprogramm für die Insassen des Uni-Kindergartens. Das garantiert Spitzenforschung. Image ist alles.

Versprechungen an Studierende. Die Werbung um Studierende setzt bei jenem Selbstverständnis an, das bei ihrer bereits dargelegten Sozialisation erwartet werden kann. Die individuelle und die institutionelle Botschaft fließen zusammen: Du bist etwas Außerordentliches, wenn du dich nur ordentlich am Riemen reißt. Mit der Ausbildung an unserer Institution, die eine weltweite Reputation aufweist, ist der Erfolg garantiert. Eigentlich hast du den Generaldirektor oder den Millionär schon so gut wie in der Tasche. Und du wirst auch viel Spaß haben.
Selbst für den Lehrberuf, für die duale Ausbildung, wird auf ähnliche Weise geworben: nicht mehr mit dem Verweis auf ein solides Facharbeitertum, auf die Krisenfestigkeit qualifizierter handwerklicher Kenntnisse; sondern mit dem Verweis auf die »wirkliche« Karriere, die große, prominente, lukrative Karriere. Jeder Lehrling/Azubi ist ein potenzieller Bill Gates. Es ist schon wahr, dass nichts ausgeschlossen ist, wenn man ein Software-Freak ist oder auf die Idee mit einem preisgünstigen Softdrink kommt. Es ist aber auch wahr, dass der Traum, demnächst Konzerninhaber zu sein, nur für eine Promillegröße in Erfüllung geht. Es mag tausend Absolventinnen und Absolventen brauchen, um einen mittleren Generaldirektor oder einen kleinen Millionär hervorzubrin-

gen; aber die grundsätzliche Möglichkeit, eine solche Karriere machen zu können, hilft den 999 Enttäuschten nicht. Die Versprechungen können sie nicht einklagen, und die Schuld wird ohnehin ihnen zugeschoben. »Was, junger Mann, Sie sind schon 25 Jahre alt und haben ihre erste Million noch nicht gemacht?« Da erscheint der Alltag in der Werkstatt bald ziemlich langweilig.

Doch der entscheidende Punkt ist: Bildungsmotivation kommt auf diese Weise nicht zustande. Das Werbeszenarium zielt eher auf Genialität und auf Fortuna als auf die harte Arbeit. Technische Studien haben wenig Flair, da drängt man lieber gleich in die Finanzwirtschaft; denn Techniker kommen letztlich kaum noch auf die Vorstandsebene. Auch die Consulting-Branche bietet sich an: Da kann man als *Mid-Twenty* die großen Konzerne über Strategien und Effizienzsteigerungsmaßnahmen beraten, auch wenn man selbst noch nie in einem Unternehmen tätig war (und, genau genommen, keine Ahnung hat). Das tut dem Ego wohl. Also bieten sich ein paar spezifische Wege an, und oft kann man sie ohnehin nur über Protektion begehen. (Die Väter spielen miteinander Golf.) Für die anderen gilt: Abwarten – irgendwann erhascht man das Wunder. Währenddessen beißen sich die asiatischen Studierenden durch ihre Studien und lassen die müden europäischen weit hinter sich. Wenn man den Leuten erklärt, dass es nur darauf ankommt, zur rechten Zeit am rechten Ort zu sein – warum sollten sie sich dann noch durch Seminararbeiten quälen? Der Bluff schlägt zurück. Man trickst sich selbst aus.

Der Individual-Design-Bluff. Das Curriculum Vitae muss zu einem literarischen Kunstwerk werden. Damit ist nicht gemeint, dass man wissen sollte, dass bei einem Bewerbungsschreiben kein grellbuntes Papier mit Micky-Maus-Verzierung Verwendung zu finden hat, sondern der Umstand, dass man seinen Lebenslauf mit attraktiven Items dekorieren muss. Ein Job, für den früher mit knapper Not ein Jurist zu interessieren war, wird nun von dreißig Absolventen der Rechtswissenschaften angestrebt. Aber der Personalchef spricht nur mit fünf Kandidaten, die in die engere Wahl kommen, und er sieht sich die Lebensläufe an, gerade jenseits des bloßen Studiums. Gibt es Zusatzqualifikationen? Wer hat Auslandsaufenthalte nachzuweisen? Ein Semester in Harvard? Gibt es Anwärter mit einem Zweitstudium (LLM, MBA, Master of Irgendwas)? Wie steht es mit Praxiserfahrung? Wie viele Fremdsprachen? Haben Bewerber neben dem Studium gearbeitet? Hat einer bei einem wirtschaftsnahen Projekt mitgearbeitet? Kenntnisse über moderne Computerprogramme? Schon ein Praktikum in Brüssel absolviert? Es ist jeder Bewerber gut beraten, einschlägige Nachweise zu sammeln: Nicht deshalb, weil diese in irgendeiner Weise notwendig oder nützlich für seine zukünftigen Aufgaben sind, sie sind alle ziemlich unnütz; sondern deshalb, weil er sonst *aussortiert* wird. Investitionen in diese Dekorationen sind zwingend: Das ist nicht nur Zeitvergeudung, Wettlauf ohne wirklichen Ertrag, sondern es schafft eine Welt der Symbole, die nur in sich selbst ihren Wert hat. Denn eine freiwillige Tätigkeit beim Roten Kreuz mag als Indikator für ein soziales Bewusstsein dienen (obwohl das in den meisten Wirtschaftskreisen nicht unbedingt nachgefragt wird); es ist aber kein guter Indikator, wenn der Bewerber selbst schon lange die Funktion solcher Vorzeigeaktivitäten durchschaut hat und die Tätigkeit instrumentell einsetzt. Den dekorativen Eskalationsprozess, den Wettbewerb der Signale, müssen alle mitmachen, die den Wettbewerb nicht von vornherein aufgeben wollen; denn das sind die Screening-Kriterien.[286]

Akademische Governance. Die deutschsprachigen Universitäten haben ein Problem. Sie haben während der letzten Jahrzehnte den Nachwuchskräften keine Perspektive geboten. Der Spruch ist bekannt: »Was braucht ein Nachwuchswissenschaftler, um internationale Anerkennung zu erlangen? Ein Flugticket.« In Wahrheit werden aber auch unter den Dagebliebenen oft jene, die den Kopf oben herausstrecken, mit Aversion betrachtet, sie werfen schließlich einen Schatten auf alles, was da ist. Angesichts eines Milieus der intellektuellen Kleingärtnerei und des Neides zählen die Rituale, die Netzwerke (das Beziehungskapital), die Anpassung in der Kollegenschaft. Deshalb waren auch die Kollegialsysteme anpassungsunfähig. Wer aber aus dem Elfenbeinturm hinauswinkt, der gilt als Wichtigtuer; es sei denn, er macht viel Geld, das imponiert immer. Wie also wollen die Universitäten in die Oberliga vorstoßen? Wie blufft man mit Exzellenz, wenn man im Mittelmaß feststeckt?[287] Die Antwort ist: Der Modus der Steuerung von Bildungseinrichtungen wird verändert; und dann hofft man.
Zum einen drückt sich der veränderte Modus in einer neuen »Bildungssprache« aus, die das Technokratische mit dem Euphorischen vermischt.

Über Bildung redet man so: Qualitätsmanagement, Controlling, Ziel- und Leistungsvereinbarungen, Evaluierung, Mission Statement, Vierjahresvorschau, Personalplan. Projekt, Drittmittel, Milestones. Exzellenz, Eigenverantwortung, Wettbewerb, Globalität, Innovation, Synergien, Vernetzung, Cluster, Transdisziplinarität. Kooperativer Führungsstil, Ausschöpfung aller Potenziale, unternehmerische Orientierung, Netzwerkbildung. Strategisch denken. Kräfte bündeln. Anspruchsvoll und selbstbewusst. Kooperation und Wettbewerb. Effizient und profiliert. Innovativ und kreativ.

Zum anderen sucht man das Heil in der Planwirtschaft. Das klingt erstaunlich; aber tatsächlich geht es darum, dass in einer schier »neoliberalen« Sprache von Vertragslogik, Vereinbarung, Outputsteuerung und Controlling Planungsprozesse initiiert werden, die einer klassischen Planwirtschaft nicht nachstehen – allein schon eine beachtliche Bluff-Leistung. Wie inszeniert man den »großen Wissenschaftler«?
Erstens: *Inszenierung der neuen Planwirtschaft.* Ziel- und Leistungsvereinbarungen, Vierjahrespläne, Evaluierung, Controlling, Balanced Scorecards, Performance Records und so fort – es ist eine enorme Menge von Geschwätz, das sich in Papieren und auf Homepages ansammelt, überall mit denselben hohlen Phrasen und Formeln, und eine Menge von Informations-Schotter. Es herrscht jedoch eine hohe Begeisterung für diese Rhetorik, die auf erstaunliche Weise mit ihrer praktischen Irrelevanz kontrastiert.
Zweitens: *Inszenierung des Projektismus.* Außerhalb der Projekt-Form kann wissenschaftliches Arbeiten praktisch nicht mehr stattfinden. Qualitativ hochstehende Forschung erweist sich am Projektantrag und am Drittmittelniveau. Im Projektantrag muss klar zu ersehen sein, welche innovativen Einfälle dem Wissenschaftler in den nächsten Jahren kommen werden, und in welcher Abfolge, damit auch die Milestones klar definiert werden können. Wer die erforderliche Projektantragsprosa nicht beherrscht, muss sich durch Projektberater »consulten« oder »coachen« lassen – denn die Förderinstanzen wollen ganz bestimmte Schlüsselbegriffe hören. Nur naive Antragsteller schreiben in das Formular, was sie wirklich zu tun gedenken. Wer das Spiel gut beherrscht, der reicht gleich ein Projekt für die Projekterstellung ein; oder ein Projekt für die Machbarkeitsstudie für einen Projektantrag. Der Leistungsnachweis besteht nicht im Projektergebnis (das interessiert meist niemanden, abgesehen vom technisch-naturwissenschaftlichen Bereich),

sondern im Verbrauch von Ressourcen: Mehr Drittmittel ist bessere Wissenschaft. Der »budgetmaximierende Beamte«[288] wird durch »budgetmaximierende Wissenschaftler« ersetzt: Ziel muss es sein, ein gegebenes Projekt mit dem größtmöglichen Aufwand von Drittmitteln durchzuführen.[289] So wie in der Spätmoderne Identitäten vorgespielt werden, geraten auch wissenschaftliche Aktivitäten in den Sog der Spiegelungen: Es geht um die bessere Täuschung, um das ansprechende Arrangement, um das kompetente Spiel mit der richtigen Semantik.

Drittens: *Inszenierung von Forschungskompetenz.* Man muss in einer projektistischen Welt jene Indikatoren inszenieren, die für die nächsten Evaluierungen wichtig sind: die geeigneten Pläne und Papiere, aber auch die geeigneten Events. Die Vorhaben sind in kleine Fragmente zu zerlegen, um die Förderung zu maximieren. Zwischenergebnisse sind attraktiv darzustellen, Hochglanzbroschüren sind zu drucken und Empfänge zu organisieren. Selbst dann, wenn man in ordentlicher Weise am Projekt arbeiten sollte, ist eine Parallelwelt zu gestalten, in der das Projekt öffentlichkeits- und Peergroup-wirksam simuliert wird.

Viertens: *Inszenierung von Vernetzung.* Es ist nicht mehr die Zeit einzelner Wissenschaftler, es ist die Zeit der Vernetzungen und Synergien. Deshalb sind Arbeiten einzelner Personen dubios, und eine Förderung kann nur erfolgen, wenn sich die Einbettung in internationale Arbeitsgruppen nachweisen lässt. Denn das Kollektiv ist leistungsfähiger, und es hat immer Recht. Immerhin geben solche Netzwerke touristische Impulse, und sie dienen wohl auch der Völkerverständigung; man muss jedenfalls Projektpartner finden, die nicht allzu sehr stören oder den Projektfortschritt hemmen.

Folgen des Bildungs-Bluffs. In den USA wird die Alles-ist-möglich-Botschaft noch pathetischer formuliert, weil sie vorzüglich in den amerikanischen Traum passt. Dieser war immer ziemlich illusionistisch, aber der Höhenflug wurde durch den amerikanischen Pragmatismus gebremst. Den Letzteren haben die amerikanischen Erziehungsinstitutionen reduziert, und die Selbstbewusstseins-Erziehung ist, bis hin zu einschlägigen Kampagnen, forciert worden: *Glaube an dich selbst; du bist gut; alles ist möglich; du kannst sein oder werden, was immer du nur willst.* Auf dieser Grundlage wachsen die Ambitionen in unrealistische Höhen. In einer Befragung 2003 sagten knapp 20 Prozent der College-Anfänger, sie würden ein Doktorat machen wollen; das ist viel, verglichen mit einer Wirklichkeit, in der dies bloß vier Prozent zustande bringen. Die jungen Leute erwarten auch, in Zukunft eine Menge Geld zu verdienen. 1999 haben Jugendliche geschätzt, dass sie im Alter von 30 Jahren durchschnittlich 75.000 Dollar pro Jahr verdienen würden; das tatsächliche Durchschnittseinkommen dieser Altersgruppe zu dieser Zeit war 27.000 Dollar. An Arbeitsplätze wird zudem der Anspruch gestellt, dass sie bereichernd und selbsterfüllend sein sollen, eher in den Kategorien von Lifestyle-Optionen statt in jenen eines notwendigen Einkommens.[290] Jahrelang wird das Prinzip getrommelt: *Folge deinen Träumen;* und was bei anderen Erwartungshaltungen und Selbsteinschätzungen eine akzeptable Job-Situation sein könnte, wird deshalb zum Absturz, zum *Albtraum,* zum Versagen.

Ein Film nach dem anderen, vorzugsweise aus den amerikanischen Traum-Fabriken, zelebriert dieses Grundmuster, in dem angeblich die Chancen dieser Welt vorgeführt werden. Es sind verkomme Schulen, asoziale Jugendliche, hilflose Klosterschwestern, periphere Gestalten aus unterschiedlichen Milieus, Fette und Dumme, die binnen kurzer Zeit die Baseball-Meisterschaft, den Gesangswettbewerb, den Tanz-Contest oder den Literaturpreis gewinnen – wenn sie nur hart an sich arbeiten, nur kurze Zeit, denn bis zum endgültigen Durchbruch zum Spitzenniveau genügen wenige Monate. Auch wenn man keine Voraussetzungen hat, ist man mit diesem »Kurzstreckenlauf« am Ende ein Star, man ist berühmt, man ist beliebt, man hat gewonnen. Am Ende gewinnt auch die romantische Liebe. Am Ende erweist sich die Intuition des Polizisten als richtig, auch wider seine bornierten Vorgesetzten. Am Ende wird die von der Schließung bedrohte Schule gerettet. Am Ende setzt sich der einsame Held gegen die Geheimdienste der ganzen Welt durch. Ein junger Harvard-Absolvent hebelt in John Grishams Firma Mafia und FBI gleichzeitig aus. Erin Brockovich gewinnt ihre Millionen-Dollar-Klage. Superman schafft ohnehin alles. Man muss nur den richtigen Dreh haben.

Der richtige Dreh – das ist auch im Bildungsbereich die Botschaft. Nur die Wirklichkeit läuft in den allermeisten Fällen so nicht. Ein Bildungsprozess, der mit *Wundern* spekuliert, landet keineswegs bei der Entwicklung souveräner, reifer, kritischer und kreativer Menschen. Es bleiben nörgelnde Narzissten, die aggressiv dagegen reagieren, wenn plötzlich die Spielregeln geändert werden, wenn sie also auf einmal kritisiert werden, wenn von ihnen Leistung verlangt wird, wenn sie in die Alltagswirklichkeit geraten.

Therapiegesellschaft

Seinerzeit hat man es den Kindern und Jugendlichen überlassen, erwachsen zu werden; diese düsteren Zeiten sind vorüber, mittlerweile gibt es Kindergartenpädagogen, Kinderpsychologen, Bildungsberater, Karriere-Coaches, Jobbewerbungs-Consulter und manches andere. In diesen finsteren Jahren wurde es nicht als verantwortungslos bezeichnet, wenn Frauen ihre Kinder auf hergebrachte Weise ernährten, ohne zuvor einen Stillkurs, einen Schwangerschafts-Arbeitskreis und eine Mütter-Selbsthilfegruppe besucht zu haben. Unerklärlicherweise ist man damals ohne Familienberater, Scheidungsfolgenbewältigungsexperten, Schminkberater, Persönlichkeitscoaches, Selbstpräsentationstrainer, Bewerbungsschreibensstilisten, Familienmediatoren und Fitnessbetreuer ausgekommen. Man lief unbedarft durch die Gegend, ohne durch Jogging-Experten und Sportschuhcomputeranalytiker dafür vorbereitet zu sein. Die zänkische Tante war nicht beliebt, und man wusste es, ohne einen Familienaufsteller beschäftigt zu haben. Nicht einmal »professionelle Shopper« gab es, um Geschenke für die Verwandtschaft zu besorgen. Diese verantwortungslosen Zeiten sind vorbei. Zunehmend gilt es als vormodern, veraltet, leichtsinnig, ignorant oder gefährlich, die eigene Gestaltungsfähigkeit für Lebensbereiche aufrechterhalten zu wollen, für die guter Rat der Experten zur Verfügung steht – und das sind beinahe alle Lebensbereiche.

Es führt ein direkter Weg von der Überforderung des Einzelnen in Sachen Identität zum Aufstieg der *Ratgeberwelt*. Man braucht einen Professionisten zum Zwecke der expertokratischen Vergewisserung der eigenen Person, ihres Wesens und der Legitimität ihres Wollens. Der professionelle Identitätskonstrukteur muss dem Einzelnen sagen, wonach er sich sehnt und wozu er da ist. Natürlich kann auch er das nicht wissen, aber er vermittelt wenigstens den Eindruck, er wüsste, was er tut. Der Optionalismus und seine Steigerungsprogrammatik verschärfen die Ratlosigkeit. Wer der Langeweile und der Normalität entfliehen will, der braucht dringend seine Ratgeber. Die Ratgeberklasse findet das gut, denn sie ist von der Behandlungsbedürftigkeit aller Individuen überzeugt. »Der Mangel an Sinn ist nicht zu befriedigen –

man kann ihn nur therapieren! Und für viele genügt es ja schon, dass sie ›ihren‹ Psychiater haben. Die Therapie konkretisiert das Heilsversprechen als Behandlung, d.h. als Prozess der Heilung.«[291] Heil und Heilung – zur Arbeit an diesen Aufgaben fühlen sich nicht nur psychologisch und theologisch Geschulte berufen, die angesichts schwieriger Arbeitsmarktverhältnisse das Terrain attraktiv finden, es ist eine ganze Industrie des therapeutischen Arrangierens von marktgängigen Persönlichkeiten entstanden.[292] Ihre Trainer lehren die Strategien und Techniken der Selbstinszenierung, der Selbstentwicklung, der Selbstdarstellung. Sie lehren die Signale, die Chiffrierung und Dechiffrierung von Individualitätskomponenten. Sie bringen Ich-Produkte hervor, die den Qualitätsvorgaben und Standardmaßen entsprechen. Sie sind die Designer der passenden Fassaden nach den jeweils gültigen Bauvorschriften für Persönlichkeitskonfigurationen.[293] Das Innenleben muss stimmen, vor allem aber die Maske, das Bild der Person; das Bild muss mit den wehenden Moden verträglich sein. Bloß keine esoterischen oder moralischen Eckpfeiler festmauern, wohl aber den Eindruck vermitteln, dass man auf festen Fundamenten gebaut hat; das heißt einen entschiedenen und selbstsicheren Eindruck hinterlassen. Bloß keine hinderlichen Betroffenheiten kultivieren, aber jederzeit in der Lage sein, eine glaubhafte Simulation solcher Betroffenheit abzuliefern. Ein Gummibällchen, das so tut, als sei es ein geschliffener Diamant.

Therapeutisierung aller Lebensbereiche. Ein wesentliches Element bei der Personengestaltungsaufgabe ist der Glaube an die Lehrbarkeit und Trainierbarkeit von *social skills* und anderen *skills*. Günther Anders ist zwar der Meinung, dass eine zusätzliche *Behandlung* gar nicht vonnöten sei, weil das System ohnehin zuverlässig Konformisten erzeuge: Philosophisch interessant sind für ihn nicht jene Millionen, die im Gefüge funktionieren. Von diesen gilt, »dass es in ihrem Dasein keinen noch so geringfügigen Handgriff gibt, durch den sie sich nicht *ohnehin* gleichschalteten; und kein noch so geringfügiges Geschehnis, durch das sie nicht *ohnehin* gleichgeschaltet würden; und dass sie deshalb Sondermaßnahmen oder Spezialkuren zwecks Gleichschaltung gar nicht mehr benötigen.«[294] Er irrt: Die Sache wird nicht dem Zufall überlassen. Man muss hierzu keine Verschwörungstheorie entwickeln; die Logik der Vermarktlichung genügt. Schon Helmut Schelsky hat vor längerer Zeit die Interessen einer Therapeutenklasse hervorgehoben, die

Märkte in der Unternehmensberatung, im Erziehungswesen, in der Fortbildung erobert und eine *Consulting-* und *Coaching*-Zunft etabliert hat.[295] Sie kultiviert das Misstrauen gegen die Lebenserfahrung, paradoxerweise gerade unter dem Titel einer angeblichen »Praxisnähe«, und sie propagiert die Lehrbarkeit von Interaktions- und Sozialkompetenz und die Therapierbarkeit von Menschen, die einem Normmaß persönlichen Verhaltens nicht entsprechen. »Weck den Sieger in Dir. In sieben Schritten zu dauerhafter Selbstmotivation«[296] – das lässt sich hören. Manche brauchen dafür eine halbe Stunde: »30 Minuten für mehr Motivation«.[297] Andere entfalten eine nachhaltige Perspektive: Man kann auch »Wunder«[298] vollbringen, wenn man nur will, und dazu gehört jenes, dass man unweigerlich reich wird,[299] wenn man den Ratschlägen folgt. Ein solides Bluff-Programm.

Bemerkenswert ist in diesen Zusammenhängen die fundamentale Idee einer beliebigen *Gestaltbarkeit des »Menschenmaterials«*. Man muss nur ernsthaft wollen, ein paar gute Ratschläge befolgen – und die ganze Welt sieht anders aus. Karriere garantiert; wenn nicht, dann hat man freilich etwas falsch gemacht und muss noch ein paar Runden durch die Fortbildungsveranstaltungen drehen. Die Therapeuten müssen wohl ein Verfahren angeben können, durch das die Person, die im Schlamassel sitzt, aus demselben herausfindet. Wenn das Schlamassel ein ungenügendes Selbstbewusstsein ist, muss man dieses heben. Wenn die Person zu dick ist, muss man sie abschlanken. Wenn es an der Rhetorik mangelt, muss man sie aufmöbeln. Wenn es an der Gesprächsfähigkeit hapert, vermittelt man ein paar wichtige Regeln: Schrei den anderen nicht an! Lüge nicht! Lege ihn nicht hinein! Das heißt im Jargon dann: *win-win*-Situation herstellen. Und es klingt doch gleich viel besser.

Der Einzelne darf in diesem Programm keineswegs so sein, wie er ist. Es geht nicht um seine Identität, sondern um das Training für eine neue, die richtige. Ist der einzelne als Manager oder Lehrer ein wenig brummig, hat er seine *social skills* zu wenig entwickelt. Ist er als Techniker ein wenig bastelverliebt und eigenbrötlerisch, ist er fällig für das Seminar über *Teamfähigkeit. Eigenheiten sind nicht mehr Charakteristika, sondern Defizite.* Persönlichkeitszüge werden zurechtgecoacht und formiert. Die persönlichen Charakteristika werden zu einem brauchbaren *Marketing*-Ich zurechtgebügelt.[300] Alles lässt sich trainieren. Für alles gibt es die passende *Lebensberatung.* Sozialtherapeuten und Managementtrainer gelten als die berufenen Persönlichkeitsadaptierungsexperten. Es geht ihnen um nichts Geringeres als um *Resozialisierung von Individuen unter dem Gesichtspunkt optimaler Funktionsertüchtigung.* Wenn die Therapieangebote geheimnisvolle Informationen und Techniken versprechen, also selbst ihre USP (unique selling proposition) zu gestalten suchen, zu der sie den Klienten ihrerseits verhelfen wollen, dann greift man zu Etiketten wie »Think Limbic. Die Macht des Unbewussten verstehen und nutzen«[301] oder »Gung Ho. Wie Sie jedes Team auf Höchstform bringen«.[302] Das klingt geheimnisvoll und anregend.

Ziel ist *sozialkompetente Fitness.* Persönlichkeit und Leben werden nach dem Muster des Fitnessstudios wahrgenommen: Wenn man sich schon Wadenmuskeln antrainieren kann, warum nicht Führungsfähigkeit? Ergebnis einer persönlichkeitsgestaltenden Runderneuerung, so ätzen manche, ist freilich der »Bonsai-Unternehmer«, der »geklonte Mitarbeiter«.[303] Aber in einer Zeit, in der Schönheitsoperationen gang und gäbe werden, um dem Image zu entsprechen, müssen auch Persönlichkeiten *manipulierbar,* also im erwünschten Sinn »herrichtbar« sein. Die Auswahl der Adaptierungsbedürftigen hängt natürlich von der vorgängigen Akzeptanz der konformistischen Gesellschaft ab. »Gesunde, die, um in der konformistischen Gesellschaft leben zu können, den falschen Maßstab, mit denen sie gemessen werden, als rechtmäßig akzeptieren und die diesen sich aneignen, die stecken sich an dessen Falschheit an und werden dann durch ihre hektischen Versuche, ihre angebliche Krankheit zu überwinden, effektiv krank.«[304] Die Sache ändert sich meist nicht, wohl aber ihre Kostümierung.[305] *Legitimation durch Psycho-Babble:* Wer sich richtig *platzieren* will, der muss nicht nur in der Bilanzbuchhaltung, sondern auch im Psycho-Jargon auf dem Laufenden sein.

Marktgängige Selbste

»Bastelexistenz« als massenhafte Realität unter Konkurrenzdruck – das bekommt eine neue Bedeutung, wenn wir den Kontext bedenken. Nicht mehr Individualität, Originalität, Spontaneität; vielmehr ist das Ziel des eigenen Werdens klar: Er/sie möge sich gefälligst eine karriereträchtige Persönlichkeit zurechtzubasteln, entweder durch eigene Begabung oder durch die Inanspruchnahme therapeutischer Dienstleistungen. *Self-Design* wird gelehrt. Jeder ist der Unternehmer seiner eigenen Persönlichkeit. Jeder muss sich selbst optimal verkaufen. Jeder ist seiner Seele Schmied. Der »Unternehmer seiner selbst« wird zum »Produkt seiner selbst«. Seine Einschulung in die neuen Spielregeln ist bestens gelungen, wenn er vor Selbstbewusstsein strotzt und sich selbst als »Qualitätsprodukt« anpreist. »Image-Design« wird verkündet und die »hohe Kunst der Selbstdarstellung« gelehrt.[306] »Eigenlob stimmt«, so verkündet ein Buchtitel und verspricht »Erfolg durch Selbst-PR«.[307] Die endgültige Erfüllung – und Verdinglichung – ist erst erreicht, wenn man die »Marke ICH« marktfähig gemacht hat.[308] »Das ungebundene, keinem bestimmten Weg verpflichtete Selbst ist immer das der Selbstvermarktung.«[309]

Die Metaphorik der Personsbeschreibung hat sich stärker vom technischen zum Marketing- und Design-Aspekt verschoben. Die alte *Technik-Metaphorik* ist (obwohl vielleicht auch ein »Entfremdungsphänomen«) schon alt: wenn etwa vor dem Burn-out-Syndrom gewarnt wird, indem man empfiehlt, den »Energieakku immer wieder mal aufzuladen«, die »Notbremse zu ziehen« oder sich die Frage zu stellen: »Was brauche ich von meinem Umfeld, um meinen Motor zu ölen?«[310] Das neue Vokabular ist die *Design-Metaphorik:* Die eigene Person ist in umfassender Weise als *Design-Produkt* zu verstehen und als *Marketing-Objekt* zu behandeln. Im privaten Leben ist es die Dekoration der Person, im professionellen Leben ist es die Qualifikationsinszenierung. Der Bluff entsteht, wenn bewusste, auf den anderen und das Ziel bezogene Überlegung einsetzt, wie die Theatralisierung der Person am besten erfolgt.

Da ist es nicht verwunderlich, wenn die Frage »Wie entsteht ein eigener Look?« so behandelt wird, als ob es sich um die Vermarktung eines Produktes handelt. Neben anderen Ratschlägen wird von Zeitschriften empfohlen: Schaffen Sie sich ein Markenzeichen! »Accessoires ergänzen jedes Outfit – gezielt gewählte Extras kreieren darüber hinaus den Personal Style. Bei mir sind es ein paar Erbstücke und vergoldete Kreolen aus den 80ern, die meinem Look erst die eigene Note geben. Ohne große Ohrringe gehe ich nur ungern aus dem Haus.«[311] Aber das auf der Ebene des Lebensstils; wenn es um die »ernsthafte Welt« geht, um Business und Jobs, springt der Level von Konformität und Unauffälligkeit rasch in die Höhe. Bei den persönlichen Profilen, die etwa in dem auf Business und Jobs orientierten Social Network Xing dargestellt werden, fällt in erster Linie auf, wie wenig originell die Personendarstellungen sind. In einer Untersuchung wird vermerkt: »Es geht in erster Linie darum, sich in eine Auslage für die Geschäftswelt zu stellen, in der man zumindest so gut sein möchte wie andere User. Sich aus einer

Masse von Anzug tragenden, im Portrait dargestellten Businessmenschen abzuheben, ist natürlich nicht schwer, nur eben hier wenig sinnvoll. Potenzielle Arbeitgeber wissen genau, welchen Typ von User sie auf Xing suchen und auch erwarten können, und dies ist höchstwahrscheinlich nicht der Party-Besucher, dessen Profilfoto beim letzten Discobesuch entstanden ist und der zweifelhafte Wetttrinkerwettbewerbe [...] anführt.«[312] Auch das eigene Markenzeichen muss in diesem Ambiente anders bedacht werden: Besonders große Ohrringe, wie oben empfohlen, sind in diesem Fall eher deplatziert.

Leben in der Welt des Projektismus. Das entscheidende Maß, welches in der neuen Welt die Wertigkeit der Menschen bestimmt, ist die Aktivität. Aktivität hieß früher: Arbeit, Beschäftigung, Karriere. Aktivität heißt jetzt: Die Unterschiede zwischen Arbeit und Nichtarbeit, zwischen Lohnarbeit und Ehrenamt, zwischen unternehmerischer und unselbstständiger Tätigkeit werden überwunden. Der traditionelle Arbeitsbegriff wird durch das Modell eines Portfolios von Tätigkeiten ersetzt, in denen jeder letzten Endes »unternehmerisch« tätig ist. Zu diesen Tätigkeiten gehören auch die Hausarbeit, die Fortbildungsarbeit, die ehrenamtliche Tätigkeit, das Privatleben. Die Botschaft der Bohème ist angekommen und wird auf den Kopf gestellt – Kunst und Leben verbinden. Jetzt versteht man darunter – der Markt verbindet alles. Der moderne Kapitalismus will und braucht Individualität; das heißt, er muss die Menschen dazu bringen, ihre ganze Person in den Marktprozess einzubringen; das heißt weiters, die ganze Person muss ein (inneres und äußeres) marktkompatibles Design erhalten. Die positive Formulierung: Die Wirtschaft macht das ganze Leben künstlerisch; die negative Formulierung: Sie inhaliert und instrumentalisiert selbst den Stil der Bohème.

Letztlich hat es schon Ludwig von Mises gesagt: Unternehmerisches Handeln kann überall geschehen, in jeder Position.313 Aber auf die Details kommt es an. Die Welt des Projektismus bietet ein bestimmtes Format:»Aktiv sein, bedeutet, Projekte ins Leben zu rufen oder sich den von anderen initiierten Projekten anzuschließen.« Das Projekt ist allerdings eine temporäre Form, seine Gestalt wechselt. »Insofern bedeutet Aktivität charakteristischerweise, dass man sich in Netze eingliedert und sie erkundet, um so seine Isolation zu durchbrechen.«[314] Das aktivistische Selbst, das unternehmerische Selbst bewegt sich immer in einem

Kosmos von Projekten, es kann sich nicht auf erreichtem Status oder auf nachgewiesener Leistung ausruhen, es lebt in diskontinuierlichen Sequenzen, der Wettlauf beginnt mit jedem Projekt von neuem.[315] Es ist nicht zuletzt die Welt des Outsourcing, die Welt der prekären Arbeitsverhältnisse, die Welt der freien Mitarbeiter. Freie Mitarbeiter sind im Allgemeinen die unterste Etage, die Lückenbüßer für die Festangestellten, die mit ihrer Arbeit nicht fertig werden; die Selbstausbeuter mit der Hoffnung, irgendwann »hineinzukommen«. Da sich diese Welt ausbreitet, muss sie umdefiniert, das heißt hochgejubelt werden: Das »Prekariat«[316] soll zur Inkarnation von Freiheit und Autonomie werden, und so wird die Realität der »McJobs« durch den Euphemismus der »Portfeuille-Arbeit« geadelt. Der Jubel muss die Wirklichkeit übertünchen. In einer solchen Welt benötigt der Einzelne ein Höchstmaß an Selbstrationalisierung, Gleichgewichtssinn und Irritationsbereitschaft. Auch das eigene Leben ist auf Projektmanagement umzustellen. Das sei noch radikaler zu denken als die Patchwork-Identität, sagt Ulrich Bröckling: »Nicht einem Flickenteppich, der, einmal genäht, sein Muster nicht mehr ändert, gleicht das sich als ›Projekt Ich‹ konstituierende Selbst, sondern einem Kaleidoskop, das bei jedem Schütteln ein neues Muster zeigt.«[317] Man wird ohnehin durchgeschüttelt, also soll man die Schüttelei wenigstens gut finden. Da diese Logik alle Lebensbereiche umfasst, Arbeit und Beziehung, Freizeit und Gesundheit und alles andere auch, gerät die Selbstführung zur umfassenden Managementaufgabe. Für alle Bereiche des Lebens gilt: Ziele definieren; Aktivitätenplan aufstellen; Milestones festlegen; regelmäßige Erfolgskontrolle durchführen; Projektpläne laufend revidieren; Belohnungen für sich selbst einbauen; Checklisten erstellen. Man muss vermutlich viel Glück haben, wenn man auf diese Weise die eheliche Beziehung konstruieren oder Kinder erziehen möchte.

J. S., 31 Jahre, Autor: »Britta, Architektin, Max, Programmierer, und ich: drei hoch motivierte junge Beschäftigte, die öfter eine Nacht vor dem Computer als im Club durchmachen und ihr Gehalt oder ihre Honorare als Flatrate interpretieren. Für eine tariflich festgelegte oder individuell vereinbarte Summe darf die Firma 24 Stunden am Tag, 7 Tage die Woche auf ihren Vertragspartner zugreifen. Ein Virus, das immer mehr Menschen meiner Generation befällt. Flache Hierarchien, Teamarbeit, Vertrauensarbeitszeit, Chef-Geduze: Arbeit macht Spaß, deshalb wird auch mal das Freibad zum

*Büro umfunktioniert. [...] Generation Praktikum, ich selbst habe vier Prak-
tika absolviert, ehe ich meinen ersten festen Job hatte. Britta, die Architektin, hat bei sechs aufgehört zu zählen, ich kenne aber auch Menschen, die
zehn Hospitanzen absolviert haben. Das Problem ist nicht die schlechte
Bezahlung. Das Problem ist auch nicht, dass die Praktikanten nichts lernen,
sondern eher, was die lernen: ›Gib alles und verlange nichts. Sei dankbar,
dass du überhaupt arbeiten darfst.‹ Gerade in Krisenzeiten wie jetzt fühlen
sich junge Angestellte wie Arbeitslose auf Bewährung: Jeder Einzelne wird
von seinem Vorgesetzten verdächtigt, im Überlebenskampf der Firma unnötig
zu sein, und muss jeden Tag den Beweis der eigenen Nützlichkeit liefern.«[318]*

Unternehmungsgeist zeigt sich in einer Vielzahl unterschiedlichster Projekte, die parallel in Angriff genommen werden können. Das Leben ist
eine Abfolge von Projekten. Wichtig ist es,»niemals um ein Projekt
oder eine Idee verlegen zu sein, unablässig Pläne zu schmieden,
gemeinsam mit anderen an einem Projekt zu sitzen. [...] Die einander
ablösenden Projekte wirken *netzerweiternd,* weil dadurch die *Zahl der
Kontakte erhöht* und immer mehr Verbindungen geknüpft werden.« Die
Ausdehnung des Netzes bedeutet Leben, Stillstand bedeutet Tod.[319] Da
kommt einem nur noch schwer das Ziel der Selbstverwirklichung in den
Sinn. Hier geht es um die Maximierung von Verfügbarkeit, Flexibilität,
Mobilität, Anpassungsfähigkeit. Alle befinden sich jederzeit im
»Drift«.[320] Was Wunder, dass es eine»neue skeptische Generation«[321] ist,
der die Erwachsenen, ungeniert, den Mangel an»Idealen« vorwerfen.
Boltanski und Chiapello beschreiben diese Erfordernisse als Voraussetzungen einer projektistischen Welt.»In einer projektbasierten Polis
beinhaltet der Zugang zu einem hohen Wertigkeitsstatus den Verzicht
auf alles, was die Verfügbarkeit, d.h. das Engagementvermögen bei einem neuen Projekt behindern könnte. Der hohe Wertigkeitsträger verzichtet darauf, lebenslang ein einziges Projekt (eine Berufung, einen
Beruf, eine Ehe etc.) zu verfolgen. Er ist mobil. Nichts darf seine Bewegungen beeinträchtigen. Er ist ein ›Nomade‹.« Maximierung von Flexibilität:»Der Ungebundenheitsimperativ setzt zuallererst einen Verzicht
auf Stabilität und Verwurzelung, auf die Bindung an einen Ort und die
Gewissheit langjähriger Kontakte voraus. Investieren bedeutet, [...] sich
nicht von den bereits bestehenden Beziehungen vereinnahmen zu lassen,
um offen zu sein für neue Kontakte, auch wenn diese vielleicht scheitern
werden.« Man muss Zeitressourcen freisetzen, um mit neuen Bekann-

ten in Kontakt zu kommen; man muss die eigene Verfügbarkeit ständig revidieren; man darf sich nicht von Freundschaften lähmen lassen; Uneigennützigkeit sollte man sich nur in kleiner Dosierung leisten. Die *alten Freunde* und die Kernfamilie sind veraltete Gebilde, die eine Entwicklungsbarriere darstellen.»Der hohe Wertigkeitsträger der projektbasierten Polis ist so *ungebunden,* weil er sich von der Last seiner Leidenschaften und Wertvorstellungen befreit hat und – anders als die unflexiblen, keinen Widerspruch duldenden und auf der Verteidigung universeller Werte beharrenden Persönlichkeiten – dem anderen offen begegnet. Aus eben diesen Gründen ist er auch nicht kritisch veranlagt, es sei denn, es gilt für Toleranz und Andersartigkeit einzutreten. Nichts darf gegenüber dem Anpassungsimperativ in den Vordergrund treten oder seine Bewegungsfreiheit einschränken.«[322] Eine *pathologische Disposition,* unbegrenzte Wandlungsbereitschaft und vollständige Bindungsunfähigkeit, wird zur Tugend erklärt.»Jeder ist nur deswegen er selbst, weil er das Beziehungsgeflecht bündelt, das ihn darstellt.«[323] Das Fatale ist: Das Gelingen bleibt offen, da es immer auch von den Strategien der anderen und von schlichtem Zufall abhängt. Deshalb ist die Planwirtschaft der Managementlehren der verzweifelte Versuch, diese Kontingenz in den Griff zu bekommen; denn dahinter steht immer die Angst vor dem Misslingen (bis hin zur aktuellen Illusion, alle Risiken der Finanzmärkte mit einem mathematischen Modell beheben zu können). Manager vergessen, was unternehmerisches Handeln ausmacht: der richtige »Riecher«; ein Gespür für Marktchancen; in Situationen etwas sehen, was andere nicht sehen. Die Überregulierung, etwa eines *Total Quality Management,* ist der eine Ansatz, die Angst zu bannen, und der zweite Ansatz ist der *strategische Optimismus,* also die Botschaft, dass alles gut gehen werde, wenn man an sich und an die Welt glaubt. Dieser Optimismus muss signalisiert und inszeniert werden – wie immer es in der Seele auch aussehen mag: *Management-Bluff* und *Bluff-Management.*

Noch ein Missverständnis gilt es hintanzuhalten. Der Projektismus ist nicht nur ein Phänomen der oberen Etagen, der qualifizierten Jobs. Dasselbe geschieht unter anderem Namen in den unteren Etagen. Denn die Industrie bedient sich zunehmend aus dem Pool der Leiharbeiter, die nach Belieben hereingeholt und hinausgeworfen werden können. Die Trennung zwischen der Kernbelegschaft und den peripheren Arbeitskräften verbannt die Letzteren in die *Projekte.* Ein neuer Großauftrag:

500 Leiharbeiter anheuern, auf die Dauer eines Jahres; und dann wieder aus dem Betrieb entfernen. Auch sie fangen jedes Mal von vorn an, können sich auf nichts berufen, haben keine längerfristige Perspektive. Und sie befinden sich auf einem Einkommensniveau, bei dem es im Fall des Ausscheidens wirklich knapp wird. Allerdings kommen sie mit diesen Knappheiten besser zurecht als der Mittelstand, der an diese Risiken nicht gewöhnt ist.

Der Zeichner Scott Adams hat es so treffend auf den Punkt gebracht, wie er auch die Managementideologien in seinen Cartoons darstellt: »*Die Welt ist so kompliziert geworden, dass wir uns alle mit Täuschungsmanövern durch den Arbeitstag mogeln, in der Hoffnung, nicht als die Idioten demaskiert zu werden, die wir in Wirklichkeit sind. Die Welt ist für mich ein einziges Irrenhaus, bevölkert von Menschen, die unablässig damit beschäftigt sind, die blödsinnigen Dinge, die sie tun, zu rationalisieren.*« *Und weiter:* »*Unsere eigene Blödheit erkennen wir nur schwer, die Blödheit anderer dafür umso besser. Diese Spannung bestimmt die Wirtschaft: Wir erwarten, dass andere rational handeln, auch wenn wir selbst uns irrational verhalten. [...] Wer sich mit der Tatsache abfindet, von Idioten umgeben zu sein, wird feststellen, dass Widerstand sowieso nichts bringt. Man wird dann ganz locker und kann sich auf Kosten anderer köstlich amüsieren.*«[324]

Eskalation der Manipulationen. Wenn man die erwarteten Fähigkeiten unter Beweis stellen möchte, muss man das *Eindrucksmanagement* beherrschen. (Manchmal wird es beinahe mit Sozialkompetenz identifiziert.) Die Zeit scheint vorüber zu sein, in der so biedere Eigenschaften wie Fleiß und Pünktlichkeit, Zuverlässigkeit und Betriebstreue erwünscht waren. Man sucht Menschen, die *Teamplayer* sind, hellwach und gewinnend, selbstbewusst, erfolgsgewohnt, durchsetzungsfähig. Da sind es Eindrücke, die zählen: Was steht im Lebenslauf? Welchen Eindruck macht er oder sie? Schaut er in die Augen? Wie ist ihr Händedruck? Hat er die richtige Krawatte? Hat sie fettige Haare? Signale werden gedeutet oder missdeutet, denn die meisten verwenden eine Art Hüftschuss-Psychologie.

Der postmoderne Markt macht alle zu Beurteilern und Beurteilten, aber er macht auch misstrauisch; denn jedes Lächeln und jede Geste ist ein »Asset« auf dem persönlichen Markt. Wer nicht berechnend ist, ist dumm. Wer nicht voraussetzt, dass der andere berechnend ist, ist auch dumm. Die Strategen der wechselseitigen Manipulation stehen einander gegenüber. Wer sich platzieren will, muss sich als Identitätsgestalter, als Selbstentfaltungsvirtuose, als Glückssicherungsmanager präsentieren. Das ist natürlich, in anderen Worten, *Bluff-Kompetenz.* Sie wird zum neuen Leistungsnachweis: die bessere inszenatorische Fähigkeit;[325] Kompetenzdarstellungskompetenz.[326] Leistung ist nicht mehr messbar, deshalb werden Charisma,[327] Persönlichkeit und Signale der Einsatzfreudigkeit wichtiger. (Es entwickeln sich auch neue Spielregeln: Die ersten zehn Jahre im qualifizierten Job arbeitest du Tag und Nacht, und dann kannst du »Abteilungsleiter« oder »Partner« werden – oder du bist zu diesem Zeitpunkt bereits tot oder mit Burn-out ausgeschieden; ein sehr praktikabler Selektionsprozess.) Der Vorzug mangelnder Leistungsmessung ist es auch, dass eine Polarisierung – im Sinn einer *Winner-take-all*-Gesellschaft, die wohl in Zusammenhang steht mit aktuellen »Spaltungsprozessen« bei Einkommen und Vermögen – nicht kritisiert werden kann, schließlich gibt es keine Messlatte außerhalb des Erfolgs. Das freut die Eliten.

Marktgängige Identität. Der Einzelne ist selbst schuld, wenn seine Persönlichkeit defizitär ist, seine sozialen Beziehungen sich als brüchig erweisen und seine Karriere nicht ständig aufwärts verläuft. Die Ratschläge, die zur produktivitätssteigernden Selbstdisziplinierung gegeben werden, versuchen, eine Konvergenz zwischen zwei völlig verschiedenen Ansätzen plausibel zu machen. Der eine Ansatz operiert mit angeblichen *psychologischen Forschungsergebnissen:* Es gibt Grundregeln, Grundprinzipien, Verhaltenslehren, Trainingsinhalte, mit denen sich Menschen »schulen« lassen; sie lernen dann, bestimmte Grundregeln anzuwenden, um erfolgreich im Team zu arbeiten oder in Konflikten zu bestehen. Der zweite Ansatz operiert mit *Selbstentfaltungssuggestionen:* Man müsse nur die Schätze seiner eigenen Seele und Persönlichkeit ans Licht bringen, um Engagement, Sozialkompetenz, emotionale Intelligenz und dergleichen zum Blühen zu bringen. Jeder kann alles. Es weiß nur keiner, was er weiß. Die unterstellte Konvergenz – man betreibe Selbstentfaltung, um dadurch ein entrepreneurialer Wundermensch zu werden – wird durch nichts begründet. Es könnte schließlich auch sein, dass die betrachtete Person nach vollendeter Selbstentfaltung für das Unternehmen unbrauchbar geworden ist. Aber solche Fälle wollen die Rezipienten der Ratgeberbücher und Personmeliorationskurse nicht hören. Es gefällt ihnen, wenn ihnen auf angeblich wissenschaftlich abgesicherte Weise verkündet wird, ihre Selbstentfaltung löse zugleich ihre beruflichen und betrieblichen Probleme und erhöhe auf ungeahnte Weise ihre Produktivität. Jeder muss nur er selbst werden, jede muss nur sie selbst werden – und schon gewinnt er/sie universale Urteilsfähigkeit, unbegrenzte Kräfte, beinahe schon Allmacht. Ein beträchtlicher Teil des Fortbildungsangebots verspricht nichts weniger als die Annäherung an *Omnipotenz.*

Subjektivierung der Arbeit.[328] Das alles klingt einigermaßen abgehoben, wenn es auf die Management-Positionen oder auf die *High Potentials* bezogen wird. Aber auch die normale Arbeitswelt bleibt nicht normal. In einem radikalen Wandel der Arbeitswelt wird die Grauzone zwischen Arbeit und Nichtarbeit, zwischen selbstständiger und unselbstständiger Arbeit immer größer. Der Fahrstuhl, den Ulrich Beck beobachtete, fährt nicht nur nach oben. Es gibt Tendenzen zu einer »Brasilianisierung« der Arbeitswelt, das heißt einer raschen Vermehrung von informellen, geringwertigen, prekären McJobs.[329] Es ist gut, eine Identität zu entwickeln, die sich unter diesen Umständen behaupten kann;[330] eine marktkonforme «Marke Ich».[331] Wenn es nicht nur um Einbettung geht, sondern auch um Sicherheit, Perspektive, Familienverträglichkeit, dann sind die Verlierer in der Mehrheit, sie haben flexibel, mobil und risikobereit zu sein. Richard Sennett hat in seiner Kritik am »Regime der Kurzfristigkeit« gar nicht so sehr auf die Einkommenslage der Betroffenen Bezug genommen, sondern eben auf die Frage der eigenen Identität und der sozialen Bindungen.[332] Wie kann man leben, wenn man nur Episoden und Fragmente aneinanderstückelt? Wie kann man seinen Kindern einen »Lebensentwurf« vorleben, wenn man selbst von Jahr zu Jahr nur herumgebeutelt wird? Wie kann man ihnen Werte wie Loyalität, Anstand, Zuverlässigkeit und Treue plausibel machen, wenn man in den eigenen Lebensumständen von diesen Werten nichts mehr verspürt? Sennetts »flexibler Mensch« kann gar keine sinnvolle Identität mehr entwickeln. Man kann sie bloß noch spielen, vorspielen – eben bluffen. Und wie die Wirtschaftskrise zeigt, geht es noch schlimmer: Die Verlierer sind nicht nur im wirtschaftlichen Normalbetrieb jene, die die Zeche zahlen, sie haben letzten Endes auch die Risiken der Gewinner zu tragen, wenn deren Sache schiefläuft.

Ende der Entfremdung. Eigenverantwortung, Selbstbestimmungs-Appelle an Unselbstständige, sich wie Selbstständige, eben als *Ich-Unternehmer,* als *Arbeitskraftunternehmer,*[333] zu gebärden; diese Appelle münden in rastlose Arbeit. Gerade die Schulungs-Gurus verbreiten Vom-Tellerwäscher-zum-Millionär-Mythen, die den Druck erhöhen. Insgesamt hat aber die »Entgrenzung«,[334] die Identifizierung von Persönlichkeit und Beruf[335] – im Sinne der »doppelten Subjektivierung« (der Einzelne bringt seine persönlichen Eigenschaften in den Arbeitsprozess ein, die Betriebe brauchen die »ganze« Persönlichkeit) -, den Vorteil, dass *Entfremdung nicht mehr eintreten kann.* Entfremdung würde voraussetzen, dass es eine Persönlichkeit außerhalb des Berufslebens gibt. Wenn es diese nicht mehr gibt, ist Entfremdung unmöglich geworden. Es entsteht eine einheitliche Sinngebung für die ganze Welt und das ganze Leben. Diese *Sinngebung verfließt mit der Selbstinszenierung.* Die Coaches haben eine Vorstellung davon, wie Menschen zu sein haben; und sie bringen den Menschen bei, sich so lange so zu inszenieren, wie es sich gehört, bis die Inszenierung mit der Persönlichkeit in eins fällt; und wenn man (noch) keinen Coach hat, muss man es selbst machen. Individualität wird dabei beschworen, in Wahrheit aber eliminiert.[336] Auch die soziale Kompetenz, die man allenthalben benötigt, ist eine zweischneidige Sache; es ist nie ganz klar, ob es darum geht, Empathie für Mitarbeiterinnen und Mitarbeiter zu kultivieren oder diese über den Tisch zu ziehen. Der beste Mitarbeiter ist jener, der sich nicht nur im Dienst an der Sache *aufzehrt,* sondern der dabei auch noch *glücklich* ist. Die gute Mitarbeiterin sagt »Ja zum Stress«, denn sie weiß, wie sie trotz Höchstleistungen »im inneren Gleichgewicht« bleibt,[337] indem sie die »Ressource Ich« gekonnt managt,[338] also sich selbst »kommodifiziert«; das klingt entfremdend, aber damit ist die Entfremdung auch schon wieder aufgehoben. Verbleibende Probleme müssen durch »emotionales Selbstmanagement« beseitigt werden; dies, so wird begriffsstutzigen Selbstmanagern erläutert, sei so etwas wie eine »Akupressur für die Gefühle«.[339] Sogar ein Gender-Aspekt kommt dabei ins Spiel: Frauen gesteht man zu, dass sie über Karriere und *work-life-balance* reflektieren, Männern würde man eine solche Abwägung nicht verzeihen, sie müssen blind darauf los stürmen.

Die Kommunikation der eigenen vorzüglichen Marktfähigkeit ist natürlich ein Problem. Aber für den Unternehmer seiner selbst hat es »nichts Anrüchiges, sich gut zu verkaufen, im Gegenteil: Genau daraus bezieht er sein Selbstwertgefühl. Er führt sein Leben als permanentes *Assessment Center* und weiß, dass es nicht reicht, Kompetenzen vorzuweisen, sondern vor allem darauf ankommt, diese zugleich als authentischen Ausdruck der eigenen Persönlichkeit erscheinen zu lassen.« Er weiß auch, dass er die erwähnte Kluft zwischen Theatralischem und Persönlichkeit nicht sichtbar werden lassen darf. Es darf das Selbstmarketing nicht als Marketing erscheinen, das Rollenspiel nicht als Spiel:»Der Einzelne muss *sein,* was er darstellen will. Es macht deshalb wenig Sinn, hier Charaktermasken entlarven zu wollen und das Selbstmanagement als Selbstentfremdung zu perhorreszieren. Es gibt nichts, was hinter den vermeintlichen Masken verborgen wäre, und fremd wäre sich nur ein ›unglückliches Bewusstsein‹, das äußeren Schein und Inneres Sein, objektives Sollen und subjektives Wollen überhaupt zu unterscheiden vermag.«[340] Aber vielleicht ist dieses Ziel (man möge so lange Selbstreflexion üben, bis sich das homogene Selbst im Schein findet) nicht immer einlösbar.

Der Opfer-Bluff. Es gibt eine Alternative zur angeblichen marktgerechten Formierung des Selbst, nämlich die Stilisierung als Opfer. Die Opfer-Ideologie ist eines der stärksten *Bilder* der Spätmoderne. Jeder fällt jedem zum Opfer. Naheliegend ist es, sich in jenen Wohlfahrtsstaaten in eine passende Opfernische zu begeben, in denen dieser Status mit entsprechenden Transferzahlungen belohnt wird. In den deutschsprachigen Ländern ist die Quote der Frühpensionierungen (aus Krankheitsgründen) nach wie vor sehr hoch. Man begegnet zahlreichen strahlenden und strotzenden Menschen, die sich (meist in ihren Fünfzigern) ihr Leben einteilen zwischen Mallorca-Urlauben, Bergwanderungen, Hausausbauten, Gartenarbeit oder auch diversen Schwarzarbeitsjobs. Viele berichten erfreut, wie rasch sich ihre gesundheitlichen Defizite haben beseitigen lassen, nachdem sie in den Frühpensionsstatus übergetreten sind. Andere versuchen, gute Ratschläge loszuwerden, wie man rechtzeitig, noch lange vor dem Pensionsalter, Beschwerden aktenkundig macht, damit man sich auf diese Befunde berufen kann, wenn es in Zukunft um Kuraufenthalte geht. (Erstaunlicherweise haften Ärzte nicht für diese kostenträchtigen Begutachtungen.) Häufig wird das vorzeitige Ausscheiden aus dem Beruf auch mit dem Arbeitgeber akkordiert. Das alles sind Arrangements zu Lasten der Steuerzahler. Solche sozialpolitischen Optionen sind ein großes Bluff-

System. Allerdings entspricht ihm auch jener politische Bluff, der noch immer der großen Masse, rechtzeitig vor Wahlen, verspricht, dass es nie und nimmer zu Pensionskürzungen kommen werde. Oder der Bluff, dass selbstverständlich immerdar alle medizinischen Leistungen unbegrenzt erbracht werden können, trotz aller Fortschritte der Spitzenmedizin und aller demografischen Veränderungen.

Aber der Opfer-Bluff geht weit über Gesundheitsdefizite hinaus. Wer einen Opferstatus glaubhaft machen kann, hat die bessere Position in jedem öffentlichen Konflikt. Frauen als Geschlecht sind Opfer, Benachteiligte, Diskriminierte. Ausländerinnen und Ausländer sind Opfer. Autofahrer sind Opfer, weil sie vom Staat finanziell »ausgenommen« werden. Fußgänger sind Opfer der Autofahrer und der Radfahrer. Raucher sind Opfer der Nichtraucher. Gastronomen mit Gastgarten sind Opfer der Nachbarn, und die Nachbarn Opfer der Gastronomen. Jugendliche sind Opfer der Getränkeindustrie, die ihnen Fruchtsäfte mit Alkohol verkauft. Bauern sind Opfer der EU, die ihnen reichliche Förderungen streichen will. Die Stromkunden sind Opfer der Alternativenergieerzeuger, die hohe Tarife für ihre Einspeisung ins Netz haben wollen. Alle sind Opfer des Klimawandels. Studierende haben sich nicht rechtzeitig um die Lehrveranstaltungsanmeldung gekümmert und kommen dann einzeln daher, sie würden sonst ein Semester verlieren, die Großmutter sei schon dem Herzinfarkt nahe, sie getrauten sich nicht mehr nach Hause. Alleinerziehende sind ohnehin Opfer, da bedarf es keines Nachweises. Die Alten sind Opfer, weil sie scheel angesehen werden. Die Jungen sind Opfer, weil sie keine Pension mehr bekommen werden. Die Personen im mittleren Alter sind ohnehin Opfer, weil sie Junge und Alte erhalten müssen. Eltern bringen ein großes Opfer für die Gesellschaft, weil sie zukünftige Sozialversicherungszahler produzieren. Singles sind Opfer, weil sie Singles sind. Studierende sind Opfer, wenn sie Studiengebühren bezahlen müssen, aber sie sind auch Opfer, wenn keine eingehoben werden; denn im letzteren Fall werden sie zum sorglosen Umgang mit ihrer Zeit verführt. Die Dummen sind Opfer der Umstände, sie können also niemals etwas dafür. Wer kein Opfer ist, der ist ein Opfer, weil die anderen alle Opfer sind und Vorteile genießen, die er bezahlen muss.

Im politisch umkämpften und staatlich regulierten Verteilungskampf gehört das Opfer-Bild zu den stärksten Waffen; denn den Opfern muss geholfen werden. Je mehr man Opfer ist, desto besser kann man sich dem Marktdruck entziehen. So lassen sich komplexe Opfer-Identitäten aufbauen – als »multiples Opfer«, nach der Logik der Maximierung von Opferpotenzialen. Der Me-Generation ist ohnehin klar, dass die Welt gemein zu ihr ist, und sie lebt die gesteigerte Sensibilität gegenüber allen Zumutungen aus. Alle sind Opfer, denn wenn man merkt, dass man nicht ganz vorne dabei sein kann, bei Genialität und Euphorie, bleibt nur die Umkehr zum anderen Extrem auf der emotionellen Skala, zum Opfer-Paradigma. Opfer sind auch jene, die niemand beachtet.

Ökonomie der Aufmerksamkeit. In der Spätmoderne ist Aufmerksamkeit[341] die knappste Ressource, und die Medien sind jene Institutionen, die mit ihr handeln. Der Kampf um Aufmerksamkeit spielt sich nicht nur bei Gütern und Fernsehfilmen ab, in einer informationsüberlasteten Gesellschaft tobt er überall. Er findet statt unter Politikern und Künstlern, unter Managern und Wissenschaftlern, unter Dichtern und Festveranstaltern. Die Medien sind die bevorzugten Arenen dieses Wettstreits. Wer oder was nicht in den Medien ist, existiert nicht. Die Medien werden zur wirklichen Welt, die Wirklichkeit wird zu ihrer Simulation. Es sind keineswegs nur die herkömmlichen Eliten, die nach Aufmerksamkeit heischen, vielmehr sind es auch die peripheren Klassen, die in die Medienwelt (insbesondere in ihrer elektronischen Form) drängen. Wenn die mediale Gesellschaft den Eindruck vermittelt, dass letztlich nur das zählt, was in den Medien vorkommt, ist es folgerichtig, dass periphere Gruppen in sozial benachteiligter Lage sich beschweren: Wir kommen nicht vor, man sieht uns nicht, man schert sich nicht um uns.[342] Deshalb muss man auf sich aufmerksam machen, allenfalls mit Gewalt oder in Talkshows.

Die Körperlichkeit

Es mag möglicherweise eine Wissensgesellschaft sein, in der wir leben; aber neben dem Kopf kommt auch der Bauch nicht zu kurz. Es ist auch eine *Körpergesellschaft,* eine *Schönheitsgesellschaft.* Man achtet auf den Körper und gibt sich dabei der Illusion hin, dass alle seine Mängel sich beheben ließen; er könnte schön sein. Seine Defizite ließen sich kurieren, und dann könnte man das vollkommene Glück in der Liebe erleben. Alterungsprozesse ließen sich vermeiden; man könnte ewig leben. Man muss jedenfalls den Körper als Instrument des Bluffs einsetzen.

Körperkult und Schönheitswahn. Ein umkämpftes Terrain: Die Schönheitsanforderungen steigen, aber die Fettleibigkeit wird zur Epidemie. Zwei Drittel der Amerikaner sind übergewichtig, ein Drittel ist fett; andere entwickelte Länder holen auf. Das wird zwar mit Panik zur Kenntnis genommen, allein die Panik genügt nicht, um die Snacks wegzulassen. Fett, Zucker und Salz sind die billigsten Zutaten, und die Industrie will die Menschen zum Fressen bringen – jenseits ihrer Sättigung. Schokolade macht glücklich. »Bigger is better«, das gilt auch für die Pizza. *Super Size* bei *McDonald's.* Und später, bei der Kleidung, in die Abteilung *Big Woman,* mit den Größen von XL aufwärts. »Iss und stirb.«[343]
»In der Geschichtsschreibung wird es einmal heißen, dass am Ende des zweiten Jahrtausends der individuelle Esser in einer Welt des Überflusses sich selbst überlassen war, trunken vor Freude und nicht imstande, der Gewichtszunahme Widerstand zu leisten. Es wird weiterhin heißen, dass sich das Individuum zur selben Zeit in manch anderen Bereichen emanzipierte und die Forderung stellte, als autonomes Subjekt anerkannt zu werden. Auch dort entdeckte es die Trunkenheit der Freiheit, aber auch die schwarze Seite dieses Prozesses, die ›Sehnsucht nach dem Unendlichen‹, das ›erschöpfte Selbst‹, das verzweifelte Bedürfnis nach Anerkennung. Denn je mehr Raum sich das Mögliche verschafft, desto leichter zerbrechen die Gewissheiten, die die Grundlagen des Selbst bildeten.«[344]
Zur gleichen Zeit, in der die Kleidergrößen aus dem Ruder geraten, hat sich die Verpflichtung zum *Körperdesign* durchgesetzt. Warum auch nicht, wo doch schon die (innere) Identität zu »designen« ist? Da der Körper Botschaften liefert, muss er intentional gestaltet werden. »Körperarbeit«: Piercing, Bräunen, Joggen, Schminken, Lippenbehandlung, Tätowieren, Wellness-Kuren, Fitness-Training, Body-Farmen, textiles Styling, Skalpell.[345] Das ist auch zweckmäßig: Schöne Männer und Frauen machen besser Karriere, und starkes Übergewicht hemmt das Fortkommen. Pro Zentimeter mehr Körpergröße gibt es 0,6 Prozent mehr Bruttogehalt. Also: Botox einspritzen, mit Silikon ausstopfen, Schlankheitspillen schlucken, Falten ausbügeln, Haut straffen, Augenlider korrigieren. Das passt zur narzisstischen und egozentrischen Gesellschaft. Der Körper ist zum Kult geworden, eine weltimmanente Religion. Sündenfreiheit als Ideal wird in diesem Fall durch den Waschbrettbauch ersetzt. Ernährungsberater sind Glaubensvermittler. Das Tagesgebet wird durch den Fitnesslauf ersetzt. Ein paar Ausrutscher gibt es auch: das Model, das sich zu Tode hungert, und den Bodybuil-

der, der sich auf chemischem Wege Muskelmassen anzüchtet, bis er nicht mehr gehen kann. Ansonsten werden alle Optionen genutzt: Haare transplantieren, Penis verlängern. Der Körper wird zur *Option,* so wie alles andere. Man kann ihn gestalten, man kann in ihn investieren.[346] Man kann mit ihm bluffen.

Natürlich ist der Körperkult mit dem Hedonismus verbunden, denn das wirkliche Spaß- und Lustgefühl bedarf nun einmal der biologischen Grundlage. Das vollkommene Erlebnis des vollkommenen Ichs bedarf aber auch eines vollkommenen Körpers. Und plötzlich schlägt der Hedonismus um, erfordert Disziplin, wird zum Masochismus. Denn der Körper will dressiert werden, damit er schön sei. Alles mündet in der Entgleisung, denn in den spätmodernen Ländern dominieren die Extreme, die Fettleibigkeit und die Magersucht. Es wird verschlungen und gespien.

»Im Fitness-Studio wird die Diskrepanz zwischen Bild und Selbstbild ein wenig verringert. Durch Krafttraining werden sämtliche Körperpartien, auch Oberschenkel, Waden und Unterarme, unter Kontrolle gebracht. […] Die Frauen- und Männermagazine sind randvoll mit Tipps zur Optimierung der Attraktivität, der Körpersprache, der Sexualhygiene und des Schlafs. Wir erfahren, wie viele Kalorien pro Liebesakt und Zeiteinheit abschmelzen. Und im nächsten Heft lesen wir, wie heilsam es sei, den Sex von Nützlichkeitserwägungen freizuhalten.«[347]

Jugendlichkeit. Die höheren Ansprüche an die Schönheit sind Teil des allgemeinen Juvenilitätsgebots: Alle müssen jung sein, bis an die Schwelle des Grabes. Mit den wirklich Jungen fängt es an, die zunehmend das *Moratorium,* die Zeit bis zum Eintritt in die Erwachsenenwelt, hinausschieben und sich einem Lifestyle dezidierter Selbstentpflichtung[348] hingeben. Im besten Alter kämpft man um die Jahre, von der Kosmetik über Wellness bis zum Operationsmesser. Die jugendlichen Alten beweisen ihre Sportlichkeit. Es gehört in allen Altersgruppen zur angestrebten Identität, jung zu sein; und da sich die Alterung (trotz aller Verbesserungen) nicht wirklich leugnen lässt, bleibt nur der mit steigendem Aufwand inszenierte Jugendlichkeitsbluff, in manchen Fällen bis über die Peinlichkeitsgrenze hinaus.

Doch selbst mit den Kindern und Jugendlichen gibt es Alterseinstufungsprobleme. Bei den Kindern stößt man auf die Sorge, dass sie vorzeitig alles zu sehen bekommen, was die Welt bereithält, von extremer Gewalt bis zu extremer Pornografie. Bei den Jugendlichen hat man

Abgrenzungsprobleme, denn nach oben hin ist die Phase des Jugend-
alters dehnbar. Ein sonderbares Verhältnis zur Jugendlichkeit gibt es im
Mode- und Model-Business, das nicht nur Bulimie-Gestalten auf die
Bühne bringt, sondern (damit in einem gewissen Zusammenhang)
kindhafte, minderjährig wirkende Figuren forciert (und sexualisiert),
in eigenartiger Spannung zu einer gleichzeitig stattfindenden verschärf-
ten Ablehnung pädophiler Neigungen. Bei den Mädchen ist man es
schon gewohnt, der allerneueste Trend betrifft männliche »Kinder«.

*In der Zeitschrift Neon wird der Trend subtil beobachtet. »Die Anzüge
sind hübsch geschnitten, mit Hemden und Mänteln, mit Schuhen und
Schals mal gelungen, mal völlig daneben kombiniert. Mode eben. Das Problem sind die Typen, die in der Bekleidung stecken. Sie sehen aus wie Gym-
nasiasten – oder Oberschüler, wie man zu einer Zeit sagte, als Knaben in
diesem Alter von Erwachsenen noch eins hinter die Löffel bekamen, wenn
sie so hohl in die Gegend glotzten. Dass es sich um Laufstegmodels handelt,
ist keine Entschuldigung. Blättert man durch GQ, Esquire oder Arena,
Zeitschriften also, aus denen noch vor kurzem hochkonzentriertes Testoste-
ron troff, blicken einem vergleichbare Kümmerlinge entgegen. Auf doppel-
seitigen Anzeigen von Prada zeigen blasse Heranwachsende tiefe
V-Ausschnitte, kein Haar schmückt die rachitischen Brustkörbe, von den
hohlen Wangen ganz zu schweigen. Burberry lässt seine bunten Trenchcoats
von Buben mit geschminkten Fingernägeln vorführen, die aussehen wie
Söhne von Adrien Brody, die sich gerade durch ihre Tokio-Hotel-Phase
kämpfen. Auf den Modestrecken der Magazine sieht es kaum anders aus:
Konfirmanden im Smoking, Schnupperpraktikanten im Businesslook und
Milchgesichter in Unterhosen, die dreinblicken, als hätte Mami sie gerade
beim Onanieren erwischt. Wer bitte soll sich mit diesen Würstchen identifizieren? Männer ja offensichtlich nicht.« Frauen wollen das auch nicht.
Plumpe Jugendverherrlichung kann man so auch nicht machen. »Bleibt die
naheliegende, vielleicht trotzdem zutreffende Erklärung: Viele Modedesig-
ner sind schwul. Genauso wie heterosexuelle Männer darauf konditioniert
wurden, sich nach jungen Mädchen umzudrehen, finden eben diese Designer Jugendliche sexuell unschlagbar und schneidern den Objekten ihrer
Begierde Gewänder auf den notdürftig entwickelten Leib. Bei allem Respekt
vor homosexuellen Fantasien: In dieser Präsenz nerven sie einfach nur.«[349]
Das Mode-Business »spielt« offenbar mit der Pädophilie – und lehnt sie
natürlich zutiefst ab.*

Das Problem Körper. Der Psychoanalytiker Hans-Joachim Maaz sagt:»Wir sind eine – bezogen auf Sexualität – hysterisierte und narzisstisch beziehungsgestörte Gesellschaft. Deshalb blühen die Geschäfte mit Sex-Ersatz wie Prostitution, Pornographie und einem Sex-Markt mit ›Spielzeugen‹ und Potenzmitteln. [...] Eine sexualisierte Gesellschaft – wie die gegenwärtige – signalisiert eine Form der Luststörung. Was an individueller Hingabe und Liebe nicht mehr gelingt, das soll durch äußere Attribute und hysterisierte Geilheit ausgeglichen werden.« Das passt zur Steigerungsprogrammatik, die durch die Allgegenwart des Sexuellen ebenso unterstützt wird wie durch empirische Untersuchungen (über angeblich höchst potentes Verhalten) oder durch den Druck der Werbung:»Ein solcher Ersatz zeigt immer die Tendenz zu süchtiger Steigerung der Darstellungen. [...] Demonstrierte Lust bleibt unbefriedigend und muss deshalb ständig gesteigert und unendlich wiederholt oder ausgedehnt werden.«[350] Und diese Steigerungstendenz geht Hand in Hand mit der Konsum-»Lust«.

Millionen von Porno-Seiten im Internet bieten ein hochdifferenziertes Angebot: nach Rassen, Körperstellungen, Fetischen, voyeuristischen Neigungen, Altersgruppen, Fülligkeiten, maschinellen Hilfsmitteln, behaart oder rasiert, pussy oder anal, Krankenschwester oder Masseuse, gay oder trans, pregnant oder cumshot, Amateure und Profis – alle Optionen, jede Steigerung. In aller Direktheit – und deshalb letzten Endes langweilig. Der erotische Charakter wandelt sich zum gynäkologischen. Die Spannung vor der Entblößung wird durch das Ergebnis, den Körperteil, ersetzt, und ihm ist keine Faszination mehr einzuhauchen. Zugleich jedoch gibt sich das Netzangebot als die»Fülle der Welt«, und da schauen die eigenen Praktiken vergleichsweise mickrig aus. Daraus entsteht Leistungsdruck, und die Versuche, Reste von Gehemmtheit und Scham abzulegen, werden intensiviert.

Aber die e-Porno-Welt ist nur der harte Kern einer allgegenwärtigen Sexualisierung, die von allen Fassaden, Publikationen und Screens herunterlacht. Sie kommt als Lebenssinn daher: Letztlich gehe es um selbstbestimmte, freie, unbekümmerte, lustige Liebe. Liebe plus Erfolg plus Fröhlichkeit plus Sexyness: die Krönung der Individualität. Deshalb ist auch alles *geil*: das Handy und das Restaurant, die Feier und das Fußballspiel. Bloß keine Hemmungen, wichtig ist es, seinen Impulsen zu folgen, denn sie machen letztlich die authentische Persönlichkeit aus. Wenn man diese Impulse unterdrückt, wird man nur mürrisch und krank. Das Wissen, dass Zivilisation schlechthin, ebenso wie Friedlichkeit und Freundlichkeit, eine Unterdrückung von Impulsen zur Voraussetzung hat, wird in dieser vulgären Trieblehre vom Tisch gewischt. Tabubekämpfer, welche die Nachkriegszeit im Kopf haben, haben noch immer nicht begriffen, dass die Tabus längst umgedreht worden sind. Es ist mutig, ein Schauspiel zu inszenieren, in dem *Nacktheit* nicht vorkommt.»Nicht mehr Nacktheit verbergen, sondern die eigene Nacktheit (jederzeit) präsentierbar zu machen, ist das Anliegen der Zeit. Nicht das Intime, sondern das Hässliche ist mit Scham besetzt und wird unterdrückt und geleugnet.«[351] Der Körper wird somit immer wichtiger, wegen der Sexualisierung der Gesellschaft ebenso wie wegen der steigenden Schönheitsansprüche. Selbst Details werden zum Problem.

Am 9.7.2009 verzeichnet die Wochenzeitung Die Zeit *an erster Stelle der Liste der meist gelesenen Artikel jenen über die Intimrasur. Er beginnt mit einer Anekdote:* »Julia will nicht mehr ins Schwimmbad. Es ist Hochsommer, ihre Schulfreundinnen warten mit den Badesachen, aber die 13-Jährige hat sich auf ihr Hochbett verkrochen und weint. Die ratlose Mutter wird aus dem Zimmer geschickt. Die große Schwester muss lange nachfragen, bis sie erfährt: Julia wachsen Schamhaare. Auf gar keinen Fall will die Gymnasiastin im Bikini in die Öffentlichkeit – ihre Freunde könnten ja etwas bemerken. Denn Schamhaare sind zu etwas geworden, wofür man sich schämt. Und wer sich wie Julia im Intimbereich (noch) nicht rasiert, glaubt, er gelte als vorgestrig und unhygienisch.« *Aber dieser Fall ist keine Ausnahme, vielmehr geht es darum, dass die Konformitätsforderungen mittlerweile die Intimrasur erfassen.* »Die Verwirrung der 13-Jährigen«, *so heißt es weiter,* »ist die Folge eines massiven Wandels des Körperideals. Der Intimbereich wird zum Gegenstand modischer Gestaltung. ›Erstmals entwickelt sich eine allgemeingültige, für weite Schichten der Bevölkerung verbindliche Intimästhetik‹, stellt der Leipziger Medizinsoziologe Elmar Brähler fest. ›Eine bis dato primär zur Privatsphäre zählende Körperzone – die Schamregion – unterliegt fortan einem Gestaltungsimperativ.‹ Das macht nicht bei den Mitteln der Kosmetik halt. Ärzte, Psychologen und Pädagogen beobachten: Ist die Scham erst freigelegt, folgt im Extremfall die kosmetische Chirurgie. Bei jüngeren Menschen ist die enthaarte Schamzone längst ein Massenphänomen. Mit harten Zahlen untermauert diesen Trend eine Studie, die Brähler am Montag kommender Woche vorstellen wird. Der Leiter der Abteilung für Medizinische Psychologie und Medizinische*

Soziologie des Universitätsklinikums Leipzig hat eine bundesweite repräsentative Befragung junger Erwachsener durchgeführt. Darin bekannte sich *rund die Hälfte der Frauen im Alter von 18 bis 25 Jahren zur Intimrasur, ein etwas geringerer Anteil unter den Männern ebenso. Dass es in ausgewählten Milieus noch deutlich mehr sein können, zeigten die Antworten einer Studentengruppe im vergangenen Jahr. Damals gaben 88 Prozent der befragten Frauen (und 67 Prozent der Männer) an, sich regelmäßig im Intimbereich zu rasieren. Nackte in Medien und Werbung oder knappe Badebekleidung, aber auch die zunehmende Akzeptanz von Pornofilmen – diese Gründe nennt Brähler für seinen Befund, dass der Intimbereich zum Thema für die Mode geworden ist.«[352]*

Entprivatisierung. Es mag übertrieben klingen: Perverse Talkshows[353] könnten angesichts der Konformisierung in vielen Lebensbereichen als letzte Überbleibsel der Individualität angesehen werden – wenn man nicht feststellen müsste, dass die exzentrischen Positionen erst recht ganz bestimmten Erwartungen nachkommen. Das sind die Themen:
• Ich habe Orgasmusprobleme.
• Ich hasse meinen Körper.
• Ich brauche mehrere Männer.
• Ich will eine Schönheitsoperation.
• Mein Freund ist pervers.
• Teenie-Mum: Denkst du auch mal an dein Kind?
• Frauen sind zu dumm zum Autofahren.
• Mein Mann wird immer fetter.
• Mein Kind ist von einem anderen Mann.
Es geht in vielen Themen um »körperliche« Probleme: Aussehen, Sex, damit in Zusammenhang auch um Beziehungen. Die Teilnehmerinnen und Teilnehmer werfen alles auf die Waagschale, um durch ihre Teilnahme an einer Fernsehsendung Ruhm zu erlangen, paradoxerweise, denn in Wahrheit werden sie dort als abschreckende Gestalten »vorgeführt«: »Unterschichtfernsehen«. Im Studio darf gejohlt werden, die Mittelschichtzuseher an den Fernsehgeräten dürfen sich daran erfreuen, dass sie nicht sind wie jene. Aus der Sicht der Teilnehmerinnen und Teilnehmer ist es offensichtlich anders: ein Schritt zur *Prominenz,* zumindest im eigenen Freundeskreis. Wenn man *gewöhnlich* ist, muss man seinen Extremismus ausspielen, um beachtet zu werden, man hat schließlich sonst nichts.

Grundlegend geht es um Identitätsprobleme und ihre Inszenierung. Verlangt wird Authentizität, aber diese Authentizität ist nicht mehr das Ergebnis einer reflektierenden Selbstzuwendung, sondern einer möglichst spontan-emotionellen Äußerung. Die *echte* Identität des Akteurs wird (im wahrsten Sinn des Wortes) *verkörpert*. Es ist Anti-Aufklärung: Der Mensch reflektiert nicht, er ist expressiv, emotional, spontan, und so soll es sein. Zudem sind die Gäste üblicherweise auch entsprechend dekoriert, so dass ihre soziale Verortung leicht möglich ist: Tattoos, gefärbte Haarsträhnen, Metallringe, Bodybuilding-Bodies, rasierte Körperpartien, dekorative Sonnenbrillen, einschlägige Mützen. Der Körper ist Gestaltungsfläche, Instrument der Identitätsvisualisierung – «und oft graben sich auch die gesellschaftlichen Masken tief in ihrem Körper ein, auf dass die Masken nicht mehr als Masken erkannt werden können und auf dass ihr Gegenüber sich in ihnen umso leichter spiegeln und darin sich selbst erkennen kann.»[354] Talkshows sind Ermunterungen, sich in das Leben der Menschen einzumischen, in Lüsternheit und Gerührtheit, ein kollektives Ritual.

Sinnsubstitutionsstrategien

Die Sinnfrage entsteht in einer Formulierung auf den Spuren Helmuth Plessners aus einer Distanz: Der Mensch ist exzentrisch.[355] Er ist nicht unmittelbar in die Natur eingebettet, er ist aus ihr herausgefallen. Er kann über sie und über sich nachdenken. Ameisen haben, soweit wir wissen, keine Sinnprobleme. Für den Menschen hingegen gibt es nur noch Beobachtungen zweiter Ordnung. Er ist nicht eins mit der Natur und dem Leben, und der Weg zur Moderne hat die Lage wesentlich verschärft. Jetzt ist der Mensch gänzlich aus der Welt gefallen. Seine Erfolge haben ihre Kosten. Das Paradies der Nicht-Erkenntnis ist verloren, alles ist »vergiftet« durch Reflexivität, nichts gilt mehr. Das haben wir uns immer gewünscht, und niemand will zurück in »dumpfere« Zeiten. Doch mit dieser Situation werden wir schwer fertig.

Die Sinnfrage ist in der Gegenwartsgesellschaft unbeantwortbar geworden. Norbert Bolz übertreibt, wenn er behauptet: »Die Suche nach dem verlorenen Sinn ist eigentlich eine Flucht aus der Komplexität. Und daraus folgt: Nach dem Sinn zu fragen heißt, die postmoderne Gesellschaft nicht zu wollen.«[356] Es gibt nicht nur die euphorische Umarmung der Postmoderne, es gibt auch die nachdenkliche Abwägung und den

Versuch, irgendwie einen Kompromiss zu finden. Aber um die Sinnfrage steht es in der Tat nicht gut. Das System hat den Übergang zur *Funktionslogik* vollzogen: Man kann sich damit rechtfertigen, dass es *funktioniert,* ziemlich gut. Auch wenn es die Insassen manchmal nicht wahrhaben wollen: Das sind *Luxusgesellschaften,* im synchronen und diachronen Vergleich. Es bleibt dennoch eine Lücke: die Bedrohung durch das große Nichts, durch das normative Chaos, durch die Dürftigkeit der Immanenz; und es bleibt die Gefahr und Last der eigenen Verantwortlichkeit. Deshalb gibt es neue Strategien der Sinnsuche, die oft verschiedene Formen einer neuen Quasi-Religiosität annehmen, jedenfalls eigentümliche Identitätstypen hervorbringen. Nur einige Beispiele.

• Eine erste Strategie ist die *Routinisierung:* Wenn Abläufe selbstverständlich werden, müssen nicht andauernd Entscheidungen gefällt werden. Es geht ja nicht andauernd um die großen Dinge, sondern um die Kleinigkeiten: Was esse ich am Abend? Wohin soll die Urlaubsreise gehen? Wer unter diesen Entscheidungen bereits leidet, ist ein pathologischer Fall. Es werden deshalb verschiedene Themen aus der *Dauerreflexion* herausgenommen; man könnte entscheiden, aber man will nicht und findet Gründe, warum man immer dasselbe macht. Politik ist komplex, also erspart man sich viel Mühe, wenn man sich dafür »nicht interessiert«.

• Eine zweite Strategie arbeitet mit *Verschwörungstheorien.* Sie blühen und gedeihen: Die CIA hat 9/11 inszeniert, die Amerikaner waren nie auf dem Mond, die Juden (oder die Freimaurer, die Araber oder *Opus Dei*) haben die Wirtschaftskrise ausgelöst. Sie haben den Reiz, die geheime *Kommandobrücke* ausfindig zu machen; das Unerklärliche wird erklärbar, wenn sich Bösewichter namhaft machen lassen; wenigstens eine »Achse des Bösen«. Normalerweise jedoch verweisen Erlebnisse, Aktionen und Impulse auf nichts anderes als auf andere Erlebnisse, Aktionen und Impulse. Die Vereinfacher erzählen jedoch das Unbegreifbare in den Verständnishorizont der Menschen herein, man hantelt sich entlang von Selbsttäuschungen voran.[357] Bösewichter haben auch die verderblichen Elemente in die Welt gebracht: Man müsste bloß den Zins verbieten, dann könnte es keine Wirtschaftskrise mehr geben. Oder das Geld abschaffen, dann gäbe es keine Finanzkrise, was in dieser tautologischen Form irgendwie sogar schon wieder richtig ist. In einer spätmodernen Welt der Illusionen und Simulationen entsteht der Drang, durch die Oberfläche der Dinge hindurchzuschauen, die verborgenen »wirklichen« Verhältnisse (Funktionalitäten, Interessen oder Systemerfordernisse) ausfindig zu machen. Manchmal aber liegen hinter den Bildern nur weitere Bilder. Da braucht es dann den großen Sprung: Wenn schon um das Millennium nichts los war, so werden doch um 2012 die UFOs kommen.

- Eine dritte Strategie zielt auf *Einfachheit* oder *Vereinfachung.* Das Einfache und Lokale wird der komplexen Welt entgegengestellt, in den einfachen Gütern und Gesten wird der verlorene Sinn des Ganzen wieder gefunden: Transparenz gegen Undurchschaubarkeit; wenigstens die Illusion des großen Ganzen, der Einsicht in das, was die Welt im Innersten zusammenhält.[358] Die freiwillige Zurücknahme, die Verweigerung: Da braucht man viel Selbstbewusstsein, ein starkes Ich-Gefühl. Spielarten sind »voluntary simplicity«[359] oder »downshifting«,[360] die Konsumverweigerung: Ferien in der Sommerfrische, das Auto ist fünfzehn Jahre alt, meist fährt man mit dem Rad, Weltreise macht man nicht, Äpfel aus Südafrika und Erdbeeren im Winter sind Unsinn. Den Zirkus mit dem Imponiergehabe macht man auch nicht mit. Freilich muss man auch die Konsequenzen akzeptieren, wie bei jedem Akt der Zivilcourage; man rutscht an die Peripherie.

- Eine vierte Strategie ist die Postulierung von *Engagement:* einer Sache dienen; überzeugt sein; sich dafür einsetzen – ohne Letztbegründung. Auf einer pragmatischen Ebene braucht man keine existenzphilosophischen Spitzfindigkeiten, um in der Freiwilligen Feuerwehr zu dienen: Es lohnt sich, Menschenleben zu retten und Häuser vor dem Brand zu bewahren. Auch ein Engagement für *Greenpeace* könnte freilich mit der Frage konfrontiert werden: Lohnt es sich denn, die Welt zu retten? Doch auf dieser Ebene operieren die Menschen üblicherweise nicht. Wenn sich das politisch-soziale Engagement auch noch mit lustvollem Erleben und gelebter Gemeinschaftlichkeit verbinden lässt, passt es in das Ambiente des spätmodernen Individualismus.[361]

- Eine fünfte Option: Es gibt eine Menge an *neuen Heilsversprechen.* Sie stellen der Heils- und Sinn-Nachfrage das Versprechen gegenüber, die zerbrochene Welt wieder ganz zu machen: Unzählige *Psycho-Therapien* versprechen eine neue *Ganzheit* und Glück.[362] Letzteres allerdings meist nur auf vulgärutilitaristischer Ebene: Man verspricht das Glück anstelle des Sinns, und dieses Glück ist mit einschlägigen Gütern und Diensten zu kaufen. »Glück gilt heute als höchster Ziel-Wert. Aber dieser Wert lässt sich überhaupt nicht konkretisieren. Und gerade deshalb ist er für Marketing und Werbung von höchstem Interesse. Der moderne Markt lebt nämlich davon, dass es das gesuchte Glück nicht gibt und dass es doch immer wieder beschworen werden kann.«[363] Früher die materielle Not, jetzt die Glücksungewissheit. Es fehlt an Glückskonzeptionen, die das Gesellschaftsganze vereinen. »Die das neuzeitliche Gesamtleben zerstäubende Heterogenisierung macht sich auch im zivilisatorischen Haushalt der Glücksideen bemerkbar.«[364] Alles in Partikel zerstäubt. Sie liefern, wie es Hans-Peter Thurn nennt, Momentglück, aber kein Wesensglück, welches persönlich und doch mit dem Ganzen verklammert wäre. Versuche zur weitergehenden Sinnstiftung gibt es in großer Menge. Ökologen operieren mit der Vision weltrettender Einheit, bis zu speziellen Varianten der Mutter Gaia. Geisteswissenschaftler stellen sich, im Gestus der Abendlandsbeschwörung, als die einzige Instanz zur aktuellen Desorientierungs-Bearbeitung dar. Ein ideologischer Praktizismus macht mobil gegen Wissenschaft, Vernunft und Theorie, er verspricht die Nähe zum »Leben«. Obskure Orientierungsversprechungen kommen von Prominenten, Stars, Gurus. »Echte« Remythologisierungen der »entzauberten Welt« bieten ein großes Portefeuille: Theosophie, Anthroposophie; New Age, Wassermannzeitalter, Neuheidentum; Holismus, Evolutionismus, Pantheismus, Neopaganismus, Engellehren; Channeling, Schamanentum, Satanismus; diverse asiatische »Kräftelehren«; Pendeln, Steine, Düfte, heißes Öl; und eine ganze Menge gesundheitsbezogener Praktiken. Frustrierte Frauen aus der oberen Mittelschicht erleben gleichermaßen geschockt wie begeistert, dass sie vor Jahrhunderten als Hexen verbrannt wurden. Familien bröckeln, und somit verdienen die »Familienaufsteller« gutes Geld. Die Lehre von der »Wiedergeburt« befindet sich, als Ersatz für das ewige Leben, im Aufstieg; schließlich hat man auch in den Computerspielen mehrere Leben. Dieser Markt boomt, sogar in der Wirtschaftskrise – und manche meinen, nun erst recht.

• Ein sechste Option: *Kritizismus.* Ein paar übriggebliebene Intellektuelle und zahlreiche Medienvertreter leben in einer Welt, die durch die Achtundsechziger-Bewegung interpretiert wurde: Kritik rennt an gegen ein erstarrtes System. Sie haben nicht wahrgenommen, dass die große Geste der Kritik längst konformistisch geworden ist. »Seit den seligen Tagen der Studentenbewegung tarnt sich der Konformismus als sein Gegenteil – eben als Kritik. Damals rastete der Automatismus des

Hinterfragens ein; heute trägt man stereotyp Bedenken oder stilisiert sich als Opfer. Und je unmöglicher ein wirklich eingreifendes Handeln ist, desto lauter das Pathos der Betroffenheit.«[365] Die Geste: »Ich bin, ach, so kritisch«; die Botschaft: »Ich breche alle Tabus«; die Rhetorik: »Ich nehme mir, was ich will« – das alles sind doch längst langweilig gewordene Statements, in einem Ambiente, in dem jeder Tabubruch nur mit Gähnen oder mit Applaus bedacht wird. Die demonstrative Vorführung von Intimität, die früher als Kennzeichen von Unzivilisiertheit betrachtet worden wäre, wird als »Befreiungsakt«[366] dargestellt, so als ob es sich nicht längst schon um ein voyeurskonformes Angebot handeln würde. Der Provokationsmarkt wird gefällig bedient: keine Verleihung eines Literaturpreises, bei welcher der Empfänger nicht den Spender schmäht. Es ist eine erwartete und deshalb konforme Provokation, eine wohlgeformte, eingeplante und angekündigte Kritik, die von den Journalisten begeistert aufgesaugt und ausgewalzt wird. Es ist deshalb natürlich auch keine Kritik, sondern Konformität in provokatorischer Dekoration. »Das Langweilige macht sich interessant, indem es vortäuscht, es wäre von Zensur bedroht.«[367] Das ist Bluff. Die Rebellion, die seinerzeit angesagt wurde, wird verschoben; schließlich haben die Rebellen den »Marsch durch die Institutionen« angetreten, und die Institutionen waren stärker; mittlerweile finden sie es auch ganz bequem. Außerdem wüsste keiner mehr, was das Ziel einer wirklichen Rebellion sein sollte. Ein paar Altlinke träumen von der großen Systemalternative, die sie nicht beschreiben können; die Jüngeren geben ehrlich zu: Sie würden ja ein besseres System wollen, aber sie haben dazu keine Vorschläge. Ganz am Rand fahren versprengte Systemreformer mit, welche die üblichen Phrasen absondern: die Abschaffung des Gewinnprinzips und des Kredits; die Beseitigung der Armut durch ein ausreichendes Grundeinkommen ohne Arbeit, was ihres Erachtens jederzeit möglich wäre, wenn nur alle Menschen aus Begeisterung und nicht wegen des Geldes arbeiten; und überhaupt die Herstellung einer gerechten Welt, in Wohlstand, ohne Leistungsdruck, in Friedlichkeit – eine Art *Karibik-Perspektive*.

Schlussbemerkungen

Zeitdiagnosen setzen durchwegs beim Problem von Identität und Individualisierung an, und auch unser Vorhaben beginnt bei diesem Befund.[368] Es zielt auf Folgendes:

Erstens das Selbst. Es gibt zu der Frage der Individualität und Identität eine Menge von Untersuchungen, und ihre Befunde lassen sich, trotz ganz unterschiedlicher »Etiketten«, problemlos miteinander zur Deckung bringen. Sie münden in den Bericht über eine individualisierte Welt und über die Schwierigkeiten, in der Spätmoderne zur einzigartigen Person zu werden. Im ersten Teil versuchen wir, eine Skizze dieses Geschehens zu entwerfen, gleichsam als »state of the art« der gegenwartsanalytischen Diskussion; und wir teilen deshalb auch alle jene Übertreibungen, die sich in der zeitdiagnostischen Literatur finden.

Zweitens die Maske. Der Begriff der Maske steht für eine Reihe von Mustern, die das individualisierte Individuum wieder in die Gesellschaft hereinholen. Denn die Botschaft von der umfassenden Individualisierung ist – zugestandenermaßen – übertrieben, und im zweiten Teil pendeln wir deshalb auf die Gegenseite. Die Sozialwissenschaftler sprechen von Verhaltensmustern, von Rollen, vom Habitus, von der Kollektividentität, von Lebensstilen und Milieus und so weiter. Nicht jeder ist ein Original, und gerade in einer komplexen Gesellschaft, in einer riesigen und leistungsfähigen Maschinerie, müssen die Einzelnen dazu gebracht werden, ihre Funktionen kontrolliert und zuverlässig zu erfüllen. Das wäre noch nichts Besonderes; schließlich ist es gerade Aufgabe der Sozialwissenschaften, dieses Gebilde zu beschreiben. Aber die interessante Frage ist, wie sich die erste Botschaft von der Individualisierung mit der zweiten Botschaft von der Anpassungsnotwendigkeit verbinden lässt. Die Gegenwartsgesellschaft schafft es hervorragend, den Menschen trotz aller Individualisierungsbegeisterung die gängigen Verhaltensmuster so einzubläuen, dass sie norm- und marktgerechtes Verhalten geradezu als Ausdruck ihrer Einmaligkeit und Spontaneität verstehen. Das ist die wahre Kunst: die Menschen auf Spur halten, sie auf Schiene setzen, sie in ihrem Verhalten zurechttrimmen und ihnen gerade diese integrationsnotwendige Anpassung als ersehnte Spontaneität, als realisierte Selbstentfaltung, als wohlgelungene Individualität zu verkaufen: »Konformisierung aus dem Hinterhalt«. Wir haben es als *konformistischen Individualismus* oder *individualistische Konformität* bezeichnet. Daran ändert der Umstand nichts, dass den spätmodernen Individuen die permanente Reflexion über alles und jedes nachgesagt wird, das dauernde Nachdenken und Hinterfragen, weil doch nichts mehr selbstverständlich ist; denn diese Reflexion reicht selten bis zur Wahrnehmung, wie sehr in der Alltagspraxis das Originalitäts-Bewusstsein mit der Konformitäts-Wirklichkeit verträglich ist. Günther Anders hat es den *Kongruismus* genannt. Das Seelenleben deckt sich mit den zugedachten Inhalten. Jeder benötigt, was ihm aufgenötigt wird. Jeder denkt, was ihm zugedacht wird. Jeder tut, was ihm angetan wird. Jedem ist so zumute, wie es ihm zugemutet wird. Der Mensch ist nicht seelenlos geworden, vielmehr ist die Seele des Kongruisten furchtbar überfüllt, da sie doch von der in sie einströmenden Welle (der Waren, Gefühle, Events, Sensationen) ununterbrochen vollgeflutet wird.[369]

Drittens der Bluff. Unehrlichkeit, Lüge, Heuchelei, Trickserei, Täuschung – das ist nichts Neues, das hat es immer gegeben. Selbst wenn die Individuen ehrlich handeln wollen, wissen wir, dass sie nicht umhin können, sich zu inszenieren: Wir alle spielen Theater.[370] Das ist kein Vorwurf, sondern es beschreibt eine Kommunikationsaufgabe. Wie das (vermeintliche) Selbst beschaffen ist, muss schließlich auch anderen Menschen mitgeteilt werden, auf unterschiedliche Weise, durch Handlungen und Worte, aber auch durch Bilder und Symbole. Auch wenn dies keine Neuigkeit ist, so gibt es doch gute Gründe, die beiden Beobachtungen von der Individualisierung und ihrer Konformisierung durch einige Betrachtungen zu ergänzen, die sich (exemplarisch) dem Bluff widmen. Denn manches spricht dafür, dass der »Theatralitätscharakter« der spätmodernen Gesellschaft zugenommen hat. Auf diese Weise kommt man mit der   Kluft zurande. Denn das Inszenierungsspiel ist nicht nur eine Notwendigkeit, der man nicht entrinnen kann, es wird vielmehr in zunehmender Bewusstheit gespielt. Alle wissen, dass alle spielen; und das Spielen gehört zu jenen Dingen, die man von den anderen erwarten darf; die richtige Theatralik wird gelehrt. Seit langem wissen wir: Man kann nicht nicht kommunizieren. Es gilt auch: Man kann sich nicht nicht inszenieren. Aber es gewinnt eine neue Qualität, wenn alle Beteiligten um das »Spiel« wissen und sich in steigender Bewusstheit darin engagieren. Bluffen wird zum erwartbaren Anforderungsprofil. Da die Inszenierung erwartet wird, kann die Welt ernstlich böse werden, wenn man sie nicht dergestalt betrügt.

Aber zur Warnung: Auch die Wirklichkeit ist widerständig, und nicht alles ist Bluff. Jedenfalls ist sie, um mit Woody Allen zu sprechen, der einzige Platz, wo man ein anständiges Steak kriegen kann.

Anmerkungen

1   *In den meisten Fällen wird im folgenden Text den üblichen Gender-Gepflogenheiten entsprochen, unterschiedlich mit Doppelnennung oder mit abwechselnder Geschlechtsverwendung; in Einzelfällen wird jedoch aus sprachästhetischen Gründen den traditionellen Usancen gefolgt, die dem männlichen Geschlecht einen gewissen Vorzug einräumen. Im obigen Fall (und in entsprechenden Fällen) sind natürlich »Philosophinnen und Philosophen« gemeint.*

2   *Zur Übersicht Kneer et al. 1997; Steenblock et al. 2008; Pongs et al. 2001; Schimank et al. 2000; Volkmann, Schimank 2002; Prisching 2003b; Reese-Schäfer 1996; Reichertz 2005*

3   *Es empfiehlt sich auch für die Soziologie, diese »großen Fragen« nicht zu ignorieren; denn Antworten werden erwartet, und man überlässt das Feld sonst Journalisten oder Theologen, Politikern oder Psychologen. Es geht um eine Diagnose gesellschaftlicher Strukturen und Prozesse, aber natürlich auch um eine Diagnose der Gesellschaftsinterpretationen der Menschen: Wie sehen sie die Gesellschaft, und welche Folgen hat das für ihr Verhalten? Dabei müssen wir uns nicht mit der Kausalität von Sein und Bewusstsein beschäftigen, denn selbstverständlich handelt es sich um eine zirkuläre Verursachung. Es fließen zudem unterschiedliche Wissensarten ineinander: schlichte Informationen über das, was der Fall ist; Bewertungen dieser und möglicher Sachverhalte; und Urteilskraft hinsichtlich der Deutung konkreter Situationen. Das ist eine Aufgabe, die der Empirie und der Theorie gleichermaßen bedarf. Im folgenden Text nehmen wir Bezug auf die Fülle der zeitdiagnostischen Arbeiten, die mittlerweile vorliegen, aber auch auf empirische Arbeiten, die zu einem »größeren Gemälde« verdichtet werden. Einzelne empirische Bezüge, etwa auf Zeitschriften oder Journale verschiedener Art, werden ad hoc hinzugefügt, mit illustrativem Charakter, eher als unterhaltsame Beispiele. Sie erheben keinen systematischen Anspruch, wohl aber den, für den Mainstream erhellend zu sein. Denn gerade die allgemeinen Magazine, für Männer, Frauen, Jugendliche, sind wichtige Quellen für die Zeitdiagnostik. Es ist keine simple Verwechslung, die Bahnhofbuchhandlung für die Realität zu nehmen. Dort findet sich mehr Realität als anderswo. Diese Shops sind nicht so weltfremd (und nicht gegen den Absatz so unempfindlich), dass sie permanent Publikationen anbieten könnten, die nicht gekauft werden, und Magazinredaktionen können es sich gleichfalls nicht leisten, auf Dauer an ihren Leserinnen und Lesern vorbeizuproduzieren. Es geht nicht um die korrekte Wiedergabe der Realität, sondern um Erkenntnisse darüber, was bei den Rezipientinnen Anklang findet – wie sie ticken. Da kann man dem Markt vertrauen, vielleicht mehr als der Sozialforschung. Das heißt, dass wir uns bei dieser Vorgangs-*

weise vor dem Fehler hüten (wie er zuweilen bei den »cultural studies« auftritt), den Diskurs über die Welt mit der Welt zu verwechseln.

[4] *Grawert-May 1992*

[5] *Schroer 2001; Hahn 2000; van Dülmen 2002; Ernst 1996. Vgl. die ausführliche Arbeit über Identität von Müller 2009.*

[6] *Das ist keine unnütze Aneinanderreihung von Begriffen, die dasselbe besagen. Der »Ichismus« ist die ideologische Botschaft von der Notwendigkeit der Individualisierung. Er ist deshalb etwas ganz anderes als seine Übersetzung, der »Egoismus«, ein Begriff, der die negativen Seiten einer derartigen Orientierung herausstellt. Die »Ichologie« kann man als Lehre von der Rechtfertigung der Ich-Orientierung ansehen. Aber das sind natürlich auch begriffliche Spielereien, ohne die man auskommt.*

[7] *Gross 1999*

[8] *www.bravo.de. Es ist eine der spezialisierten Zeitschriften, die aus dem klassischen Bravo herausgewachsen sind, in diesem Fall eine Internet-Variante mit eigener Redaktion. Dieser Test wurde am 30. April 2009 abgerufen.*

[9] *Keupp 1999*

[10] *Es ist den Sozialwissenschaftlern in den vergangenen Jahrzehnten, von der Vorgeschichte ganz abgesehen, natürlich nicht entgangen, dass die Identität der einzelnen Person ein Problem darstellt. Aber dieses Problem haben vorrangig die Psychologen behandelt, während es den Soziologen immer ein Anliegen war, die Entstehung und Formung des Selbst im Interaktionsprozess von Personen zu begreifen. Die Identität wurde aufgespannt zwischen Sozialstruktur und Persönlichkeit, und das Konzept der »sozialen Rolle« war das Bindeglied für die Makro- und die Mikroebene (Parsons 1968). Wir finden eine klassische Behandlung des Themas etwa bei William James, Charles H. Cooley und George Herbert Mead (Mead 1968). Anna Freud schrieb über das Ich und seine Abwehrmechanismen; Heinz Hartmann über Ich-Psychologie; bei Erik H. Erikson fängt üblicherweise die moderne Behandlung des Themas an. Erikson hat Identität als Prozess im Lebenszyklus verstanden; sie muss in der Adoleszenz aufgebaut werden; bei einem Misslingen kommt es zur »Identitätsdiffusion«. Er hat auch die beiden Momente der Kontinuität (Stabilisierung der Persönlichkeit) und der Reziprozität (Anerkennung durch andere) hervorgehoben (Freud 1936; Hartmann 1960; Krappmann 2000). Mit Robert Mertons Idee des »Rollen-Set« (einer Mehrheit von Rollen, die jeder Einzelne zu erfüllen hat) kommt ein gewisser Gestaltungsaspekt ins Spiel, weil das Individuum Kreativität benötigt, um seine Rollen miteinander vereinbar zu machen. Denn die Frage der eigenen Identitätsgestaltung ist jene, die in den beiden letzten Jahrhunderten zunehmend stärker betont wird. Es ist nicht das einfache Modell des Homo Sociologicus, der oft als passiver Rollenspieler verstanden wird und einer übermächtigen Sozialstruktur gegenübersteht; und es ist genauso wenig der souveräne und kompetente Akteur einer Rationaltheorie, der Homo*

Oeconomicus. Denn dieser hat kein Identitätsproblem, er hat gegebene Prä-
ferenzen, und mehr gibt es über ihn nicht zu sagen. Dem Gedanken, dass der
Einzelne seine eigene Identität konstruiert und dass diese Identität seine
Entscheidungen prägt, ist später stärker betont worden. Durch die Geschichte
der Soziologie zieht sich aber auch der Verdacht, dass Identitätsreflexion
und Identitätskonstruktion wohl eher eine Sache der gebildeten (bürgerli-
chen) Schichten seien, während ein guter Teil des Volks (oder der »Massen«)
zu dieser Reflexionsarbeit nicht fähig (gewesen) sei. Das ist in der Postmo-
derne anders: Der Gedanke der Selbstentfaltung ist diffundiert, die Durch-
dringung der Gesellschaft durch das neue Identitätskonzept ist höher als
zuvor. Die Konstruierbarkeit der Identitäten hat eine neue Dimension
erreicht: »*Alle Bedingungen der Identitätskonstruktion waren für einige*
Individuen oder Gruppen zu jeder Zeit während der vergangenen zwei
Jahrhunderte im Westen erfüllt. Aber die Weite der Konstruierbarkeit von
Identitäten kann, denke ich, als ein unterscheidendes Kennzeichen zwischen
den drei vage bestimmten Typen moderner Konfigurationen aufgefaßt wer-
den. Oder, um die These umgekehrt zu formulieren, die Vergrößerung der
Reichweite von Identitätskonstruktion markiert die Übergänge von einer so-
zialen Konfiguration der Moderne zu einer anderen.« *Dadurch wird* »*die*
Möglichkeit der Konstruktion selbst deutlicher und allgemeiner wahrge-
nommen.« *(Wagner 1995, S. 232)*

[11] *Es empfiehlt sich, eine kurze Verortung nach Raum und Zeit vorzunehmen,*
wenn wir vom triumphierenden Individualismus sprechen. In räumlicher
Hinsicht befassen wir uns mit den entwickelten Gesellschaften der westlichen
Welt. Natürlich sind wir dessen eingedenk, dass es andere Länder und Kul-
turen gibt, in denen allen Menschen oder vielen von ihnen das in dieser Ar-
beit geschilderte Problem fremd bleibt, weil sie, in Traditionen und Sitten
gefangen, sich keineswegs mit ihrem Individualitätsproblem auseinander-
setzen müssen. Aber es gehört zu den besonderen Charakteristika der Euro-
päischen Welt und ihrer Ableger, dass dem Individuum derartige
Aufmerksamkeit geschenkt wird, und diese Besonderheit wird mit den oft
stärker kollektivistischen Orientierungen anderer Kulturkreise (Beispiel:
Asian values) konfrontiert. Es wird auch nicht ignoriert, dass der größte Teil
der Welt, nämlich die weniger entwickelten Gesellschaften, unter materiell
anderen Verhältnissen existiert, oder dass sogar in den reichen Ländern das
untere Viertel der Bevölkerung (über Prozentsätze wollen wir nicht streiten)
unter Bedingungen lebt, welche die Wahlfreiheit deutlich einschränken. Es
ist aber nicht die Mehrheit: Sehr häufig versteckt sich eine unter komfor-
tablen Bedingungen lebende Mittelschicht hinter einer ärmeren Bevölke-
rung, um in Wahrheit durch die Proklamation ihres »Opferstatus« ihre
eigenen Interessen zu fördern. Es sind insgesamt luxuriöse Gesellschaften.
In zeitlicher Hinsicht befinden wir uns in der Moderne oder Postmoderne.
Wir wollen uns nicht in den weitgehend überflüssigen Streit darüber ein-

mischen, ob die Ausrufung eines Zeitenbruchs oder einer Schwellenzeit an der Wende zum 21. Jahrhundert gerechtfertigt sei.

(1) Für die einen ist das Projekt der Moderne, welches an die Tradition der Aufklärung anknüpft, keineswegs zu Ende, es geht vielmehr darum, gegen die Apparaturen von Technik, Staat und Ökonomie Sittlichkeit aufzuwenden, die aus dem kommunikativen Handeln erwächst (Habermas 1988). Kein tiefer Bruch, sondern Fortführung oder Entwicklung der Kennzeichen der Moderne.

(2) Vertreter der Postmoderne behaupten einen solchen Bruch. Sie gehen von einem Legitimationsschwund der aufklärerisch-modernen Ideen wie Freiheit, Emanzipation, Wahrheit oder Wissenschaft aus, und insofern wäre die Moderne tatsächlich radikal beendet (Lyotard 1986). Der wirkliche Streit mit den Modernisten entzündet sich daran, dass die Postmodernisten diesen Wandel (hin zur Anarchie) als Befreiung bejubeln: endlich gilt nichts mehr.

 (3) Eine Differenzierung bringen einige Sozialwissenschaftler mit einem terminologischen Kompromiss ins Spiel: »Spätmoderne«, »zweite Moderne« oder »reflexive Moderne« (Giddens 1995; Beck 1996). Es gibt genug Gründe, diese Phase von der klassischen Moderne zu unterscheiden, aber es handelt sich natürlich um eine Entfaltung von Trends, die in der Moderne schon angelegt waren.

(4) Ronald Hitzler meint mit dem Begriff des Postmodernismus »keineswegs eine die Moderne ablösende Epoche, sondern vielmehr jene kulturelle Haltung gegenüber der bisherigen Moderne in der Moderne, die darauf angelegt ist, die Deutungsansprüche der ›großen Ideen‹ des modernen Weltverständnisses, die modernen Ideologien und Ismen also, ebenso zu demontieren, wie dieses moderne Weltverständnis die vormodernen Sinnangebote-insbesondere die theistischen Weltbilder-demontiert (hat). […] Eine solche postmodernistische Perspektive zeichnet sich mithin dadurch aus, dass sie Aufklärung, Vernunft, formale Gleichheit usw., selber wieder hinterfragt – zugunsten sozusagen einer kulturellen Kakophonie von kleinen Variationen von Sinn und Unsinn, von Ernsthaftigkeit und Lächerlichkeit, von Biederkeit und Hinterlist, von Sturheiten und Flexibilitäten usw., kurz: von Ambiguitäten und Ambivalenzen« (Hitzler 2006b, S. 67).

(5) In der vorliegenden Arbeit wird den Varianten 3 und 4 gefolgt. Es gibt viele Kontinuitäten in den Strukturen und Interpretationen der Moderne, aber es hat auch einen guten Sinn, die gegenwärtige Epoche vom vorigen Jahrhundert abzugrenzen. Deshalb werden im Text bewusst alle genannten Begriffe verwendet, ohne damit Thesen über Epochenbrüche oder -kontinuitäten zu implizieren.

[12] Grühn 2007

[13] Owram 1996

[14] Twenge 2006. Diese Me-Generation befindet sich nicht mehr auf dem Weg zur Selbstentfaltung, sie hält sich bereits für »selbstentfaltet«, und sie kann

sich gar nichts anderes vorstellen. Sie ist deshalb grundsätzlich optimistisch und, solange die Dinge gut laufen, nicht allzu kritisch gegenüber einer Gesellschaft, die sie ohnehin behandelt wie die rohen Eier. (Das ist freilich nur eine Halbwahrheit, denn die Gesellschaft bringt diese Sensibilität nur auf, wenn es um Interaktionen und Spielregeln geht; dass sie zur gleichen Zeit eine weitgehende Kindesvernachlässigung betreibt, weil keiner Zeit für die Kinder aufbringt und diese ohnehin als Last betrachtet werden, ist damit durchaus vereinbar.) Optimistisch sind die Jugendlichen hinsichtlich ihrer eigenen Zukunftserwartungen, trotz aller standardisierten ökologischen Einwände: Sie haben keine Zweifel daran, dass sie ihre Ausbildungsgänge beenden werden, dass sie später eine glänzende Laufbahn und jedenfalls viel Geld machen werden und dass sie am Ende vielleicht gar noch berühmt werden. Die Wirksamkeit dieser »Generationsideologie« (im Sinne einer ideologischen Selbstbeschreibung einer bestimmten Generation) ist bestimmend; diese Lebensauffassungen sind von der Generationszugehörigkeit stärker geprägt als von der familiären Herkunft.

[15] *Eberlein 2000; Eberlein 2006. Undine Eberlein setzt diesem romantischen Individualismus den moralischen Individualismus der Aufklärung gegenüber, der auf universelle Prinzipien für alle Menschen (Gleichheit, Gerechtigkeit, Anerkennung) zielte. Beide Aspekte gehören zur Moderne: die Anerkennung der unverfügbaren Würde jedes einzelnen Menschen auf der ganzen Welt ebenso wie die Wahrnehmung der Besonderheit jedes einzelnen Menschen und jedes Volkes. Die beiden Aspekte weisen eine weitere Ähnlichkeit auf; denn natürlich können wir empirisch feststellen, dass die Einzigartigkeit des Menschen ebenso wenig eine real-empirische Beobachtung ist wie die Gleichheit der Menschen. Aber die faktische Unzulänglichkeit der individuellen Originalität berührt nicht das normative Prinzip. Es handelt sich um eine Fiktion, um ein Leitprinzip, um eine regulative Idee; so wie auch die Idee von der Gleichheit aller Menschen nicht dadurch beeinträchtigt wird, dass die Wirklichkeit ein hohes Ausmaß an Ungleichheit zeigt. Die komplexe Beziehung der beiden Elemente (Aufklärung und Romantik, Gleichheit und Individualität) hat schon Georg Simmel erhellend behandelt.*

[16] *Abels 2006, S. 16*

[17] *Junge 2002, S. 30*

[18] *van Dülmen 2002*

[19] *Junge 2002, S. 30*

[20] *Abels 2006, S. 43*

[21] *Junge 2008. »Individualisierung bedeutet […], daß die Biographie der Menschen aus vorgegebenen Fixierungen herausgelöst, offen, entscheidungsabhängig und als Aufgabe in das Handeln jedes einzelnen gelegt wird. Die Anteile der prinzipiell entscheidungsverschlossenen Lebensmöglichkeiten nehmen ab, und die Anteile der entscheidungsoffenen, selbst herzustellenden Biographie nehmen zu. Individualisierung von Lebenslagen und -verläufen*

heißt also: Biographien werden ›selbstreflexiv‹; sozial vorgegebene wird in selbst hergestellte und herzustellende Biographie transformiert. Die Entscheidungen über Ausbildung, Beruf, Arbeitsplatz, Wohnort, Ehepartner, Kinderzahl usw. mit all ihren Unterentscheidungen können nicht nur, sondern müssen getroffen werden. […] In der individualisierten Gesellschaft muß der einzelne […] bei Strafe seiner permanenten Benachteiligung lernen, sich selbst als Handlungszentrum, als Planungsbüro in bezug auf seinen eigenen Lebenslauf, seine Fähigkeiten, Orientierungen, Partnerschaften usw. zu begreifen. […] Gefordert ist ein aktives Handlungsmodell des Alltags, das das Ich zum Zentrum hat, ihm Handlungschancen zuweist und eröffnet und es auf diese Weise erlaubt, die aufbrechenden Gestaltungs- und Entscheidungsmöglichkeiten in bezug auf den eigenen Lebenslauf sinnvoll kleinzuarbeiten. Dies bedeutet, daß hier hinter der Oberfläche intellektueller Spiegelfechtereien für die Zwecke des eigenen Überlebens ein ichzentriertes Weltbild entwickelt werden muß.« (Beck 1986, S. 216f.) Es gehört zu den einfachen Unterscheidungen, dass diese Individualisierung eine objektive und eine subjektive Seite hat. Die objektive Seite bezieht sich auf die äußeren Lebenslagen, auf Sozialstrukturen, auf homogene oder heterogene Verhältnisse, letztlich auf das, was die Gesellschaft zulässt oder duldet. (Es geht dabei um die Herauslösung aus ständisch geprägten sozialen Klassen beziehungsweise später auch um die Auflösung noch immer verbindlicher Schichtungsverhältnisse; weiters um die Veränderungen in der Lage der Frauen; und die Flexibilisierung der Arbeitsverhältnisse.) Die subjektive Seite bezieht sich auf das Bewusstsein und die Identität von Individuen (Beck 1986, S. 205ff.).

[22] *Huizinga 2006; Burckhardt 1966. Mit dieser Schwelle können sich aber auch ganz unterschiedliche Geistes- und Sozialwissenschaftler einverstanden erklären, etwa Toynbee 1934-61; Panofsky 1974; Habermas 1990.*

[23] *Weber 1992*

[24] *Macpherson 1980*

[25] *Man kann die politische Geschichte der letzten zweihundert Jahre als Konflikt zwischen Individualisierungsschüben und retardierenden Momenten lesen. In den (ökonomischen und politischen) Umwälzungen des 19. Jahrhunderts, in der »Doppelrevolution«, wurden Prozesse ausgelöst, welche die Freisetzung der Individuen zu kompensieren trachteten, etwa durch eine neue Einbindung, Einbettung oder Vergemeinschaftung der Menschen im Nationalstaat (nationalistische Bewegungen) oder in der Arbeiterklasse (sozialistische Bewegungen). Als Nachgeborener, so vermerkt Peter Wagner, könnte man sagen, dass»die Schaffung vorgestellter Gemeinschaften wie Nation und Klasse als eine vorübergehende Festsetzung der Problematik erkannt [hätte werden sollen], über deren Charakter selbst heftige Auseinandersetzungen zu Durkheims und Webers Zeiten und danach geführt wurden. Den Zeitgenossen erschienen diese Gemeinschaften jedoch nicht als*

Schöpfungen und Vorstellungen, sondern als natürliche Weisen der Verortung von Menschen in einer posttraditionalen Gesellschaft. Und tatsächlich wurde ja auch ein gewisses Ausmaß an Wiederverwurzelung der Individuen erreicht, die durch die modernen Umwälzungen der Errichtung von Industrien, Städten und Verkehrsnetzen entwurzelt worden waren.« (Wagner 1995, S. 265) Die Bündelung von Individuen wurde einerseits dadurch erreicht, dass nationale Praktiken entwickelt wurden, andererseits dadurch, dass die »Vielzahl und Vielfalt von Menschen auf einem Territorium durch einen relativ kohärenten Satz von handlungsleitenden Konventionen geordnet und aneinander gebunden« wurden. (265) Doch an der Wende zum 20. Jahrhundert gehörte es zum guten Ton intellektueller/künstlerischer Diskussionen, alle Grundlagen in Frage zu stellen. Dieser Modernisierungsschub an der Jahrhundertwende wurde wiederum durch eine Forcierung der Gegenbewegungen aufgefangen: Sowohl faschistische als auch bolschewistische Programme versuchten, das, was offensichtlich auseinander zu streben schien, wieder zusammenzubinden, eine Reintegration der zerfallenden politischen und kulturellen Ordnung zustande zu bringen. Diese Interpretation würde dafür sprechen, dass der eigentliche Vorstoß in die Moderne erst nach dem Zweiten Weltkrieg erfolgen konnte (unbeschadet der Tatsache, dass beispielsweise die technische Entwicklung schon viel weiter gediehen war); und noch mehr: Die Sechzigerjahre kann man als raschen, ja explosiven Nachholprozess auf dem Weg in die moderne Welt bezeichnen. Erst nach den sechziger Jahren ist das wohlgeordnete Modell der Moderne (mit seinen Klassen oder Schichten, Hierarchien und Organisationen, Berufs- und Lebenskarrieren, Nationen und Arbeitskategorien) aufgelöst worden. So wandelt sich beispielsweise die Klassengesellschaft in eine Schichtgesellschaft, in Schichten, deren Grenzen verschwimmen, und selbst die Schichtgesellschaft löst sich auf in Lebensstile und Milieus, die freilich nicht jede Ungleichheit beseitigen, die aber eine Verortung im gesellschaftlichen Ganzen erschweren. Es ist keine »nivellierte Mittelstandsgesellschaft« im Sinne Helmut Schelskys, sondern eher eine »differenzierte Mittelstandsgesellschaft«.

[26] *Gottwald, Wimbauer 2009. Auch in diesen Bewegungen soll die Ambivalenz nicht unterschlagen werden, schließlich gab es bei den Achtundsechzigern starke totalitäre Tendenzen. Sie stießen auf eine vorbereitete Situation, weil schon in den frühen Sechzigern starke Reformer unterwegs waren. Viele Zeitbeobachter freuten sich zunächst über die Unruhe der Jugend, viele von ihnen erschraken aber schon bald vor dem utopischen Furor, der historisch-politischen Ignoranz und der starken Dosis des Autoritären im Antiautoritären.*

[27] *Junge 2002; Kron 2000; Gerhardt 1999*
[28] *Trilling 1989, S. 14*
[29] *Trilling 1989, S. 31*
[30] *Simmel 1920; Barlösius 2008*

31 *Luckmann 1979, S. 299*
32 *Online abgerufen am 4. August 2009.*
33 *Beck 1997*
34 *Winterhoff 2008b; vgl. auch 2008a.*
35 *Giddens 1991*
36 *Keupp, Bilden 1989*
37 *Rohbeck 2008, S. 103*
38 *Mooser 1984*
39 *Salerno 2003*
40 *Heiner Keupp hat die moderne Diskussion über Identität zutreffend beschrieben:»Die Debatte um die Identität gleicht einer Kampfstätte, bei der viel Pulver verschossen wird und man nie ganz genau weiß, ob es sich um Platzpatronen handelt, die für den Pulverdampf verantwortlich sind. Da werden gewaltige Wortkaskaden aufgeboten, um die Differenzen zwischen modernen und postmodernen Entwürfen ordentlich zu inszenieren oder zu leugnen.« Die Gefechte drehen sich etwa um die »Pro- und Contraposition in Bezug auf die Frage, ob der Identitätsbegriff überhaupt ein geeignetes Konzept ist, um das Selbst- und Weltverhältnis von Menschen zu thematisieren. Vor allem aus feministischer Sicht wird der Begriff selber als androzentrische Konstruktion kritisiert, der gar keine feministisch-kritische Läuterung verträgt.« (Das würde bedeuten, dass Frauen keine Identität haben oder brauchen, was denn doch übertrieben scheint.) (Keupp 1999, S. 26) Keupp versteht Identität als Herstellung einer Passung zwischen dem subjektiven »Innen« und dem gesellschaftlichen »Außen«, sie bildet ein selbstreflexives Scharnier zwischen der inneren und äußeren Welt, sie bedeutet immer Kompromiss zwischen Eigensinn und Anpassung. Vor allem aber sucht er ein Missverständnis zu zerstreuen: dass die moderne Identität erst problematisch »geworden« sei, dass ihr eine frühere gefestigte Identität gegenüberstehe, dass es sich gleichsam um die Vertreibung aus dem identitären Paradies handle. Denn der Begriff der Identität ist schlechthin ein moderner Begriff, und sobald er formuliert werden konnte, ist er auch schon zum Problem geworden.*
41 *Peter L. Berger und seine Mitarbeiter haben das schon in den siebziger Jahren folgendermaßen formuliert:»Wegen der Pluralität der sozialen Welten in der modernen Gesellschaft werden die Strukturen jeder einzelnen Welt als relativ labil und unverläßlich erlebt. In den meisten vormodernen Gesellschaften lebt das Individuum in einer Welt, die viel einheitlicher ist. Deshalb erscheint sie ihm als festgefügt und möglicherweise als unausweichlich. Im Gegensatz dazu wird beim modernen Menschen durch seine Erfahrung der Pluralität der sozialen Welten jede einzelne von ihnen relativiert. Infolgedessen erfährt die institutionelle Ordnung einen gewissen Wirklichkeitsverlust. Der ›Wirklichkeitsakzent‹ verlagert sich von der objektiven Ordnung der Institutionen in das Reich der Subjektivität. Anders ausgedrückt: Für das*

Individuum wird die Selbsterfahrung realer als seine Erfahrung der objektiven sozialen Welt. Es sucht deshalb seinen ‚Halt' in der Wirklichkeit mehr in sich selbst als außerhalb seiner selbst.« Angesichts des äußeren Wandels aber ist es nicht überraschend, dass der moderne Mensch an einer »permanenten Identitätskrise« leidet. (Berger et al. 1975, S. 70f.)

42 *Marquard 1987, S. 70*

43 *Koppetsch 2006*

44 *Prisching 2003a*

45 *Wabner 1997*

46 *Kellner, Heuberger 1988*

47 *Ley 1984*

48 *Keupp 1999*

49 *Sinn und Selbst hängen auf offensichtliche Weise zusmamen. »Die Rede vom Sinnverlust erzeugt die metaphysische Marktlücke für ›Selbstverwirklichung‹. In diesem Wort steckt die schmeichelhafte Unterstellung, jeder Mensch habe einen wertvollen Selbst-Kern, der aber leider noch nicht zur Entfaltung einer ›Persönlichkeit‹ gekommen sei. Unter dem Titel Selbstverwirklichung wird die Sinnfrage als Problem des Ich-Seins reformuliert.« Aber wie und wo findet man das Ich? Letztlich wird ein Mythos des eigenen Selbst aufgebaut: »Ganz ähnlich wie der Neurotiker sich seine Bedeutsamkeit in seinem ‚Familienroman' zusammenfantasiert, kann sich der Sinnsucher heute auf dem Markt der Spirits und Weltbilder einen Individualmythos kombinieren. Ein Mythos des Individuellen ist natürlich genauso paradox wie ein ›persönlicher‹ Ritus. Aber eben das wird heute auf dem Markt der Lebensstile angeboten. So kann man sich heute die Psychotherapie ersparen, indem man in eine Ritus-Beratung geht. Der Ritus wird maßgeschneidert, der Mythos individualisiert und das Dogma frei wählbar.« (Bolz 1997, S. 68f.)*

50 *Schroer 2006*

51 *Hitzler 2003; Hitzler, Honer 1994.*

52 *Hitzler 2006a, S. 265*

53 *Keupp 1999, S. 30*

54 *Individuum und Interaktion. In den zeitdiagnostischen Schriften zum Individualismus steht, fast zwangsläufig, das Individuum und seine Identität im Vordergrund; das aber darf nicht so verstanden werden, als würde die Identität tatsächlich in einem einsamen Bastelakt geschaffen werden. (Das mag vielleicht für einige Computer-Freaks an der Schwelle zur individuellen Pathologie zutreffen.) Aber sonst gilt, dass Identität natürlich in der Interaktion mit anderen Menschen entsteht. Der Philosoph Charles Taylor sagt: »Das allgemeine Merkmal des menschlichen Lebens, das ich hier vor Augen führen möchte, ist sein durch und durch dialogischer Charakter. Erst durch den Erwerb der reichhaltigen menschlichen Ausdruckssprachen werden wir zu vollgültigen menschlichen Akteuren, die zum Verständnis ihrer selbst und daher zu definitorischer Bestimmung der eigenen Identität fähig*

sind. Was die jetzige Erörterung betrifft, möchte ich das Wort ›Sprache‹ in umfassender Bedeutung verstehen, sodaß nicht nur die Wörter, die wir äußern, darunter fallen, sondern auch andere Ausdrucksweisen, durch die wir zur Definition unserer selbst gelangen, so z. B. die ›Sprache‹ der Kunst, der Gebärden, der Liebe und dergleichen mehr. In diese Sprachen werden wir jedoch durch den Austausch mit anderen eingeweiht. Niemand lernt die zur definitorischen Selbstbestimmung nötigen Sprachen allein. Bekannt gemacht werden wir mit ihnen durch den Austausch mit anderen, die uns etwas bedeuten, also mit ,signifikanten anderen', wie George Herbert Mead sagt. Die Entstehung des menschlichen Geistes ist in diesem Sinne nicht etwas ›Monologisches‹, also nicht etwas, was jeder einzelne je für sich bewerkstelligt, sondern sie ist etwas Dialogisches.« (Taylor 1995, S. 41)

[55] *Keupp 1989, S. 64*

[56] *In einer offensichtlicheren Weise ist die Idee der Bastelexistenz bei den persönlichen Plattformen im Web 2.0 vertreten. Ein Social Network stellt mit seinen Formularen und Eingabemasken den Baukasten und Vorlagen zugleich zur Verfügung, räumt aber auch gewisse Freiräume ein. (Baumann et al. 2009)*

[57] *Dubiel 1986, S. 278*

[58] *Reinhardt 2006*

[59] *Lasch 1995*

[60] *Es gibt auch optimistische Beschreibungen der Folgen des neuen Individualismus. Eine besonders tröstliche Version hat beispielsweise Hans Bertram anzubieten, und natürlich ist an seinen Beobachtungen viel dran. Das, was er beschreibt, gibt es auch – noch. Man hat nur den Eindruck, dass die Tendenz der Entwicklung in eine andere Richtung geht.»Im Gegensatz zu der Auffassung jener Kritiker eines individualisierten Zeitalters bedeuten individualisierte Werte und Einstellungsmuster und eine zunehmend außerhäusliche Erwerbstätigkeit von Müttern nicht notwendigerweise, daß die Beziehungen zu den Kindern zur Disposition stehen und sich die Eltern aus dem Beziehungsgefüge zu den Kindern herausziehen. Für die Eltern heute ist zu konstatieren, daß sie, in Abhängigkeit vom Lebensalter ihrer Kinder, das heißt die individuelle Entwicklung der Kinder berücksichtigend, ihre freie Zeit mit ihnen verbringen, mit ihnen Persönliches besprechen und mit ihnen gemeinsam essen. Persönliche enge Gefühle zu den Kindern sind unabhängig vom Alter der Kinder und auch unabhängig davon, ob die Kinder mit den Eltern zusammen wohnen. Individualisierung ist also nicht mit Selbstverwirklichung um jeden Preis gleichzusetzen. Hier bedeutet Individualisierung vielmehr, daß Eltern, die sich für Kinder entschieden haben, die Verantwortung gegenüber ihren Kindern ernst nehmen und versuchen, die Ansprüche der eigenen persönlichen Entwicklung, der beruflichen Belange, der Entwicklung des Partners und der Entwicklung der Kinder miteinander zu vereinbaren. Eine solche Form des Individualismus, der wechselsei-*

tige Bedürfnisse aller Beteiligten mitreflektiert und hier als eine Form des kooperativen Individualismus gekennzeichnet wurde, ist mit dem Risiko des Scheiterns behaftet. Solche Aushandlungsprozesse, die unterschiedliche, teilweise höchst widersprüchliche Anforderungen zeitlicher, emotionaler oder persönlicher Art miteinander in Beziehung setzen müssen, implizieren notwendigerweise eine höhere persönliche Herausforderung. Aushandlungsprozesse, die sich nicht an traditionellen Vorgegebenheiten orientieren können, sondern an die Persönlichkeiten der Interaktionspartner gebunden sind, beinhalten immer auch das Risiko des Scheiterns. Damit wird die hier vertretene These gestärkt, daß Individualisierungsprozesse nicht notwendigerweise aufgrund einer Selbstverwirklichungs-Ideologie der Erwachsenen zu einer Vernachlässigung der Bedürfnisse der Kinder, zur Vernichtung des kulturellen Kapitals in unserer Gesellschaft und zu egozentrischen Beziehungsmustern führen, sondern eher individuelle Aushandlungsprozesse an die Stelle gesellschaftlicher Vorgegebenheiten treten. Ebenso wie die Individualisierung der Eheschließung mit der Möglichkeit der Individuen, unabhängig von den ökonomischen und ständischen Vorgegebenheiten einer Gesellschaft sich individuell für einen Partner zu entscheiden, individuell die Voraussetzung für eine stabile, dauerhafte Beziehung schuf, bedeuten Individualisierungsprozesse in bezug auf die Eltern-Kind-Beziehungen möglicherweise ganz ähnlich die Chance der Eltern, [...] entsprechend ihrer eigenen Lebensentwürfe und Lebensvorstellung ihre spezifischen Bedürfnisse und die des Kindes so miteinander zu verknüpfen, daß sich für eine relativ lange Zeit dauerhafte und stabile wechselseitige Beziehungen entwickeln können.« (Bertram 1996, S. 128f.) *Deutlich negativer klingt das beim Erziehungswissenschaftler Hartmut von Hentig, der den Eltern bescheinigt: »Sie wissen nicht, was es heißt, Eltern zu sein.« (von Hentig 1996)*

[61] *Twenge 2006, S. 92; Ziehe 1975*
[62] *Keupp 2002*
[63] *Weber 1992*
[64] *Riesman 1956*
[65] *Erikson 1966*
[66] *Buchmann 1989; Kohli 1985; Ley 1984*
[67] *Giddens 1995*
[68] *Koch 2007*
[69] *Spiegel special: Was wird aus mir? Nr.1, 2009, 58.*
[70] *Straub 2000; Krappmann 2000*
[71] *Straub 2002*
[72] *Bauman 2000, Bauman 1997, Bauman 2007*
[73] *Bauman 1997*
[74] *Bauman 1997*
[75] *Rifkin 2000, S. 263*
[76] *Schäppi 2004; Müller 2009, S. 251ff.*

[77] Stock-Homburg, Bauer 2008
[78] Strasser 1991
[79] Kellner 1998, S. 153, zitiert nach Wagner 1995, S. 248
[80] Hitzler, Honer 1994
[81] Junge 2002, S. 30
[82] Côté, Levine 2002
[83] Köck et al. 2009, S. 32f.
[84] Anders 1995, S. 151
[85] Lahire 2004
[86] Peter 2004
[87] Junge 2002, S. 29
[88] James 1950
[89] Stryker 2000; Tajfel 1982
[90] Hall 1994, S. 183
[91] Weigert et al. 1986
[92] Kiener, Weise 2008
[93] Taylor 1995, S. 8ff.
[94] Sonderbarerweise ist es der letzte Akt einer Ent-Würdigung der Hausfrauenarbeit, dass ihr hinterdrein, nachdem sie reduziert oder suspendiert wurde, noch nachgerufen wird, dass sie ohnehin überflüssig, jedenfalls nicht lebensstandardrelevant gewesen sei. Paradoxerweise erfolgt dieser Nachruf gerade von jenen Gruppen, die seinerzeit auf den enormen (und vernachlässigten) ökonomischen Wert der Hausfrauenarbeit hingewiesen und seine Einbeziehung in das Sozialprodukt gefordert haben. Aber es ist verständlich, dass man sich mit einem Rückblick nicht aufhalten möchte, wo es doch um die Durchsetzung des allgemeinen kapitalistischen Arbeitnehmerverhältnisses für alle Menschen, unabhängig vom Geschlecht, geht. – Die Bereitstellung von Arbeitskraft für Haushalt, Kinder und Nachbarschaft setzt natürlich nicht notwendig ein bestimmtes Geschlecht voraus. Insofern wäre es denkbar, dass zwei Personen mit jeweils einem 25- bis 30-Stunden-Job eine sehr ordentliche soziale Sphäre schaffen und betreuen können. Aber das hat andere soziale Konsequenzen, denn es gibt nun einmal eine Reihe von Jobs, die mit einigermaßen festgelegten 25 Stunden nicht zu betreiben sind, bei allem Wohlwollen der Organisation. Es könnte sich verfestigen, was sich ohnehin bereits abzeichnet: Die oberen Jobs werden von kinderlosen Karrieristen besetzt, während sich ein befriedigendes (partnerschaftliches) Leben mit Kindern nur durch den Verzicht auf adäquate Karriere führen lässt. Wenn aber ein gutes Familienleben das soziale Verständnis erhöht, dann wird es den (männlichen und weiblichen) Chefs der Zukunft allesamt an diesem sozialen Verständnis mangeln – eine unangenehme Vorstellung.
[95] Burkart, Kohli 1992, S. 254f. Vgl. dazu die berühmte Stelle bei Burkart und Kohli: »Das Modell der individualisierten Partnerschaft entspricht auf der allgemeinen Ebene den Paarbeziehungen im Akademikermilieu am

besten. Zur individualisierten Partnerschaft kommt es, wenn beide Ge-
schlechtspartner in einer Beziehung ein bestimmtes Maß an Individualität
und Entscheidungsautonomie erreicht haben und auch eine weitgehende An-
gleichung der Lebensentwürfe beider Partner erreicht ist: Frauen sollen
prinzipiell dieselben Lebensziele haben können wie Männer. Am stärksten
fortgeschritten ist diese Entwicklung bei jenen Paaren, wo beide ein Hoch-
schulstudium abgeschlossen haben und in der Lage sind, damit jeweils
eigenständig nicht nur genug Geld zu verdienen, sondern auch ein über den
Beruf erfülltes Leben zu führen, also etwa eine Kinderärztin und ein Gym-
nasiallehrer; eine Systemanalytikerin und ein Manager; oder eine Fernseh-
redakteurin und ein Hochschullehrer. Der Hauptaspekt der individualisierten
Partnerschaft ist die Konzentration beider Partner auf ihre berufliche Kar-
riere, welcher der Vorrang vor der Familie eingeräumt wird. Das bedeutet
häufig Kinderlosigkeit oder Delegation der Kinderbetreuung an Dritte.
Selbst für die Partnerschaft kann nur ein begrenzter Teil der kostbaren Zeit
geopfert werden, und typischerweise haben diese Workaholics auch selten ein
völlig arbeitsfreies Wochenende, wie überhaupt Berufszeit und ›Freizeit‹
sehr schwer zu trennen sind. Selbst im Flugzeug kann die nächste berufli-
che Besprechung noch problemlos vorbereitet werden – der Laptop macht's
möglich, in dem alle nötigen Unterlagen auf engstem Raum gespeichert sind.«
Deshalb also: Normalform kinderloses Akademikerpaar. (Burkart, Kohli
1992, S. 254f.)

[96] *Köck et al. 2009, S. 48f.*

[97] *Internet-Seiten zum Thema Seitensprung (womit nicht die einschlägigen An-*
gebotsseiten gemeint sind) machen klar, dass es um den Akteur selbst geht.
Man fühlt sich wieder begehrt, stark, will sexuelle Praktiken ausprobieren,
etwas erleben… Aber da man die Sache so egozentrisch nicht formulieren
will, steht die große Botschaft voran:»Fremdgehen rettet die eigene Bezie-
hung.« Denn es kommt wieder Leben ins Leben. Aber ganz überzeugt sind
die Propagandisten des Seitensprungs offenbar nicht; denn wenig später folgt
der Rat: Mund halten.»Ein aufgeflogener Seitensprung bringt Ihnen ver-
mutlich nur ernste Probleme in Ihrer Beziehung.« (www.fremdgehenjetzt.de,
abgerufen 31. Juli 2009). Den schönsten Euphemismus findet man in ei-
nem Cosmopolitan-Artikel vom August 2009, 46: Toni hat seine Frau Ma-
nuela mit einer Arbeitskollegin betrogen. Nein: Toni hat, gemeinsam mit
einer Arbeitskollegin, eine Frage an Manuela gestellt. Kurzform: der Sei-
tensprung als»Frage« an die eigene Beziehung – das ist schon ein beachtli-
cher Zynismus.

[98] *Köck et al. 2009, S. 50ff.*

[99] *Herma 2006*

[100] *Beck, Beck-Gernsheim 1991*

[101] *Taylor 1995, S. 24*

[102] *Illies 2003, S. 172f.*

[103] *Lenz 2009, S. 255*
[104] *Taylor 1995, S. 60*
[105] *Gehlen 2004*
[106] *Unsicherheit wird aber auch dadurch verringert, dass der Mensch vergisst, dass er seine Umwelt selbst konstruiert hat. Sie erscheint als natürlich, zwingend, gottgewollt; und man braucht nicht ständig über die Gültigkeit aller Regelungen zu diskutieren. Es ist entlastend, wenn man sagen kann: So sind die Dinge, und sie sind für alle verbindlich. Denn letzten Endes hilft auch die Diskussion nichts: Sie kann nichts entscheiden, wenn es keine Kriterien der Entscheidung gibt. Doch der radikale Individualismus kennt kein höheres Prinzip als die Entscheidung des Einzelnen:* »Jeder habe das Recht, seine eigene Lebensweise zu gestalten und sich dabei auf sein eigenes Gefühl für das wirklich Wichtige oder Wertvolle zu stützen. Man sei aufgefordert, sich selbst treu zu bleiben und nach Selbstverwirklichung zu streben. Worin diese Selbstverwirklichung besteht, müsse jeder einzelne in letzter Instanz eigenständig herausbekommen. Kein anderer könne oder solle Vorschriften über den Inhalt der Selbstverwirklichung machen.« *(Taylor 1995, S. 20f.) Daniel Bell, Christopher Lasch oder Allan Bloom halten das für problematisch. In letzter Konsequenz mag man im Konfliktfall auf Entscheidungsfolgen oder Inkonsistenzen hinweisen, aber wenn der Gesprächspartner an seinen Auffassungen oder Vorlieben festhält, dann kann gegen ihn nichts weiter vorgebracht werden.* »Mit jemandem, der gar keine moralischen Forderungen akzeptiert, könnte man sich über Richtig und Falsch ebenso wenig unterhalten, wie man sich mit jemandem, der es ablehnt, die uns umgebende Wahrnehmungswelt hinzunehmen, über empirische Angelegenheiten streiten könnte.« *(Taylor 1995, S. 40)*
[107] *Atteslander 2007, S. 20f.* »Verfügungswissen gibt Aufschluss darüber, wie etwas getan wird, wie etwas effizienter hergestellt, verwaltet oder genutzt wird, während Orientierungswissen die Frage nach dem Wozu und Warum, nach dem Sinn dieser Verrichtungen beantwortet. Die Frage nach dem Wie ist eine Frage des Rechnens, Kontrollierens und Messens, das durch die Möglichkeiten moderner Mikroelektronik überdies einer ungeheuren Beschleunigung ausgesetzt ist. Orientierungswissen indes ruft nach moralischen Massstäben und ist qualitativ ausgerichtet – es sollte den Gefühlen, Erwartungen, Sehnsüchten entsprechen.« *(21)*
[108] *Popper 1970*
[109] *Bauman 2008, S. 14f.*
[110] *Bauman 2003, S. 39f.*
[111] *Prisching 2003b*
[112] *Gross 1994*
[113] *Koselleck 1985, S. 349ff.*
[114] *Schimank 2006, S. 58f.*
[115] *Papcke 2000*

[116] *Bolz 1997, S. 10*
[117] *Guggenberger 2000*
[118] *Brosziewski et al. 2001*
[119] *Bopp 1985*
[120] *Anders 1995, S. 155*
[121] *Moreno 2009*
[122] *Lay 1981. Das ist vermutlich etwas übertrieben. Natürlich sind gerade die religiösen Ketzer für die Öffentlichkeit nicht sonderlich interessant, nicht einmal das Opus Dei, das gerade noch als Anregung für Kriminalromane dienen kann. Aber in anderen Bereichen kommen Ketzer schon vor. Man kann etwa den britischen Militärhistoriker David Irving dazu rechnen, der es mit seinen eigenwilligen Auffassungen über den Nationalsozialismus immerhin dazu gebracht hat, dass er verschiedentlich ins Gefängnis geworfen wird. Viele würden auch den australischen Philosophen Peter Singer in diese Kategorie einordnen, der einen utilitaristischen Abwägungsansatz auf Themen wie Tod, Abtreibung und Euthanasie anwenden möchte. Der Umstand, dass die meisten argumentieren würden, dass Irving empirisch-historische Erkenntnisse über den Nationalsozialismus leugnet, rechtfertigt es nicht, ihn aus der Kategorie der Ketzer auszunehmen; schließlich ist es gerade das Kennzeichen der Ketzer, dass sie jene »Wahrheiten«, die von »allen« geteilt werden, bezweifeln oder attackieren, ob sie nun Recht haben oder nicht.*
[123] *Dahrendorf 1979*
[124] *Beck, Beck-Gernsheim 1991*
[125] *Schuster 2008, S. 119*
[126] *Köck et al. 2009*
[127] *Illies 2003, S. 195*
[128] *Naish 2008, S. 179f. Naish zitiert auch die erwähnte Studie von Kate Fox über die Yeppies.*
[129] *Prisching 2006a*
[130] *Schulze 1999*
[131] *Illies 2003, S. 194f.*
[132] *Der Begriff ist angeregt von seinem Gegenteil: Lessness ist in der Konsumkritik ein gängiger Begriff geworden, eine Lebensphilosophie, wenn auch nur für Randgruppen. Also empfiehlt es sich, für die Steigerungsprogrammatik des Mainstreams den Begriff Moreness einzuführen.*
[133] *Schulze 2004*
[134] *Schulze 1992*
[135] *Gebhardt et al. 2000*
[136] *Bedeutsamkeit von Entscheidungsalternativen. Charles Taylor hat Recht, wenn er betont, dass es nicht ausreicht, wenn Identität nur als Ausweitung der Optionen (Entscheidungen) gesehen wird; denn es muss auch von Belang sein, zwischen unterschiedlichen Optionen entscheiden zu können. Was ist Identität? »Es geht darum, ›wer‹ wir sind und ›woher wir kommen‹. In die-*

sem Sinne handelt es sich um den Hintergrund, vor dem unsere Geschmacksvorlieben, unsere Wünsche, unsere Meinungen und unsere Bestrebungen Sinn haben.« (44) Aber wir müssen dabei auch ein Gefühl haben für das, was Bedeutung hat; was an meinem Unterschied gegenüber anderen bedeutungsvoll ist; es soll nicht ein beliebiger, sondern ein wichtiger Unterschied sein. Was aber bedeutungsvoll ist, das kann nicht einfach beschlossen werden: »Ich kann nicht einfach beschließen, dass die bedeutungsvollste Handlung darin besteht, in warmem Schlamm mit den Zehen zu wackeln.« (46) Entscheidungsfreiheit besagt nichts, wenn nicht Auskunft gegeben werden kann über die Entscheidungsalternativen. Wenn der Bedeutungshorizont zusammenbricht, dann hebt sich die Entscheidungsfreiheit selbst auf. Wenn keine Alternativen im Leben bedeutsamer sind als andere, dann ist die Entscheidung ebenfalls bedeutungslos. Eine Entscheidung hat nur dann Bedeutung, wenn es Unterschiede gibt. Die eigene Identität kann ich somit nur vor dem Hintergrund von Dingen definieren, auf die es ankommt. »Wollte ich jedoch die Geschichte, die Natur, die Gesellschaft, die Forderungen der Solidarität und überhaupt alles ausklammern, was sich nicht in meinem eigenen Innern vorfindet, so würde ich alles ausschließen, worauf es möglicherweise ankommen könnte. Nur wenn ich in einer Welt lebe, in der die Geschichte, die Forderungen der Natur, die Bedürfnisse meiner Mitmenschen, die Pflichten des Staatsbürgers, der Ruf Gottes oder sonst etwas von ähnlichem Rang eine ausschlaggebende Rolle spielt, kann ich die eigene Identität in einer Weise definieren, die nicht trivial ist. Die Authentizität ist keine Widersacherin der Forderungen aus dem Bereich jenseits des eigenen Selbst, sondern sie setzt solche Forderungen voraus.« (Taylor 1995, S. 51) Es mag aber vielleicht ein unvollkommener Ersatz für solche hehren Vorstellungen wie die genannten sein, und doch könnte man sich vorstellen, dass Erlebnishaftigkeit als sinnstiftendes Element einspringen könnte. Denn Erlebnisse kann man nach dem Kriterium der Bedeutung ordnen; es mögen keine hochkarätigen Bedeutungen sein, aber darum geht es ja gerade, dass die Menschen mit pragmatischen Zielen ihr Auslangen finden.

[137] Scitovsky 1989

[138] Borgmann 1992

[139] Individualität, Egalität und Elite. Die Sozialwissenschaften tun sich, weil sie diesen Egalitarismus schätzen, schwer, mit Eliten (unterschiedlicher Art) umzugehen. Sie konzentrieren sich in ihren Untersuchungen im Allgemeinen auf ökonomische Eliten (die herrschende Klasse des Wirtschaftssystems), wissen aber nicht so recht, wie sie »Wissenseliten« beurteilen sollen. Insoweit es sich um klassisch gebildete Personen handelt, besteht eine gewisse Distanz; denn mit dem alten Bildungsbürgertum wollten sich die meisten SoziologInnen nicht solidarisieren. Zuweilen scheint ja auch auf Seiten von Sozialwissenschaftlern oder Philosophen die kindische Empfehlung auf, dass man

im Grunde selbst (als Inkarnation von Vernunft, Wissen und Weisheit) zur Führung der Gesellschaft berufen sei. Nur wenige haben Bedenken gegen den umfassenden Egalitarismus. Johannes Weiß schreibt: »Die Eigenart und die unvergleichliche Dynamik der modernen Kultur gründen in einer sehr radikalen und offenen geistigen Auseinandersetzung des Menschen mit sich und seiner Welt. Und deshalb gelten diejenigen Individuen und Gruppen, die diese Auseinandersetzung auf dem Felde der Philosophie und der Wissenschaften, aber auch der Literatur und der Kunst initiiert und vorangetrieben haben, tatsächlich und sehr zu Recht als die eigentlichen Schöpfer und Repräsentanten der modernen Kultur.« (Weiß 2006, S. 22) Weiß ist sich der Tatsache bewusst, dass Überlegungen über die Wünschbarkeit einer solchen Elite in der Gegenwartsgesellschaft möglicherweise realitätslos sind (weil eine solche Elite nicht mehr möglich ist), dass sie aber auf jeden Fall als politisch verdächtig gelten. Die These von der Individualisierung steht damit im Zusammenhang. Denn die Vorstellung von der Egalisierung geht weit über die Idee grundlegender, unveräußerlicher Rechte, die allen Menschen zukommen müssten, hinaus. »Die leitende Idee lautet dabei, daß jeder Mensch ein singuläres, gänzlich unaustauschbares und unvertretbares Individuum sei, daß alle Menschen in ihrer Singularität vollkommen gleich seien und daß diese Gleichheit unterschiedslos (also für alles) und jederzeit gelte sowie an keinerlei Voraussetzungen, insbesondere nicht an Voraussetzungen auf dem Felde des Wissens und Könnens, gebunden sei. Für diese Vorstellung scheint geistige Ungleichheit ein viel größeres Problem darzustellen als politische oder auch ökonomische Ungleichheit.« Denn diese Ungleichheiten können durch individuellen Erfolg überwunden werden. »Man kann danach streben, oder wenigstens davon träumen, irgendwann so reich zu sein wie Rockefeller oder Bill Gates, nicht aber: ebenso gescheit und intellektuell kreativ wie Einstein.« Diese unüberwindlichen Unterschiede werden nun allerdings wiederum auf gesellschaftliche Ungerechtigkeit zurückgeführt. »Herausragende geistige Fähigkeiten und Begabungen [werden] nicht als Zeichen besonderer Begnadung oder Berufung [gesehen], sondern als Produkt bestimmter zu überwindender gesellschaftlicher Verhältnisse oder als schlichte (und ärgerliche) Naturgegebenheit interpretiert.« (Weiß 2006, S. 26) Die kommunistische Bewegung hat davon geträumt, das intellektuelle Niveau aller Menschen auf das Niveau von Einstein oder Bach zu bringen; falls sich bei diesem Vorhaben Schwierigkeiten ergeben sollten, ist man auch bereit gewesen, zu drastischeren Mitteln zu greifen, um Egalität herzustellen. In Kambodscha hat man es andersherum angegangen: Intellektualität und Urbanität als solche zu liquidieren. Wenn man Intellektualität beseitigt oder verhindert, so ist dies, ganz empirisch gesprochen, auch ein Beitrag zur Herstellung von mehr Gleichheit.

[140] Trilling 1989
[141] Prozess der Entschämung. Den Orientierungsverlust muss jeder Einzelne be-

zahlen, auf jeweils seine Weise. »Nicht wenige fliehen in ein Ethos der In-
differenz, bei dem der persönliche Genuss vor dem Schmerz der Mitmenschen
rangiert. Die schulterzuckende Gleichgültigkeit gegenüber der dahinsie-
chenden Alltagsmoral entlarvt sich nicht nur im beruflichen Konkurrenz-
kampf, in den kleinen und großen Tricks der Wirtschaftskriminalität oder
im neuen Volkssport nervenkitzelnder Ladendiebstähle, sondern ebenso deut-
lich im reaktiven Grinsen und Gelächter, sobald die Rede auf Begriffe wie
Takt, Scham, Treue und andere konventionelle Werthaltungen kommt. […]
Es schrumpft das Wissen darüber, was Takt vormals war und heute oder in
Zukunft sein könnte. […] Diskretion, die in der Massengesellschaft auf-
grund zunehmender Reibungsflächen noch mehr not täte als früher bzw. mit
neuem Sozialsinn zu füllen wäre, wird gern und rasch als individuelle
Schwächebekundung ausgelegt und verhöhnt. Auf bereitwilligeres Ver-
ständnis hingegen stößt, wer am allgemeinen Prozess der Entschämung teil-
nimmt.« (Thurn 1980, S. 153)

[142] *Um die Langeweile zu vermeiden, mag sich sogar moralisches Engagement*
anbieten, wenn es gut inszeniert ist: den Abenteuer-Rucksack packen, um
beim nächsten G 8-Gipfel die Welt vor der Globalisierung zu retten. Man-
che, auch progressive Kritiker der Gegenwartsgesellschaft, glauben gar, eine
»lustvolle Guerilla-Aktivität« zu beobachten. (Negri 1998; Deleuze, Guat-
tari 1997)

[143] *Horx 1987, S. 126f.*

[144] *Elias 1978/79, S. II 314*

[145] *Elias 1978/79, S. II 340*

[146] *Elias 1978/79, S. II 423*

[147] *Foucault 1978, Foucault 1981*

[148] *Maske als Fassade. Die Maske kann als Fassade erscheinen, hinter der sich*
das Individuum zu verstecken versucht. Bernard Madoff hat sein Leben
lang die Maske eines genialen Investors aufrechterhalten können, mit
Erträgen aus seinen Veranlagungen, die jene aller Konkurrenten weit über-
stiegen. Zur Maske gehörte auch, dass das Ehepaar große philantropische
Aufwendungen tätigte. Es war zum Zeitpunkt der Entlarvung für viele
Freunde und Bekannte, aber auch für viele Finanzinstitutionen und Stif-
tungen unfassbar, dass sich hinter dieser Maske der größte Betrüger aller Zei-
ten verbergen konnte. – Ein ähnliches Entsetzen zeigt sich oft dann, wenn
Kindes- oder Massenmörder verhaftet werden, denen ihre Nachbarschaft
durchwegs ein ruhiges, höfliches, unauffälliges oder bescheidenes Erschei-
nungsbild bestätigt. Es steckt offensichtlich die Vermutung hinter einer
solchen Verblüffung, dass man Verbrecher auch an ihrem äußeren Erschei-
nungsbild sollte erkennen können. (Schroer 2006, S. 64)

[149] *Begriff der Maske. Werfen wir einen Blick in das Grimmsche Wörterbuch,*
die kompetente Auskunftsquelle für Wortbedeutungen. Die erste Bedeutung
ist die aus Materialien gefertigte Hülle des Gesichts; weiters meint das Wort

auch die gesamte Tracht, in welche man sich verkleidet (auf den Maskenball geht man als Seeräuber); drittens wird mit Maske der Träger einer solchen bezeichnet (schau dort, die venezianische Maske); viertens wird die Maske als Bild für Verstellung, List und Heuchelei genommen; fünftens sind Masken aber auch echte Abbildungen der Person (die Totenmaske). Eine sechste Bedeutung: »Die Maske« *ist in der Theatersprache jene Abteilung, in der die Maskenbildner tätig sind. Masken werden zum Schutz, zur Verhüllung, zur Darstellung oder zum Spaß getragen, aus praktischen oder zeremoniellen Zwecken. Spezielle Fälle sind aber auch Masken zum Zweck der Bestrafung (Schandmasken) oder für rituelle Zwecke.*

¹⁵⁰ *Rolle. Es mag nützlich sein, eine kurze Bemerkung zum klassischen soziologischen Rollenbegriff einzuschieben. Natürlich spielen wir Rollen, viele unterschiedliche, das gehört zum Wesen einer modernen Gesellschaft. Dennoch ist das Verhältnis der Rolle zum Ich, zum Selbst, keineswegs selbstverständlich. Denn auch in einer Welt der Rollen besteht die Vorstellung, dass jenseits dieser Rollen irgendwo jene Wirklichkeit zu finden ist, in welcher der oberflächliche Tand abfällt: wenn alle Dekorationen abgestreift werden, wenn alle Inszenierungen beendet sind; jene Wirklichkeit, in der das ursprüngliche Selbst zu finden sei. Wenn wir an den Klassiker* The Presentation of Self in Everyday Life *denken, so suggeriert allein schon dieser Titel, dass es ein* »Selbst« *gebe, welches im Alltag, wie auch immer verkünstelt,* »dargestellt« *werden muss. (Trilling 1989, S. 18) Aber auch wenn Goffman die Theater-Metapher liebt, heißt das nicht, dass die Rollen im Alltag so weitab liegen von der Persönlichkeit des Akteurs wie im Theater. Der Schauspieler ist nicht Hamlet, und er muss sich nicht so weit mit der Figur identifizieren, dass er auch im privaten Leben auf Rache sinnt, zögert, um das Leben spielt. Die Rollen des wirklichen Lebens sind näher dran an der Person. Die Gesellschaft verlangt sogar von jedem, dass er grundsätzlich in der Ausfüllung seiner Rolle aufrichtig zu sein hat: als Polizist, als Fremdenführer, als Lehrer, als Vater. Aber das ist nicht so einfach: Man muss einerseits über die Rollenvorschriften Bescheid wissen; zweitens über seine eigene Identität; drittens über die Spielräume der Rolle und die möglichen individuellen Ausprägungen; viertens über das Repertoire der seriösen Darstellungsmöglichkeiten. Die Aufrichtigkeit wird eine schwierige Sache: Wie soll man* »ehrlich« *über sein Selbst Bescheid wissen, wo uns doch Sigmund Freud gelehrt hat, dass dies nachgerade unmöglich ist? Das Ich vollzieht alle möglichen Balanceakte zwischen einem Es, welches unterhalb der Bewusstseinschwelle ein Eigenleben führt, und einem Über-Ich, in welches alle möglichen undurchschauten Befehlsinstanzen Eingang gefunden haben. Und wenn man das hinreichende Wissen über das Selbst voraussetzt: Wie soll man auf authentische Weise eine adäquate Darstellung in unterschiedlichen Rollen und Daseinsformen bewerkstelligen, wo man doch gerade dem Moment, in dem man über die seriöse Darstellbarkeit nachdenkt, den Bereich der Authentizität verlässt?*

[151] *Strauss 1974*
[152] *Leopold 2009*

[153] *Höflichkeit. Zu den gesellschaftlichen Umgangsformen und Verhaltensweisen gehören die Regeln der Höflichkeit, der Zivilisiertheit, des Anstands. Es
ist in einer (vermeintlich) nicht-ritualistischen Epoche wie der Spätmoderne
nicht selten, dass die Regeln der Höflichkeit, die auf Respekt, Freundlichkeit
und Distanz zielen, als Maskierungen der wirklichen Person und ihrer
Gefühle betrachtet werden, weil eine derartige Haltung der Selbstdisziplinierung, verbunden mit der Vorgabe bestimmter Gesten oder Worte, als
Täuschung oder Heuchelei ausgelegt werden. Natürlich täuscht man sich
selbst, wenn man unterstellt, dass die unverstellte Ehrlichkeit zu einem har-
monischen Miteinander führen würde. Immer noch gilt: Man grüßt und
grüßt zurück. Man bedankt sich für Hilfe. Man bietet einem älteren Menschen den Sitzplatz an. Man schmatzt nicht beim Essen. Bei einigen Themen haben sich die Höflichkeitsregeln sogar verschärft: Man schimpft nicht
über die Juden oder die Neger und benützt in verstärktem Maße ge-
schlechtsneutrale Formulierungen. Es gibt neue Spielregeln, etwa für das
Internet. Aber drei Tendenzen wirken gegen die Höflichkeit. Erstens steht zu
erwarten, dass Kollisionen zwischen Lebensweisen dann stärker werden müssen, wenn diese Lebensweisen unterschiedlicher sind; schließlich ist auch das
Verständnis füreinander geringer. Zweitens werden die Kollisionen dadurch
verschärft, dass die Me-Generation gelernt hat, in erster Linie sich selbst gegenüber nachsichtig zu sein und den Respekt anderer Menschen gegenüber,
die sich durch das eigene Verhalten gestört, belästigt oder belastet fühlen,
hintanzustellen: lautes Handy-Telefonieren im Eisenbahnwaggon, Essen in
der Straßenbahn, Müll wegwerfen im Park, Gehsteige anspeien im Zustand
der Trunkenheit – und andere typische Ärgernisse des urbanen Lebens. Drittens treten Sozialisationsprobleme auf, die von abwesenden, ignoranten oder
hilflosen Eltern verursacht werden. – Obwohl es also übertrieben wäre, vom
breitflächigen Verlust der Verhaltensregulierung durch Individualisierung
zu sprechen, ist die Höflichkeit in eine prekäre Lage geraten. Denn Ruppig-
keiten und Frechheiten werden zunehmend als cool interpretiert, als lässiges
Verhalten, während Höflichkeiten als Manieriertheiten, Steifheiten, bloße
Ritualisierungen, ja letztlich als Heuchelei angesehen werden. Wenn man
hingegen ehrlich ist, muss man unhöflich, brutal, selbstsüchtig, verletzend
sein. Auf der anderen Seite kommt es zu Regulierungsversuchen, die, auch
wenn es sich meist um lächerliche Kleinigkeiten handelt, oft erbittert diskutiert werden. Man fürchtet die Regulierungswut, die das Verhalten allzu
sehr einengt, weil zeitgeistgemäß Einengungen beliebiger Art als skandalös
betrachtet werden. – Es ist aber jedenfalls ein Unding, Menschenliebe und
Wahrheit gegen die Höflichkeit auszuspielen. Höflichkeit ersetzt nicht Moral,
verhindert sie auch nicht, aber sie hilft für die praktischen Fragen des Zusammenlebens: wie sich denn Menschen einander ertragen, ohne aufeinan-*

der einzuschlagen; wie sie miteinander umgehen, auch wenn sie einander nicht leiden können; wie sie im Zustand einer schlechten Stimmungslage kommunizieren, ohne den anderen mit ihren Gefühlen zu belästigen. »Denn darin lag ja einmal der Sinn gewisser ritualisierter Verkehrsformen: Sie sollten den einzelnen in die Lage versetzen, Umgang auch mit Menschen haben zu können, die ihm nicht bekannt waren und mit denen ihn kein Gefühl verband. […] Umgangsformen waren die lingua franca zwischen einander Fremden, sie waren ein Angebot, das diese einander machten. […] Es fällt auf, dass gerade eine Einwanderungsgesellschaft wie die USA sich des Wertes der bei uns als so verstaubt geltenden Förmlichkeit sehr bewusst ist. Gerade am vorgeblich so menschenfreundlichen Verzicht auf Riten, Regeln und Rituale hierzulande erweist sich, wie unterentwickelt auch hier die Voraussetzungen für die Integration von mehr Einwanderern sind. Manieren sind Angebote auf Integration; Regeln sollen verhindern, dass sich die Wucht des Aufeinanderpralls unterschiedlicher Sprachen und Kulturen ins Unermessliche steigert.« (Stephan 1997)

[154] *Elias 1978/79, II, S. 317*

[155] *Schimank 2006, S. 59*

[156] *Hurrelmann 2006*

[157] *Der Spiegel Special: Was wird aus mir? Nr. 1/2009, 14-23.*

[158] *Emile Durkheim, der, ebenso wie Adam Smith und andere, eine Beziehung zwischen Arbeitsteilung (Größe und Dichte der Bevölkerung bzw. Ausdehnung des Marktes) und der (durch die unterschiedlichen Arbeits- und Lebensverhältnisse in verschiedenen Betätigungen bewirkte) Individualisierung festgestellt hat, hat seinerzeit gemeint, dass aus der funktionalen Abhängigkeit der Individuen voneinander eine neue Solidarität erwachsen könne; aber allzu plausibel ist die Vorstellung nicht, dass anonyme Marktprozesse Solidarität hervorbringen. Plausibel ist jedoch, dass diese wechselseitige Abhängigkeit dazu beiträgt, dass unterschieden wird, wo und in welcher Form Individualität und Spontaneität ausgelebt werden und wo dies nicht akzeptabel ist. (Durkheim 1992) Ferdinand Tönnies hat demgegenüber die persönlich-moralisch aufgeladene Gemeinschaft der späteren anonym-funktionalen Gesellschaft gegenübergestellt. (Tönnies 1991)*

[159] *Auch Kritiker des herrschenden Individualismus, vermerkt Charles Taylor, werden in Bezug auf eigene Lebensentscheidungen oder Selbstverwirklichungsvorstellungen die Kraft des Individualität-Ideals verspüren. »Freilich gibt es Einwanderer, die aus anderen Kulturen stammen, sowie Menschen, die auch heute noch in überaus traditionsbestimmten Enklaven leben, doch die Durchschnittskultur der liberalen Gesellschaft des Westens lässt sich praktisch durch Bezugnahme auf diejenigen definieren, die die Anziehungskraft dieser und anderer Hauptformen des Individualismus spüren. Eben das ist sehr oft die Ursache schwieriger und quälender Generationenkonflikte in Einwandererfamilien, denn diese Formen des Individualismus bestimmen ja*

die Normalauffassungen, in die die Kinder unweigerlich enkulturiert werden.« (Taylor 1995, S. 86)

[160] Ein »positionelles Gut« ist ein Gut, welches auch in der reichsten aller Gesellschaften nicht in unbegrenztem Maße, das heißt für alle, bereitgestellt werden kann. Es können nicht alle die einsame Villa am See bekommen, und es können nicht alle Generaldirektor werden. Es gehört allerdings zu den Illusionen der spätmodernen Gesellschaft, dass die Botschaft vermittelt wird, dass alle alles werden und bekommen können. (Hirsch 1980)

[161] Spiegel special 1/2009, 23.

[162] Bröckling 2007. Genealogie der Subjektivierung: Man fasst nicht das individuelle Verhalten ins Auge, sondern vor allem die Versuche, auf dieses einzuwirken. »Während [die sozialwissenschaftliche Hermeneutik] die gesellschaftliche Konstruktion des Selbst beschreibt, indem sie soziale Akteure beobachtet, befragt oder ihre Selbstdeutungen und Handlungsmuster in anderer Weise erhebt und aus den so gewonnenen Daten interpretierend Sinnwelten und lebensweltliche Hintergrundorientierungen erschließt, analysiert die Genealogie der Subjektivierung die vielfältigen (Selbst-)Steuerungsmechanismen, die das Selbstverständnis und Handeln der sozialen Akteure regulieren. Dabei verfährt sie ebenfalls interpretierend, verschiebt aber die Perspektive weg von den Akteurinnen hin zu den Anstrengungen, deren Verhalten zu lenken. Was sie auslegt, sind in Praktiken, Texten, Bildern und anderen Artefakten niedergelegte Regierungsprogramme-Sinndeutungen, die Sinndeutungen, Handlungen, die Handlungen zu beeinflussen suchen.« (43)

[163] Unsinn von Verschwörungstheorien. Es wird den Menschen eingeredet oder sie reden es sich selbst ein – solche Formulierungen sollen nicht als universelle Verschwörungs- oder Manipulationstheorie verstanden werden. Nichts Peinlicheres als (beispielsweise) neomarxistische Theorien, die jedem Geschehen, was immer auch geschehen mag, eine manipulative Absicht der Kapitalisten (oder des Staates als ihres allgemeinen Interessenverbandes) hinterlegen. Es sind nicht die geheimen Zirkel, die den Geist der Menschen lenken, prägen, formen und drangsalieren, als überkompetente Strategen des globalen Bewusstseins. Es geht schlicht um Prozesse, die aus unendlich vielen individuellen und institutionellen Handlungen erwachsen. Natürlich ist es letztlich das Rahmenwerk, das Incentives und Disincentives setzt, aber auch der Rahmen ist keine kunstvoll geplante Konstruktion. Es sind Individuen, die mit einer komplexen Welt konfrontiert sind und sich bemühen, den Kopf über Wasser zu halten – allenfalls auch dadurch, dass sie sich selbst belügen. Es sind aber selbst Mächtige, die in der Logik ihrer Verhältnisse stecken und begrenzte Bewegungsfreiheit haben. Alle interpretieren die Verhältnisse, und sie handeln, wie es ihnen am besten dünkt. Das ist gerade das Problem der Gegenwartsgesellschaft: dass es jene »Kommandozentrale« nicht gibt, die man allenfalls stürmen muss, um einen Macht- oder System-

wechsel herbeizuführen. Es ist wichtig, solche banalen Dinge festzuhalten, denn in der Folge wird auch mehrfach auf jene Prägungen und Verzerrungen hingewiesen, die durch ein machtvolles Marktsystem (und seine Interessenten) zustande kommen; aber die Markt- und Managergesellschaft figuriert deshalb so prominent in den Erörterungen, weil sie eine der stärksten Prägekräfte in der Spätmoderne darstellt, und nicht deshalb, weil sich in den Konzernzentralen die Köpfe der »Verschwörung« befinden.

[164] *Eberlein 2000, Eberlein 2006*

[165] *Hitzler, Honer 1984*

[166] *Hitzler 2005*

[167] *Lauenburg 2008; Kemper 2004; Schmidt, Neumann-Braun 2008; Fromm 2008; Lisetz 2000; Höhn 1999; Prisching 2008b.*

[168] *Klassen versus Milieus. Die »alten« Typen waren sozialstrukturell klar verortet – Klassen und Schichten. Man hat für die wesentlichen Beschreibungen mit einer hierarchischen Ordnung nach Ober-, Mittel- und Unterschicht das Auslangen gefunden. In der Wohlstandausweitung der siebziger und achtziger Jahre (Lutz 1984) hat man die Unterschiedlichkeiten innerhalb derartiger Schichten betont. In den neunziger Jahren hat man festgestellt, dass die Vertikale sich keineswegs aufgelöst hat: Sie ist eine wesentliche Komponente in den neueren Lebensstiluntersuchen und wird unmittelbar als Schichtzugehörigkeit abgebildet oder durch Einkommen, Bildung oder Beruf angenähert. (Hradil 1992; Berger et al. 1990) Soziale Milieus sind Gruppen Gleichgesinnter, die jeweils ähnliche Werthaltungen, Prinzipien der Lebensgestaltung, Beziehungen zu Mitmenschen und Mentalitäten aufweisen. Kleinere (lokale, face-to-face) Gruppierungen haben oft verstärkte Binnenkontakte und ein starkes Wir-Gefühl. Die Lebensstil/ Milieu-Perspektive betont aber die subjektive Seite der gesellschaftlichen Differenzierung, Schichtbegriffe heben eher die objektiven (äußeren) Faktoren, wie Einkommen oder Bildungsabschluss, hervor. Für unsere Zwecke ist es nicht notwendig, zwischen Milieu und Lebensstil zu unterscheiden. (Milieu meint manchmal tiefsitzende Verankerungen und Werthaltungen, Lebensstil eher oberflächliche Verhaltensweisen; erstere können nicht, letztere sehr wohl gewechselt werden.) Abgrenzungen sind immer schwierig. »Typenbildung beruht [...] nicht auf eindeutiger Identifikation eines anderen als Typus, sondern Typenbildung beruht auf der Anerkennung einer hinreichenden Ähnlichkeit mit einem als Idealtypus gedachten gedanklichen Konstrukt. Die Klassiker wussten, dass eindeutige Identifikation nicht möglich ist, sondern dass Identifikation nur vorgenommen werden kann im Rahmen der Feststellung von Ähnlichkeitsbeziehungen. Eine unter einen Typus fallende Person ist hinreichend ähnlich zu einer anderen Person.« (Nolte 2004, S. 93) Ähnlichkeiten dieser Art können nach Junges Meinung durch Abduktion gewonnen werden. »Ähnlichkeiten können jedoch nicht durch Subsumption, Klassifikation oder mengentheoretische Überschreitungsbereiche*

erfasst werden. Vielmehr sind Ähnlichkeit und Ähnlichkeitsurteile vage Urteile, unscharfe Urteile, Propositionen und prädikative Beschreibungen mit verschwimmenden Grenzen. Vor allem verschwimmend, weil die Auswahl der Hinsicht, in der Ähnlichkeit vermutet wird, nicht determiniert ist.« (Junge 2008, 94f.)

[169] *Lebensstil-Studien. Es ist eine schwierige und in Untersuchungen auf unterschiedliche Weise gelöste Frage, welche Dimensionen man einbezieht, um eine Landkarte der Lebensstile zu zeichnen. Eine Studie des Gruner & Jahr-Verlages (Dialog 2) hat beispielsweise (durch den Einsatz multivariater Verfahren) 10 Dimensionen ermittelt: gesellschaftliches Engagement, umweltfreundliches Verhalten, Sensibilisierung für Trends, Einstellung zur Technik, Einstellung zur Wirtschaft, Leistungsbereitschaft, persönliche Werke, Persönlichkeit, Lebensziel, allgemeines Konsumverhalten. Jeder dieser Bereiche wird allerdings nochmals in drei bis sieben Segmente unterteilt, so dass sich insgesamt 47 Gruppen ergeben. Das ist so viel, dass schon wieder fraglich ist, ob man damit etwas anfangen kann. Allein der Bereich Persönlichkeit wird in sieben Gruppen unterteilt: zielstrebig Dominante, selbstbewusst Vitale, romantische Narzissten, disziplinierte Rechtschaffene, selbstreflektierte Zerrissene, farblose Selbstunsichere, Kraftlose. Aber auch der Bereich Lebensstil wird in sechs Gruppen zerlegt: Genussorientierte/ Extrovertierte, soziokulturell Orientierte, Arbeitsorientierte, pflichtorientierte Kleinbürgerliche, bescheidene Genügsame, Unauffällige. Da wird die Sache schwierig, auch im Verhältnis dieser Cluster zueinander. – Übersichtlicher sind die Unterscheidungen der VALS-Studien (Values and Lifestyles) des Stanford Research Institutes. Auf der Grundlage theoretischer Überlegungen von Maslow und Riesman werden neun Lebensstile dargestellt: Survivors und Sustainers auf der unteren Ebene; zu den von außen beeinflussten Personengruppen zählen die Belongers, die Emulators und die Achievers; durch eigene Vorstellungen gesteuert werden die I-Am-Me's, die Experimentals und die Societally Conscious. Beide Komponenten (inner and outer directed) vereinen die Integrated. Es kann, insbesondere im Laufe einer Biografie, Übergänge zwischen den einzelnen Gruppen geben. – Die Marktforschung des Burda-Verlages hat interessanterweise zwischen Männer- und Frauen-Lebensstilen unterschieden. Zu den Ersteren gehören die folgenden: Familienoberhäupter, Orientierungslose, Unzufriedene, Egozentriker, Verunsicherte, Anerkennungsorientierte, Realisten, Erfolgsorientierte, Pflichtbewusste. Zu den Letzteren gehören: aktive, erfolgsorientierte Frauen; traditionsorientierte, konservative Frauen; pessimistische, zukunftsbesorgte Frauen; gefühlsorientierte, emotionale Frauen; auf schönes Aussehen und Luxus bedachte Frauen; Frauen mit den Anspruch auf Selbstverwirklichung, gute Bildung und Selbstständigkeit; gesundheitsbewusste Frauen; resignative Frauen mit Orientierungsproblemen. Spätestens bei diesen Typologien taucht die Frage auf, ob es nicht doch zweckmäßig wäre, eine derartige Landkarte*

der Lebensstile mit besseren theoretischen beziehungsweise sozialstrukturellen Überlegungen zu fundieren. – Am berühmtesten sind wohl die Sinus-Milieus. (Flaig et al. 1993) Als Milieu-Bausteine dienen die folgenden acht Elemente: Lebensziel (Werte, Lebensphilosophie); soziale Lage; Arbeit/Leistung; Gesellschaftsbild (politisches Interesse, Engagement, Systemzufriedenheit, Problemwahrnehmung); Familie/ Partnerschaft (einschließlich Glücksvorstellung); Freizeit; Wunsch- und Leitbilder; Lebensstil (ästhetische Bedürfnisse und Bewertungen, milieuspezifische Stilwelten). Daraus werden insgesamt acht bis zehn Milieus gewonnen: das konservative, das kleinbürgerliche und das traditionelle Milieu, das traditionslose Arbeitermilieu, das neue Arbeitnehmermilieu, das aufstiegsorientierte Milieu, das technokratisch-liberale, das hedonistische und das alternative Milieu. Die einzelnen Cluster werden ausführlich beschrieben, und man hat das Gefühl, dass man die entsprechenden Personen »wiedererkennt«. Auch die Anzahl der Gruppen ist brauchbar, so dass man nicht in allzu verfeinerten Differenzierungen verlorengeht. – Eine Grundfrage bei allen Studien ist allerdings, welche Variablen in dem (üblicherweise) zweidimensionalen Darstellungsfeld auf den Achsen stehen. In Schulzes Erlebnisgesellschaft waren es (in beeindruckender Schlichtheit) die beiden Variablen Alter und Bildung. In der Sinus-Studie sind es Schichtzugehörigkeit und Wertorientierung. Aber die Milieubeschreibungen sind durchaus »übersetzbar«, sodass man den Eindruck erhält, dass Bildung und Schichtzugehörigkeit einander ebenso weitgehend entsprechen wie Alter und Wertorientierung; und tatsächlich wird man in vielerlei Hinsicht eine hohe Korrelation zwischen diesen Größen finden. Wenn man sich aber die Wertorientierungen näher ansieht, gerät man in das weite Feld der Wertwandel-Forschung-und muss sich, allein schon als Vorfrage, damit auseinandersetzen, welche Wertsystematik man anwenden möchte. Auf die Problematik der Wertwandelforschung kann hier nur verwiesen werden. – Daneben gibt es unzählige weitere Typologien; manche AutorInnen sind bestrebt, für jedes Problem eine andere Typologie zu erfinden. Besonders im Marketing- und Managementbereich sind solche Typologien beliebt. Nur ein Beispiel: In einer Ausgabe des Harvard Business Manager wird die Frage von Work-Life-Balance behandelt, und auch hier werden (aufgrund einer Befragung von 250 Führungskräften) Männer- und Frauentypologien unterschieden: Männer: der unterstützte Karriereorientierte, der immer Erreichbare; der Isolierte; der Beziehungsorientierte. Frauen: die Karrierefokussierte; die Unabhängige; die Beziehungsorientierte; die Familienorientierte. Diese werden näher beschrieben, recht plausibel. Ginge es aber um eine andere Frage, etwa um das Problem der Führung, würden offensichtlich ganz andere Typen entworfen. Wenn man aber für jedes Problem andere Typen zutage fördert, stellt sich die Frage, wie sich diese Typen zueinander verhalten-denn jede einzelne Person muss dann vielen Typen angehören. (Stock-Homburg, Bauer 2008) Denn paradoxerweise haben

Lebensstil- und Milieustudien eigentlich die genau entgegengesetzte Zielrichtung gehabt: nicht für jede gesellschaftliche Funktion verschiedene Typen entwerfen, sondern aus einem Typus heraus ganz unterschiedliche gesellschaftliche Dimensionen beurteilen können. *Das heißt: einen Typus A bestimmen und aus diesem Typus erschließen, wie sich die Zugehörigen der A-Gruppe zum Thema Klimawandel, zur Religion, zur Familie, zum Umgang mit Geld, zum Konsumieren, zur Fortbildung, zu den politischen Parteien und dergleichen verhalten. – Das alles zeigt: Die Lebensstil-Forschung ist ein weites Feld, und wir lassen es hier mit diesem Verweis bewenden. Denn im Grunde müssten wir nicht nur weitere Studien (mit anderen Typologien) hinzufügen, sondern auch noch die Bereiche der Generationenforschung und der Szenenforschung. Bei den Generationen (Altershokorten) sind die Berichte über die Achtundsechziger, die Generation Golf, die Generation Praktikum, die Generation X, die Bobos und die Millenials und viele andere (Randvarianten sind die Generation Käfer, die Generation Reform, die vergessene Generation der Kriegskinder, die »zweite Generation« der Immigranten usw.) mit ihren jeweils unterschiedlichen Lebensformen zu berücksichtigen. Bei den Szenen, insbesondere Jugendszenen, müsste man sich bei den Hippies und den Punks, den Yuppies und den Mods, den Rockers und den Grufties, den Hooligans und den Sprayern, HipHop, Techno und Rap, Metal und Indie-Rock, bei den Lohas und den Simple-living-Leuten und vielen anderen umschauen. Weitere spezielle Lebensstile wären der Dandy und der Playboy, der Aufsteiger und der Swinger-und viele weitere. Weitgehend ungelöst ist auch die Frage, wie sich die Typologien, die etwa von der Lebensstilforschung, der Generationenforschung und der Szenenforschung bereitgestellt werden, integrieren lassen: Wo sind etwa die Achtundsechziger im Tableau der Sinus-Studie einzuordnen (damals und heute)? (Hurrelmann 2006; Vester 2001; Kreckel 2004) Zu Generationen: Coupland, Riemann 1995; Illies 2003; Schelsky 1957; Strauss, Howe 1991; Howe, Strauss 2000; Brater 2005; Bode 2004; Nolte 2004. Zu Jugendszenen: Hitzler et al. 2001; Lauenburg 2008; Kemper 2004; Schmidt, Neumann-Braun 2008; Fromm 2008; Lisetz 2000; Höhn 1999.*

[170] *Kollektive Identitäten.* Es gehört zu den Selbstverständlichkeiten, aber auch den Schwierigkeiten einer Identitätsdiskussion, dass dieser Begriff nicht nur auf die einzelne Person angewendet wird (was bei unseren bisherigen Erörterungen im Vordergrund gestanden ist), sondern auch auf Gruppen, Assoziierungen, Kollektive, Milieus, Völker, Nationen, Geschlechter, Rassen. Es ist keineswegs ungewöhnlich, von der »deutschen Identität« oder von der »italienischen Identität« zu sprechen, von der »afroamerikanischen Identität« oder von der sich wandelnden »Identität der Geschlechter«. Aber diesen »Kollektivvorstellungen« können wir nicht im Detail nachgehen, auch wenn sie sich natürlich im Bewusstsein der Individuen niederschlagen. Zum Begriff einer nationalen Identität (Nation, Nationalismus) vgl. etwa

Anderson 1991; Gellner 1983; Hobsbawm 1991; zum Begriff der Geschlechtsidentität etwa Butler 1991; Connell 1999; zum Begriff der rassischen Identität (Rasse, Rassismus) vgl. Claussen 1994; Geiss 1988; Hall 1994; Räthzel 2000; Terkessidis 1998. Mit mehreren Formen der Zugehörigkeit beschäftigen sich etwa Balibar, Wallerstein 1990 und Andersen et al. 1995. Die Vielfalt kultureller Einflüsse behandeln u.a. Breidenbach, Zukrigl 1998; Kessler et al. 1995; Bronfen et al. 1997; Chambers 1996; Pries 2001.

[171] *Eine Übersicht hat das Wirtschaftsblatt (kompakt spezial) vom 1. April 2009 geboten.*

[172] *Leopold 2009*

[173] *Heute darf alles gelten, mit Ausnahme der neuen Tabus, die man allerdings als solche nicht wahrnehmen will: Aus der modernen Welt würde man sich hinauskatapultieren, wollte man ein gutes Wort für Hausfrauen einlegen oder perverse Selbstdarstellungen von Homosexuellen pervers finden. (Um Missverständnisse auszuschließen: Hier geht es nicht darum, dass Homosexualität als pervers abgestempelt wird. Die »Inszenierungen« sind interessant: warum etwa ein Protest gegen die Abstempelung der Gruppe als »pervers« dadurch erfolgen muss, dass diese Gruppe sich selbst als möglichst »pervers« darstellt – Love-Parade, Life Ball etc.) (Randbemerkung: Ein langjähriger Besucher des Life Ball, der einst als Charity Event und politisches Statement begründet wurde, macht seinem Herzen Luft:»Wie konnte es dazu kommen, dass die geniale, extravagante, fantastische, barocke, hedonistische Vision des Life Ball […] zum kosmoproletarischen Event geraten konnte? […] Explizite Nacktheit gab es damals wie heute. Es macht aber einen Unterschied, ob man sich Gleichgesinnten gegenüber exponiert, sich ver-/ent-kleidet präsentiert oder bloß als Staffage einer live im TV übertragenen Freak-Show dient. […] Porn-Chic trifft Gemeindebau. […] Vielleicht gelingt, à la longue, wieder die Metamorphose vom grotesk-bizarren Medien-hype der Spaßgesellschaft zurück zum ursprünglich politisch motivierten, ernsthaft-sinnlichen Kult-Happening.« (Auenhammer 2009) Welche Tabus gibt es noch? Faschisten sind überall, daran lassen wir nicht rütteln; aber Stalinisten hatten auch schon bessere Zeiten. Über Jungfräulichkeit traut man sich allerdings auch nicht mehr reden, weil sie zunehmend in Perversionsverdacht gerät. Dafür darf man lockerer über die Freundinnen der katholischen Priester reden – dieses Tabu löst sich auf.*

[174] *Tingler 2009*

[175] *Cocker 2009, S. 48*

[176] *Es gibt »zähe« Bereiche, in denen sich die Konventionen halten: Die Mädchen möchten Friseusen werden, die Burschen Automechaniker. Frauen bekommt man, trotz allen Werbeaufwandes, nicht so recht in die Technik. Es gehört zu den öffentlich verordneten Vorstellungen vom richtigen Leben, dass Mädchen eigentlich in die Technik gehen würden, wenn man sie nicht*

abschreckte oder ihnen ein falsches Bewusstsein einimpfte, und diese These vom richtigen Leben verteidigen die Gesellschaftsreformer notfalls aggressiv. Aber viele der von ihnen umsorgten Personen wollen diesen Vorschreibungen einfach nicht entsprechen; also muss man sie mit allen Mitteln dahin bugsieren. Rechtfertigung: Die Mädchen haben ein falsches Bewusstsein. Die öffentlichen Instanzen wissen, was ihnen frommt, sie wissen, was ihre wahren Bedürfnisse sind – jedenfalls nicht der Beruf der Friseuse oder der Sekretärin, und schon gar nicht die Perspektive zahlreicher Kinder und einer Haustätigkeit. – Auch andere Wertungen lassen sich leicht sozialstrukturell zuordnen. Ökologische Anliegen sind eher im studentischen Milieu beheimatet; ein Studierender, dem der Klimaschutz kein Anliegen ist, würde sich aus seinem Freundeskreis rasch hinauskatapultieren. Es ist selbstverständlich, dass man für das Kyoto-Protokoll und für Entwicklungshilfe eintritt – solang das die eigene Bequemlichkeit nicht beeinträchtigt. Auch andere Konventionen sind selbstverständlich. Befragungen über Politik fördern regelmäßig den Anspruch der Jugendlichen zu Tage, dass sie mitreden wollen. Sie sind entrüstet, weil sie ihres Erachtens zu wenig zu politischen Problemen gefragt werden; auch wenn zur selben Zeit zum Ausdruck kommt, dass sie nicht einmal zwischen dem Bundespräsidenten und dem Bundeskanzler unterscheiden können. Aber auch das gehört zu den gängigen Konventionen: Ansprüche werden keineswegs an substantielle Kenntnisse oder Leistungen zurückgebunden.

[177] *Ley 1984*

[178] *Vgl. zum Irrsinnigen und zum Narren Hitzler 2006b. Es gibt jene, die sich so ungebührlich verhalten, dass sie Dinge sagen und tun, die man wirklich nicht sagen und tun darf; sie sind die Irrsinnigen. Es sind die Verzweifelten, die nicht mehr Mitspieler, sondern bloß noch Spielverderber sind. Sie zerstören das Spiel, weil sie die Regeln nicht mehr akzeptieren; sie sehen den Sinn des Ganzen nicht mehr ein, mit ihnen kann man nicht mehr reden. Sie scheiden aus dem Spiel aus, selbst bei toleranter Duldung aller Originalitäten. Originale sind nicht mehr anschlussfähig, wenn die Kommunikation zusammenbricht. Die Verrückten sind offensichtlich wirklich ganz originell, individuell und authentisch; aber sie sind eben verrückt. Politischer Extremismus fällt in die Kategorie der Verwerfung: Wir würden Neonazis, die sich auf den Weg machen, um ein paar Ausländer zu verprügeln, nicht als »originell« bezeichnen; und ebenso würden wir das Verhalten eines islamischen Attentäters nicht mit den Kategorien der »Individualität« zu fassen versuchen. – Von den Irrsinnigen sind die Narren zu unterscheiden. Bei der Narretei weiß man nicht genau, wo Verzweiflung und Zweifel, Existenzialität und Spiel ineinander übergehen. Der Narr entlarvt den Mainstream und die Opposition. Er macht das Spiel zum Ernst und den Ernst zum Spiel. Man weiß nie, was gerade »gespielt« wird. Die Narrheit wird zur Identität, aber der Narr weiß genau, dass es nur eine gespielte Narrheit ist. Und*

auch die Zuseher sind verunsichert, über die Narrheit, über den Narren, über den Spaß und über den Ernst. *Kabarettisten und Künstler finden zuweilen diese Rolle reizvoll, aber auch andere, die in die Funktionssysteme eingebunden sind, können die Rolle des Narren, in größerer oder kleinerer Dosierung, spielen. Auch dabei gibt es allerdings Grenzen, und wer sie überschreitet, wird mit den versteckten Härten eines augenscheinlich sanften Systems konfrontiert werden. Extravaganz wird geduldet, ja gefördert, wo man sie benötigt oder brauchen kann. Man kann sich mit den Extravaganzen schmücken, und eine gewisse Prominenz, insbesondere im künstlerischen Bereich, ist zu Extravaganz verpflichtet, weil dies zum Bild oder zum Job gehört. Aber die Felder, in denen sie zulässig ist, sind klar umschrieben. Ausreißer berühren nicht das Funktionieren des Systems. Vgl. zum Narren auch Brater 2005. Heute wird der Begriff oft auch mit jenem des Clowns gefasst; aber nicht immer weiß man, ob ein Anliegen dahinter steckt: Sacha Baron Cohen (Ali G). Unsicher ist Lady Gaga.*

[179] *Voswinkel 2002, S. 83*

[180] *Edgley, Brissett 1999*

[181] *Howe, Strauss 2000*

[182] *Online abgerufen am 4. August 2009.*

[183] *www.brigitte.de, abgerufen am 24. Juli 2009.*

[184] *Alle Tests wurden am 24. Juli 2009 abgerufen.*

[185] *Online abgerufen am 4. August 2009.*

[186] *Illies 2003, S. 70f.*

[187] *Illies 2003, S. 93*

[188] *Vgl. dazu auch Hitzler 2006b*

[189] *Keupp 1999, S. 150*

[190] *Keupp 1999, S. 150ff.; Burkart, Kohli 1992*

[191] *Vgl. etwa die Artikel im Cosmopolitan vom August 2009 unter dem Titel »Endlich der Richtige!« und dem Untertitel: »Sie entscheidet, mit welchem Mann wir glücklich werden: die Beziehungspersönlichkeit. Finden Sie heraus, welcher Liebestyp Sie sind-und wer wirklich zu Ihnen passt.« Die Beziehungspersönlichkeit wird gleichsam als »Gegenüber« vorgestellt – »Sie entscheidet«. Nicht die Leserin »ist« diese Person, sondern sie wird von außen bestimmt, von dieser »Beziehungspersönlichkeit«. Und, wie immer, muss man seinen Typ entdecken. Er lässt sich offenbar durch allgemeine Dispositionen beschreiben. Vgl. auch das Interview mit Andresen in der Brigitte vom 12. Juni 2006 (online am 31. Juli 2009 abgerufen).*

[192] *Neckel 1991*

[193] *Durkheim 1992*

[194] *Hartmann 2002, Hartmann 2007, Hartmann 2008*

[195] *Friedrichs 2009*

[196] *Bröckling 2007, S. 71. Kursive Schrift hinzugefügt.*

[197] *Roß 1997, S. 90*

[198] Neckel 2000, S. 45

[199] Zur Wirklichkeit des Führungskräftedaseins vgl. etwa Baethge et al. 1995; Faust et al. 2000; Kotthoff 1997

[200] Tölke 2008

[201] Die Zitate stammen aus einschlägigen Inseraten von Presse, Zeit, Frankfurter Allgemeine, Standard, Kurier und Wirtschaftswoche.

[202] Boltanski, Chiapello 2003

[203] Zilian 2000

[204] Zilian 2000, S. 76

[205] Sprenger 2000, S. 35

[206] Zilian 2000, S. 94

[207] Sprenger 2000, S. 44

[208] Sprenger 2000, S. 45

[209] Hartmann 2002

[210] Bauman 1995

[211] Illies 2003, S. 145f.

[212] Tölke 14.11.2008

[213] Ullrich 04.10.2007

[214] Ullrich 2006

[215] Misik 2007, S. 12

[216] Beck 1986, S. 212. »Die entstehenden Existenzformen sind der vereinzelte, sich seiner selbst nicht bewußte Massenmarkt und Massenkonsum für pauschal entworfene Wohnungen, Wohnungseinrichtungen, tägliche Gebrauchsartikel, über Massenmedien lancierte und adoptierte Meinungen, Gewohnheiten, Einstellungen, Lebensstile. M.a.W., Individualisierungen liefern die Menschen an eine Außensteuerung und -standardisierung aus, die die Nischen ständischer und familialer Subkulturen noch nicht kannten.« (Ebd.) Der Markt ist längst in alle Poren der Privatwelt eingesickert. »Die Privatsphäre ist nicht das, was sie zu sein scheint: eine gegen die Umwelt abgegrenzte Sphäre, die die ins Private gewendete und hineinreichende Außenseite von Verhältnissen und Entscheidungen ist, die anderswo: in den Fernsehanstalten, im Bildungssystem, in den Betrieben, am Arbeitsmarkt, im Verkehrssystem etc., unter weitgehender Nichtberücksichtigung der privatbiographischen Konsequenzen getroffen werden. Wer dies nicht sieht, verkennt einen wesentlichen Grundzug sozialer Lebensformen in der Phase fortgeschrittener Modernität: das Überlappen und Vernetzen der entstehenden individualisierten Privatheit mit den scheinbar institutionell abgegrenzten Bereichen und Produktionssektoren von Bildung, Konsum, Verkehr, Produktion, Arbeitsmarkt usw.« (214)

[217] Grasskamp 2000, S. 151f.

[218] Rippe et al. 1998

[219] Prisching 2006b

[220] *Bell 1976*
[221] *Ehrenberg 2004*
[222] *Veblen 1958*
[223] *Bourdieu 1987*
[224] *Kocina, Mayer 2009*
[225] *Latour 1986, Latour 2003; Callon 1986*
[226] *Boulding 1978*
[227] *Anders 1995, S. 140*
[228] *Anders 1995, S. 140f.*
[229] *Anders 1995, S. 143*
[230] *Anders 1995, S. 145*
[231] *Jungk 1956*
[232] *Meadows 1972*
[233] *Münkler 2006, Münkler 2004*
[234] *Beck 1986*
[235] *Mould 1988; Wirth 1989*
[236] *Bauman 2008, S. 20ff.*
[237] *Junge 2004*
[238] *Grühn 2007*
[239] *von Mittelstaedt 01/2006*
[240] *Tönnies 2001*
[241] *Barz 1992a*
[242] *Gleißner et al. 2007*
[243] *Hitzler 1999; Knoblauch 2000*
[244] *Luckmann 1991*
[245] *Barz 1992b; Gross 2007*
[246] *Fürstenberg 1999; Honer et al. 1999; Kaufmann 1989*
[247] *Lübbe 1975*
[248] *Es gibt eine kommunitaristische Denkrichtung, deren Vertreter die Aufmerksamkeit auf jene Gemeinschaften, Gruppierungen oder Assoziierungen richten wollen, die zwischen den einzelnen Individuen und dem Staat stehen, und wo wir doch, wie sie meinen, den Großteil unseres Lebens verbringen: Verwandtschaften und Nachbarschaften, Dörfer und Gemeinden, Feuerwehr und Gesangsverein, Hilfsorganisationen und Altenbetreuungsverbände und eine Vielzahl weiterer Kleingemeinschaften. Der amerikanische Soziologe Robert Putnam hat allerdings nachgewiesen, dass gerade diese Gemeinschaften sich in Auflösung befinden: Man engagiert sich nicht mehr im Sportverein, sondern geht in das Fitness-Studio. Diese vermarktlichte Einrichtung braucht keine persönlichen Kontakte und keinen privaten Arbeitseinsatz; man bezahlt eine Gebühr und bekommt ohne Probleme alles, was man nutzen möchte. Das Fitnessstudio ist bequemer, und das gilt auch für andere derartige Einrichtungen. Putnam hat es auf den Begriff gebracht:* »bowling alone«. *(Putnam 2000)*

[249] *Prisching 2008b*

[250] *Maffesoli 1996*

[251] *Angesichts der Tatsache, dass Individualisierung und Institutionalisierung von sozialen Lagen in ein Gegensatzverhältnis treten, plädiert Gerd Noll-mann für eine andere Terminologie. »Spricht man stattdessen von einer Differenzierung von Inklusionslagen, so wird damit zwar kein zeitdiagnostisches, wohl aber ein begriffliches Problem einer Lösung nähergebracht. Der Begriff Inklusionslage soll die Diskussion um ein zuviel oder zuwenig an struktureller Prägung von Individuallagen oder, komplementär, um die Frage nach Mehrung oder Minderung individueller Wahlfreiheiten in der Moderne unterlaufen. Wenn der Begriff Inklusionslage dazu dient, die schillernde Landschaft multipler Inklusionen in der modernen Gesellschaft in eine gebündelte Fassung zu bringen, dann stellt er die Differenzierungstheorie auf den Menschen scharf, ohne den Menschen in die Theorie zurückbringen zu müssen. Er fokussiert die Aufmerksamkeit auf das individuelle Leben, ohne den Begriff des Lebens in die soziologische Reflexion wiedereinzuführen. Das ›Subjekt‹ wird thematisiert, ohne ›Subjekt‹ zu sein. Der Vorteil dieser Disposition ist nicht ein zeitdiagnostischer, sondern ein begrifflicher. Auch wenn man den Begriff Inklusionslage zugrundelegt, muß die zeitdiagnostische Frage nach der Vermittlung ›objektiver‹ Lebensbedingungen und ›subjektiver‹ Lebensweisen weiterverfolgt werden. Sie wird nicht beantwortet. Inklusionslagen können untersucht, säuberlich zerlegt und ausgeleuchtet werden. Der Vorteil des Begriffes Inklusionslage liegt dabei darin, daß er die Forschung nicht präjudiziert. Er bleibt neutral gegenüber dem Dualismus von Freiheit und Zwang. Während zahlreiche Begriffe der jüngeren Forschung unmittelbar nach diesem Dualismus ausgerichtet sind – eine Lage sei, so Hradil, objektiv, ein Milieu objektiv-subjektiv, eine Subkultur latent subjektiv und der Lebensstil manifest subjektiv – und ebenso wie die Labels ›Individualisierung‹ und ›Institutionalisierung‹ mehr oder minder eindeutige Forschungsrichtungen vorzuschreiben scheinen, liegt das Abstraktionsniveau einer Theorie differenzierter Inklusionslagen oberhalb der Alternative zwischen Autonomie und Heteronomie. Die Frage nach dem Verhältnis von Freiheit und Zwang, von subjektiven Lebensweisen und objektiven Lebensbedingungen wird damit nicht beantwortet, sondern umgangen, ohne daß Beschreibungspotential aufgegeben werden muß.« (Nollmann 1997, S. 233; Zitat ohne Literaturverweise wiedergegeben).*

[252] *Junge 2002, S. 92*

[253] *Opaschowski 1999*

[254] *Bolz 2002*

[255] *Vgl. die schöne Fallanalyse von Gebhardt et al. 2007*

[256] *Prisching 2007a*

[257] *Illies 2003, S. 165f.*

[258] *Spendlingwimmer 2007*

[259] *Begriff des Bluffs. Beim Begriff der Maske haben wir uns beim Grimmschen Wörterbuch umgesehen, beim Bluff ist dort kein Eintrag vorhanden (auch wenn das Wort aus dem Niederdeutschen kommen soll). Also sehen wir uns beim Merriam-Webster um. Der Bluff wird zum einen mit schlichter Täuschung oder Irreführung identifiziert, zum anderen aber mit einer Haltung, die uns mehr interessiert: jemanden durch eine falsche Präsentation des Selbstvertrauens beeindrucken, abschrecken oder ängstigen-und dadurch zu falschen Handlungen verleiten, wie etwa beim Kartenspiel; eine falsche Inszenierung von Stärke oder Selbstvertrauen vorführen; selbstbewusst den Eindruck der Stärke erwecken; die eigene Lage besser darstellen, als sie wirklich ist; »aufschneiden«.*

[260] *Festinger 1957*

[261] *Zizek 2008*

[262] *Pretting 2009, 16.5.*

[263] *Goffman 1983*

[264] *Standard – Rondo vom 31. Juli 2009, 8.*

[265] *Turkle 1984*

[266] *Huizinga 1936, S. 170; Postman 1985.*

[267] *Bolz 1997, S. 154*

[268] *Tausk 2008*

[269] *Huntington 2004*

[270] *Thurn 1980, S. 154*

[271] *Fest 2007, S. 20*

[272] *Horx 1987, S. 36*

[273] *Zum Begriff des Spiels siehe Wittgenstein 1971; Huizinga 1956.*

[274] *Reich 1993; Bell 1979*

[275] *Strange 1986*

[276] *Greider 1998*

[277] *Volberg et al. 2006*

[278] *Frank 1995*

[279] *Kasser, Kanner 2004*

[280] *Haugen 2006*

[281] *Williams et al. 2006*

[282] *Barron 1989; Cole 1964*

[283] *Vonessen 1976, S. 25f.*

[284] *»Culture Shock! USA« ist ein Buch, welches den Fremden die amerikanische Kultur erklären soll. Jean Twenge erzählt amüsiert eine der Geschichten. Manchmal, so heißt es in dem Buch, sieht man einen Amerikaner im Dialog mit einem sehr kleinen Kind. Möchtest du jetzt heimgehen, fragt der Elternteil. Nein, sagt das offensichtlich müde und schreiende Kind. Und so sitzen Elternteil und Kind unzufrieden in einem kalt werdenden Park. Was ist mit diesen Leuten los, fragt sich der Fremde, dem klar ist, dass das Kind zu klein ist, um eine solche Entscheidung treffen zu können. Das Buch*

erläutert, dass dies Teil der amerikanischen Kultur sei: Das Kind gewinne dadurch ein Gefühl für seine Verantwortlichkeit und für seine eigene Bedeutung. Twenge fügt allerdings hinzu, dass dadurch Verhaltensweisen hervorgerufen werden, die sich später schlicht als schlechtes Benehmen äußern. (Twenge 2006, S. 75) Manche Eltern übertragen auch den Kindern, selbst den kleinen, die Verantwortung für ihre Hausaufgaben. Andere nehmen es hin, wenn sie von den Kindern angeschrien oder beleidigt werden. Kaum jemand würde es wagen, die Kinder dazu zu veranlassen, ihren Teller leer zu essen; was die Kinder keineswegs daran hindert, weitere Speisen, insbesondere Nachspeisen, zu bestellen.

[285] *Eine Welt der Indikatoren. Selbstverständlich gehört ein »hohes Drittmittelaufkommen« zu den wichtigen Indikatoren der Forschungsqualität. (Übersetzung: Der Indikator besagt, dass eine Institution besonders viel Geld verbraucht.) Es wimmelt von »hochkarätig besetzten Kommissionen«. (Übersetzung: Internationale Experten werden herangezogen, die sich angesichts ihrer Unkenntnis über die konkrete Situation besonders leicht von Potemkinschen Dörfern blenden lassen.) Man zeichnet sich durch einen besonderen »Praxisbezug« aus. (Übersetzung: In den Gremien sitzen Manager, die glauben, dass eine Universität ungefähr so funktioniert wie eine Autoproduktion.)*

[286] *Prisching 2008a*

[287] *Die Hälfte der Forschungsleistungen in den USA wird von Ausländern erbracht. Eine deutsch-amerikanische Universitätsprofessorin hat einmal gesagt: Eigentlich sonderbar, dass deutsche Eltern für amerikanische Elite-Universitäten hohe Studiengebühren bezahlen, damit ihre Kinder dort von deutschen Spitzenkräften unterrichtet werden, die in Deutschland keine Stelle bekommen haben.*

[288] *Niskanen 1971*

[289] *Slaughter, Leslie 1997*

[290] *Twenge 2006, S. 78ff.*

[291] *Bolz 1997, S. 47*

[292] *Vester 2000*

[293] *Es gibt natürlich auch einen Zeitschriftenmarkt für diese Beratungsfunktionen. Florian Illies fasst für die achtziger Jahre zusammen: Fit for fun war die richtige Zeitschrift zur richtigen Zeit, für die aufkommende Fitness-Welle. »Zugleich mit Fit for fun kam 1996 auch die Zeitschrift Men's Health auf dem deutschen Markt, die sich trotz ihres schwierigen Namens überraschenderweise genauso durchsetzen konnte wie zehn Jahre zuvor die Band The Smiths oder die Schauspielerin Gwyneth Paltrow. Angenehmer noch ist die GQ, die einzige Männerzeitschrift, aus deren Anzeigen und Modestrecken man sich sinnvolle Anregungen für den nächsten Kleiderkauf holen kann. Zeitschriften für die weiblichen Narzißten gab es schon des längeren. Ein wenig versuchte sich die Petra in diesem Genre, doch richtig überzeu-*

gend war von Anfang an Cosmopolitan. Man könnte es etwa so sagen: Brigitte ist die Zeitschrift für die junge Frau, die sich nicht nur für ihre eigene Cellulitis interessiert, sondern auch noch ein wenig für Bücher von Susanna Tamara und Reportagen über Kinderarbeit in Kambodscha. Petra ist die Zeitschrift für die junge Frau, die sich neben Cellulitis vor allem für die neueste Kartoffeldiät interessiert, ihre Wohnung gerne nach Feng-Shui-Gesichtspunkten einrichtet und Marlboro Lights raucht. Cosmopolitan schließlich ist das Zentralorgan der deutschen Seitensprungagenturen, rechtschaffene Ehefrauen müssen nach der Lektüre von wenigstens zwei Ausgaben das Gefühl haben, ihr Hormonhaushalt sei von Hans Eichel kaputtgespart worden (›Morgens Sven, abends Wolfgang. Ein Fest fürs Ego‹). Die Fragebögen sind immer so easy, daß sie Marcel Proust auch nicht nur einmal ausgefüllt hätte. Cosmopolitan-Leserinnen stelle ich mir immer eher schwarzhaarig vor und sinnlich, so wie die Frauen, die für italienische Ofen-Pizzen werben. Brigitte-Leserinnen werben mit beigefarbener Hose und hellblauer Bluse für das neue Lenor. Petra-Leserinnen bewerben entweder, zumindest früher, Baileys, heute auch mal die Always ultra. So sah es ungefähr aus, bis das Gefüge der Frauenzeitschriften ein wenig außer Kontrolle geriet. Denn wenn schon die Männer plötzlich Men's Health hatten, wollten auch die Frauen plötzlich was zum Spielen haben. Sie bekamen Allegro und Amica. Allegro ist schwarzweiß und überraschend gut, traditionell und modern, stilvoll und kontrolliert gewagt-sie ist eben wie die Generation, die sie liest. Amica ist die Assi-Variante, sie liegt in Sonnenstudios rum und in Robinson-Clubs und wird wohl vor allem von Angestellten solcher Etablissements durchgeblättert. Von Lesen kann hier nicht die Rede sein. Ein erwachsener Mitteleuropäer benötigt für den Konsum einer 376 Seiten starken Ausgabe von Amica nach meinen persönlichen Recherchen nie länger als acht Minuten, was insbesondere bei Zugreisen zu Frustrationserlebnissen führen kann, weil die Käuferin offenbar hofft, damit drei Stunden zu überbrücken, doch schon nach neun Minuten mit dem Fingernägelkauen und dem intensiven Lesen des Faltblattes Ihr Zugbegleiter beginnen muß.« (Illies 2003, S. 93ff.)

[294] *Anders 1995, S. 141*
[295] *Schelsky 1977*
[296] *Christiani 1997*
[297] *Sprenger 1999*
[298] *Hill 1990*
[299] *Hill 1991*
[300] *Goffman 1983*
[301] *Häusel 2000*
[302] *Blanchard 2003*
[303] *Sprenger 2000*

[304] *Anders 1995, S. 158*
[305] *Bopp 1985, S. 105ff.*
[306] *Märtin 2001*
[307] *Asgodom 2001*
[308] *Seidl, Beutelmeyer 1999*
[309] *Böckelmann 2007, S. 102*
[310] *Formulierungen aus dem Wirtschaftsblatt vom 24. November 2001, E2.*
[311] *Cosmopolitan August 2009, 68.*
[312] *Baumann et al. 2009*
[313] *Mises 1949*
[314] *Boltanski, Chiapello 2003, S. 156*
[315] *Sennett 1998*
[316] *Castel 2009; Manske 2007; Pelizzari 2009*
[317] *Bröckling 2007, S. 279*
[318] *Spiegel special, 1/2009, 59.*
[319] *Boltanski, Chiapello 2003, S. 156f.*
[320] *Opaschowski 1999*
[321] *Schelsky 1957*
[322] *Boltanski, Chiapello 2003, S. 169f.*
[323] *Boltanski, Chiapello 2003, S. 172*
[324] *Adams 1997, S. 15; Bröckling 2007, S. 292*
[325] *Prisching 2007b*
[326] *Pfadenhauer 2003*
[327] *Gebhardt et al. 1993*
[328] *Moldaschl et al. 2002*
[329] *Beck 1999*
[330] *Bridges 1996*
[331] *Seidl, Beutelmeyer 1999*
[332] *Sennett 1998*
[333] *Pongratz 2004; Pongratz, Voß 2004*
[334] *Kratzer 2003; Minssen 2000*
[335] *Moldaschl 1997; Moldaschl et al. 2002*
[336] *Sprenger 2000, S. 14*
[337] *Stehling 2000*
[338] *Eberspächer 1998*
[339] *Lambrou, Pratt 2000*
[340] *Bröckling 2007, S. 72*
[341] *Franck 1998*
[342] *Schroer 2006, S. 65*
[343] *Kapfelsperger, Pollmer 1982*
[344] *Kaufmann 2006, S. 68*
[345] *Bode 2004*
[346] *Gugutzer 2007*

[347] *Böckelmann 2007, S. 14f.*

[348] *Hitzler 2002*

[349] *Stolle 2008*

[350] *Maaz 2009*

[351] *Schwietring 2009, S. 272*

[352] *Maier, Wüsthof 2009*

[353] *Plake 1999*

[354] *Reichertz 2006, S. 176*

[355] *Plessner 1970*

[356] *Bolz 1997, S. 114*

[357] *Oft sind es sogar nur halbe Selbsttäuschungen: in dem Sinne, dass die Menschen vermuten, dass die Sache, die sie für wirklich halten, nicht wirklich wirklich ist, weil ohnehin an einer Ecke die Wirklichkeit hervorlugt. Aber so genau will man das gar nicht wissen, weil das imaginierte Konzept wenigstens jenes Quäntchen von Sicherheit vermittelt, mit dem man, praktisch und lebensweltlich, ganz gut leben kann.*

[358] *Bolz 1997, S. 151*

[359] *Etzioni 1998; Elgin 1981*

[360] *Schor 1998*

[361] *Gerade die neuen sozialen Bewegungen haben allerdings die politische Auseinandersetzung mit Hilfe von Medienkonstrukten erfunden oder perfektioniert, und da geht es nicht immer ohne Bluff ab. Mit einer sachlichen Kritik erreicht man nicht viel, aber die Inszenierungen von Greenpeace-Aktivisten, die sich an Industrieanlagen anketten oder mit Schlauchbooten gischtspritzend Dampfer und Ölplattformen umkreisen, erregen mediale Aufmerksamkeit. Der Kampf gegen die Globalisierung muss auf Visualisierung setzen: altruistische Menschen gegen bewaffnete Streitkräfte; Menschenrechtler gegen Privilegienverteidiger; Solidarität gegen Gier. Das muss in Bilder umgesetzt werden, um in der Mediengesellschaft Resonanz zu finden.*

[362] *Bellebaum 1997, Bellebaum 2005, Bellebaum 2006*

[363] *Bolz 1997, S. 66*

[364] *Thurn 1980, S. 145*

[365] *Bolz 1997, S. 171*

[366] *Schulze 1999, S. 33*

[367] *Schulze 1999, S. 33*

[368] *Der Text versteht sich als Essay. Die literarisch-wissenschaftliche Form des Essays darf sich ein wenig lockerer geben als manche sozialwissenschaftlichen Analysen, hinsichtlich derer im deutschen Sprachraum (im Unterschied zur amerikanischen Praxis) immer noch gilt, dass ihnen Wissenschaftlichkeit nur dann attestiert wird, wenn sie für allgemein gebildete Leserinnen und Leser weitgehend unverständlich sind. Das ist ein Problem der Wissenschaftskultur, die im deutschen Sprachraum gewisse Verkrampfungen erken-*

nen lässt. (Falls Unsicherheit besteht, was ein Essay ist – das lässt sich im Bedarfsfall nachschlagen.) Essayhaftigkeit ist jedenfalls nicht mit Substanzschwäche oder Unernsthaftigkeit zu verwechseln, sondern nimmt die Aufgabe der »public science« ernst; und dies gilt letztlich für die meisten Schriften von Zeitdiagnostikern, von Beck bis Giddens, von Gross bis Hitzler, von Neckel bis Bauman, von Reichertz bis Burkart. Auch deren Schriften sind zuweilen als Essays einzustufen, und demgemäß sind sie auch entsprechender Kritik ausgesetzt.

Ein zweiter Aspekt ist zu erwähnen: Dieses Produkt ist unter Garantie drittmittelfrei. Es wurde im Rahmen eines universitären Anstellungsverhältnisses produziert (wenn auch im Wesentlichen in den Ferien- und Urlaubszeiten, wo Forschung noch möglich ist), es fällt insofern aus dem Rahmen des modernen Wissenschaftsbetriebs, als es nicht durch Mitarbeiterinnen und Mitarbeiter erarbeitet und nicht durch Sponsoren finanziert wurde. Bei Elisabeth Schober, Sekretärin am Grazer Soziologie-Institut, habe ich mich allerdings für Lektüre und Tippfehler-Korrekturen zu bedanken; sie hat die Darlegungen zudem als verständlich und nachvollziehbar erachtet.

Der Text folgt weitgehend der neuen Rechtschreibung, außer in jenen Fällen, wo dies unvernünftig wäre. In den Zitaten hingegen ist in den meisten Fällen die originale alte Rechtschreibung beibehalten worden.

Mein besonderer Dank gilt wie immer meiner Frau, Roswitha Prisching, die praktisch alle Texte, bevor sie das Haus verlassen, einer stilistischen und inhaltlichen Prüfung unterzieht. Ein Forschungspraktikum an der Universität Graz im Studienjahr 2008/09 hat sich mit Aspekten des Themas befasst, Hinweise auf Anregungen sind an den entsprechenden Stellen vermerkt.

Bei den maßgeblichen Personen der Verlagsgruppe Styria bedanke ich mich für ihr Interesse; letztlich war es ihr Drängen (mit einer knappen Terminvorgabe), das zu dem Buch geführt hat. Marion Mauthe als Lektorin hat sich sorgfältig mit dem Text auseinandergesetzt.

[369] Anders 1995, S. 149
[370] Goffman 1983

Literaturverzeichnis

ABELS, Heinz (2006): Identität. Über die Entstehung des Gedankens, dass der Mensch ein Individuum ist, den nicht leicht zu verwirklichenden Anspruch auf Individualität und die Tatsache, dass Identität in Zeiten der Individualisierung von der Hand in den Mund lebt. Wiesbaden.

ADAMS, Scott (1997): Das Dilbert Prinzip. Die endgültige Wahrheit über Chefs, Konferenzen, Manager und andere Martyrien. Landsberg am Lech.

ALY, Götz (2009): Gegen den Muff von 40 Jahren. Erfahrungen einer Lesereise, perlentaucher 23.3.2009.

ANDERS, Günther (1995): Die Antiquiertheit des Menschen II: Über die Zerstörung des Lebens im Zeitalter der dritten industriellen Revolution. München.

ANDERSEN, Margaret L.; Collins, Patricia Hill (Hg.) (1995): Race, Class, and Gender. An Anthology. 2. ed. Belmont Ca u.a.

ANDERSON, Benedict R. (1991): Imagined Communities. Reflections on the Origin and Spread of Nationalism. London u.a.

ASGODOM, Sabine (2001): Eigenlob stimmt. Erfolg durch Selbst-PR. 4. Aufl. Frankfurt/M. u.a.

ATTESLANDER, Peter (2007): Anatomie der Ratlosigkeit. Kulturkonflikte im Schatten der Globalisierung. Zürich.

AUENHAMMER, Gregor (2009): Rettet den Life Ball! In: Standard 13.5.2009, S. 34.

BAETHGE, Martin; Denkinger, Joachim; Kadritzke, Ulf (1995): Das Führungskräfte-Dilemma. Manager und industrielle Experten zwischen Unternehmen und Lebenswelt. Frankfurt/M. u.a.

BALIBAR, Étienne; Wallerstein, Immanuel Maurice (1990): Rasse, Klasse, Nation. Ambivalente Identitäten. Hamburg u.a.

BARLÖSIUS, Eva (2008): »Leuchttürme der Wissenschaft«. Ein metaphorischer Vorgriff auf eine neuorientierte Wissenschaftspolitik. In: Leviathan, Jg. 36, 1, S. 149-169.

BARRON, James (1989): Has the Growth of Legal Gambling Made Society the Loser in the Long Run. In: New York Times, May 31.

BARZ, Heiner (1992a): Postmoderne Religion. Am Beispiel der jungen Generation in den Alten Bundesländern. Opladen.

BARZ, Heiner (1992b): Religion ohne Institution. Eine Bilanz der sozialwissenschaftlichen Jugendforschung. Opladen.

BAUMAN, Zygmunt (1995): Ansichten der Postmoderne. Hamburg u.a.

BAUMAN, Zygmunt (1997): Flaneure, Spieler und Touristen. Essays zu postmodernen Lebensformen. Hamburg.

BAUMAN, Zygmunt (2000): Liquid Modernity. Cambridge.

BAUMAN, Zygmunt (2003): Flüchtige Moderne. Frankfurt/M.

BAUMAN, Zygmunt (2007): Leben in der flüchtigen Moderne. Frankfurt/M.

BAUMAN, Zygmunt (2008): Flüchtige Zeiten. Leben in der Ungewissheit. Hamburg.

BAUMANN, Petra; ENGEL, Dario; SCHÜSSLEDER, Christa; Verlic, Mara; Weberbauer, Michael (2009): Selbstinszenierungen in Social Networks im Web 2.0. (Forschungswerkstatt SS 2009). Manuskript, Graz.

BECK, Ulrich (1986): Risikogesellschaft. Auf dem Weg in eine andere Moderne. Frankfurt/M.

BECK, Ulrich (1996): Reflexive Modernisierung. Eine Kontroverse. Frankfurt/M.

BECK, Ulrich (Hg.) (1997): Kinder der Freiheit. Frankfurt/M.

BECK, Ulrich (1999): Schöne neue Arbeitswelt. Vision: Weltbürgergesellschaft. 2. Aufl. Frankfurt/M. u.a.

BECK, Ulrich; Beck-Gernsheim, Elisabeth (1991): Das ganz normale Chaos der Liebe. Frankfurt/M.

BELL, Daniel (1976): Die Zukunft der westlichen Welt. Kultur und Technologie im Widerstreit. Frankfurt/M.

BELL, Daniel (1979): Die nachindustrielle Gesellschaft. Reinbek/H.

BELLEBAUM, Alfred; BARHEIER, Klaus (Hg.) (1997): Glücksvorstellungen. Ein Rückgriff in die Geschichte der Soziologie. Opladen.

BELLEBAUM, Alfred; SCHALLENBERG, Peter (Hg.) (2005): Glücksverheißungen. Heilige Schriften der Menschheitsgeschichte. Münster.

BELLEBAUM, Alfred; HERBERS, Detlef (Hg.) (2006): Glücksangebote in der Alltagswelt. Münster.

BERGER, Peter A.; HRADIL, Stefan (Hg.) (1990): Lebenslagen, Lebensläufe, Lebensstile. Göttingen.

BERGER, Peter L.; BERGER, Brigitte; KELLNER, Hansfried (1975): Das Unbehagen in der Modernität. Frankfurt u.a.

BERTRAM, Hans (1996): Kulturelles Kapital in individualisierten Gesellschaften. In: Teufel, Erwin (Hg.): Was hält die moderne Gesellschaft zusammen. Frankfurt/M., S. 111-128.

BLANCHARD, Kenneth H. (2003): Gung ho! Wie Sie jedes Team in Höchstform bringen. Reinbek/H.

BÖCKELMANN, Frank (2007): Die Welt als Ort. Erkundungen im entgrenzten Dasein. Wien.

BODE, Sabine (2004): Die vergessene Generation. Die Kriegskinder brechen ihr Schweigen. Stuttgart.

BOLTANSKI, Luc; Chiapello, Ève (2003): Der neue Geist des Kapitalismus. Konstanz.

BOLZ, Norbert (1997): Die Sinngesellschaft. Düsseldorf.

BOLZ, Norbert (2002): Das konsumistische Manifest. München.

BOPP, Jörg (1985): Vor uns die Sintflut! Streitschriften zur Jugend- und Psycho-Szene. Reinbek/H.

BORGMANN, Albert (1992): Crossing the Postmodern Divide. Chicago u.a.

BOULDING, Kenneth Ewart (1978): Ecodynamics. A New Theory of Societal Evolution. Beverly Hills Ca.

BOURDIEU, Pierre (1987): Die feinen Unterschiede. Kritik der gesellschaftlichen Urteilskraft. 4. Aufl. Frankfurt/M.

BRATER, Jürgen (2005): Generation Käfer. Unsere besten Jahre. Frankfurt/M.

BREIDENBACH, Joana; ZUKRIGL, Ina (1998): Tanz der Kulturen. Kulturelle Identität in einer globalisierten Welt. München.

BRIDGES, William (1996): Ich & Co. Wie man sich auf dem neuen Arbeitsmarkt behauptet. Hamburg.

BRÖCKLING, Ulrich (2007): Das unternehmerische Selbst. Soziologie einer Subjektivierungsform. Frankfurt/M.

BRONFEN, Elisabeth; MARIUS, Benjamin; STEFFEN, Therese (Hg.) (1997): Hybride Kulturen. Beiträge zur anglo-amerikanischen Multikulturalismusdebatte. Tübingen.

BROSZIEWSKI, Achim; EBERLE, Thomas Samuel; MAEDER, Christoph (Hg.) (2001): Moderne Zeiten. Reflexionen zur Multioptionsgesellschaft. Konstanz.

BUCHMANN, Marlis (1989): The Script of Life in Modern Society. Entry into Adulthood in a Changing World. Chicago u.a.

BURCKHARDT, Jacob (1966): Die Kultur der Renaissance in Italien. Ein Versuch. Stuttgart.

BURKART, Günter; Kohli, Martin (1992): Liebe, Ehe, Elternschaft. Die Zukunft der Familie. München u.a..

BUTLER, Judith (1991): Das Unbehagen der Geschlechter. Frankfurt/M.

CALLON, Michel (1986): Mapping the Dynamics of Science and Technology. Sociology of Science in the Real World. Basingstoke u.a.

CASTEL, Robert (2009): Prekarität, Abstieg, Ausgrenzung. Die soziale Frage am Beginn des 21. Jahrhunderts. Frankfurt/M. u.a.

CHAMBERS, Iain (1996): Migration, Kultur, Identität. Tübingen.

CHRISTIANI, Alexander (1997): Weck den Sieger in Dir! In 7 Schritten zu dauerhafter Selbstmotivation. Wiesbaden.

CLAUSSEN, Detlev (1994): Was heißt Rassismus. Darmstadt.

COCKER, Jarvis (2009): Von heute auf morgen waren die Freaks weg. In: Spex, Ausgabe 321, Juli/August 2009, S. 47-51.

COLE, Gordon H.; MARGOLIUS, Sidney (1964): When You Gamble You Risk More Than Your Money. New York.

CONNELL, Robert W. (1999): Der gemachte Mann. Konstruktion und Krise von Männlichkeiten. Opladen.

CÔTÉ, James E.; LEVINE, Charles (2002): Identity Formation, Agency, and Culture. A Social Psychological Synthesis. Mahwah NJ.

COUPLAND, Douglas; RIEMANN, Harald (1995): Generation X. Geschichten für eine immer schneller werdende Kultur. München.

DAHRENDORF, Ralf (1979): Lebenschancen. Anläufe zur sozialen und politischen Theorie. Frankfurt/M.

DELEUZE, Gilles; GUATTARI, Félix (1997): Anti-Ödipus. 8. Aufl. Frankfurt/M.

DUBIEL, Helmut (1986): Autonomie oder Anomie. Zum Streit über den nachliberalen Sozialcharakter. In: Berger, Johannes (Hg.): Die Moderne – Kontinuitäten und Zäsuren. Göttingen u.a., S. 263-281.

DURKHEIM, Émile (1992): Über soziale Arbeitsteilung. Studie über die Organisation höherer Gesellschaften. Frankfurt/M.

EBERLEIN, Undine (2000): Einzigartigkeit. Das romantische Individualitätskonzept der Moderne. Frankfurt/M. u.a.

EBERLEIN, Undine (2006): Serielle Einzigartigkeit und Eigensinn. In: Burkart, Günter (Hg.): Die Ausweitung der Bekenntniskultur-neue Formen der Selbstthematisierung. Wiesbaden, S. 127-143.

EBERSPÄCHER, Hans (1998): Ressource Ich. Der ökonomische Umgang mit Streß. München, Wien.

EDGLEY, Charles; BRISSETT, Dennis (1999): A Nation of Meddlers. Boulder Co.

EHRENBERG, Alain (2004): Das erschöpfte Selbst. Depression und Gesellschaft in der Gegenwart. Frankfurt/M.

ELGIN, Duane (1981): Voluntary Simplicity. Toward a Way of Life That is Outwardly Simple, Inwardly Rich. New York.

ELIAS, Norbert (1978/79): Über den Prozeß der Zivilisation. Soziogenetische und psychogenetische Untersuchungen. Frankfurt/M.

ERIKSON, Erik H. (1966): Identität und Lebenszyklus. Drei Aufsätze. Frankfurt/M.

ERNST, Heiko (1996): Psychotrends. Das Ich im 21. Jahrhundert. München u.a.

ETZIONI, Amitai (1998): Voluntary Simplicity: Characterization, Select Psychological Implications, and Societal Consequences, In: Journal of Economic Psychology, Jg. 19, S. 619-643.

FAUST, Michael; JAUCH, Peter; NOTZ, Petra (2000): Befreit und entwurzelt: Führungskräfte auf dem Weg zum »internen Unternehmer«. München u.a.

FEST, Joachim (2007): Bürgerlichkeit als Lebensform. Späte Essays. Reinbek/H.

FESTINGER, Leon (1957): A Theory of Cognitive Dissonance. Evanston Ill. u.a.

FLAIG, Berthold B.; MEYER, Thomas; UELTZHÖFFER, Jörg (1993): Alltagsästhetik und politische Kultur. Zur ästhetischen Dimension politischer Bildung und politischer Kommunikation. Bonn.

FOUCAULT, Michel (1978): Dispositive der Macht. Über Sexualität, Wissen und Wahrheit. Berlin.

FOUCAULT, Michel (1981): Archäologie des Wissens. Frankfurt/M.

FRANCK, Georg (1998): Ökonomie der Aufmerksamkeit. Ein Entwurf. München, Wien.

FRANK, Robert H. (1995): The Winner-take-all Society. How more and more Americans compete for ever fewer and bigger prizes, encouraging economic waste, income inequality, and an impoverished cultural life. New York NY u.a.

FREUD, Anna (1936): Das Ich und die Abwehrmechanismen. Wien.

FRIEDRICHS, Julia (2009): Gestatten: Elite. Auf den Spuren der Mächtigen von morgen. München.

FROMM, Rainer (2008): Schwarze Geister, neue Nazis. Jugendliche im Visier totalitärer Bewegungen. München.

FÜRSTENBERG, Friedrich (1999): Die Zukunft der Sozialreligion. Konstanz.

GEBHARDT, Winfried; HITZLER, Ronald; PFADENHAUER, Michaela (Hg.) (2000): Events. Soziologie des Außergewöhnlichen. Opladen.

GEBHARDT, Winfried; u.a. (Hg.) (2007): Megaparty Glaubensfest. Weltjugendtag Erlebnis – Medien – Organisation. Wiesbaden.

GEBHARDT, Winfried; ZINGERLE, Arnold; EBERTZ, Michael N. (Hg.) (1993): Charisma. Theorie, Religion, Politik. Berlin-New York.

GEHLEN, Arnold (2004): Der Mensch. Seine Natur und seine Stellung in der Welt. 14. Aufl. Wiebelsheim.

GEISS, Imanuel (1988): Geschichte des Rassismus. Frankfurt/M.

GELLNER, Ernest (1983): Nations and Nationalism. Ithaca.

GERHARDT, Volker (1999): Selbstbestimmung. Das Prinzip der Individualität. Stuttgart.

GIDDENS, Anthony (1991): Modernity and Self-Identity. Self and Society in the Late Modern Age. Stanford Ca.

GIDDENS, Anthony (1995): Konsequenzen der Moderne. Frankfurt/M.

GLEISSNER, Friedrich; RUEDL, Hanspeter; SCHNEIDER, Heinrich, et al. (Hg.) (2007): Religion im öffentlichen Raum. Religiöse Freiheit im neuen Europa. Wien.

GOFFMAN, Erving (1983): Wir alle spielen Theater. Die Selbstdarstellung im Alltag. 4. Aufl. München-Zürich.

GOTTWALD, Markus; WIMBAUER, Christine (2009): Die Traumpaare und der Traum vom doppelten Harmonisierungsversprechen des Doppelkarriere-Paares. In: Leviathan, Jg. 37, H. 1, S. 95-116.

GRASSKAMP, Walter (2000): Konsumglück. Die Ware Erlösung. München.

GRAWERT-MAY, Erik (1992): Die Sucht mit sich identisch zu sein. Nachruf auf die Höflichkeit. Berlin.

GREIDER, William (1998): Endstation Globalisierung. Der Kapitalismus frisst seine Kinder. München.

GROSS, Peter (1994): Die Multioptionsgesellschaft. Frankfurt/M.

GROSS, Peter (1999): Ich-Jagd. Im Unabhängigkeitsjahrhundert. Frankfurt/M.

GROSS, Peter (2007): Jenseits der Erlösung. Die Wiederkehr der Religion und die Zukunft des Christentums. Bielefeld.

GRÜHN, Dieter (2007): Generation Praktikum? Prekäre Beschäftigungsformen von Hochschulabsolventinnen und -absolventen. Berlin.

GUGGENBERGER, Bernd (2000): Sein oder Design. Im Supermarkt der Lebenswelten. Reinbek/H.

GUGUTZER, Robert (2007): Körperkult und Schönheitswahn. Wider den Zeitgeist. In: Aus Politik und Zeitgeschichte, H. 18; S. 3-6.

HABERMAS, Jürgen (1988): Theorie des kommunikativen Handelns. Frankfurt/M.

HABERMAS, Jürgen (1990): Die Moderne – ein unvollendetes Projekt. Philosophisch-politische Aufsätze 1977 – 1990. Leipzig.

HAHN, Alois (2000): Konstruktionen des Selbst, der Welt und der Geschichte. Aufsätze zur Kultursoziologie. Frankfurt/M.

HALL, Stuart (1994): Rassismus und kulturelle Identität. Berlin.

HARTMANN, Heinz (1960): Ich-Psychologie und Anpassungsproblem. Stuttgart.

HARTMANN, Michael (2002): Der Mythos von den Leistungseliten. Spitzenkarrieren und soziale Herkunft in Wirtschaft, Politik, Justiz und Wissenschaft. Frankfurt/ Main u.a.

HARTMANN, Michael (2007): Eliten und Macht in Europa. Ein internationaler Vergleich. Frankfurt/ Main u.a.

HARTMANN, Michael (2008): Elitesoziologie. Eine Einführung. 2. Aufl. Frankfurt/M. u.a.

HAUGEN, David M. (2006): Legalized gambling. Detroit MI.

HÄUSEL, Hans-Georg (2000): Think limbic! Die Macht des Unbewussten verstehen und nutzen für Motivation, Marketing, Management. Freiburg u.a.

HENTIG, Hartmut von (1996): Was kann und was soll Erziehung leisten. In: Teufel, Erwin (Hg.): Was hält die moderne Gesellschaft zusammen. Frankfurt/M., S. 129-136.

HERMA, Holger (2006): Das erzählte Ich in der Liebe. Biografische Selbstthematisierung und Generationswandel in einem modernen Kulturmuster. In: Burkart, Günter (Hg.): Die Ausweitung der Bekenntniskultur – neue Formen der Selbstthematisierung. Wiesbaden, S. 207-233.

HILL, Napoleon (1990): Wunder, die Sie selbst vollbringen. Überwinden Sie Ihre Grenzen! Gütersloh.

HILL, Napoleon (1991): Denke nach und werde reich. Die Erfolgsgesetze und ihre Nutzanwendung. 20. Aufl. Genf.

HILPOLD, Stephan (2009): Luxus ohne Logo. In: Standard – Rondo, 22.5., S. 4-5.

HIRSCH, Fred (1980): Die sozialen Grenzen des Wachstums. Eine ökonomische Analyse der Wachstumskrise. Reinbek/H.

HITZLER, Ronald (1999): Individualisierung des Glaubens. Zur religiösen Dimension der Bastelexistenz. In: Honer, Anne; Kurt, Ronald; Reichertz, Jo (Hg.): Diesseitsreligion. Zur Deutung der Bedeutung moderner Kultur. Konstanz, S. 351-368.

HITZLER, Ronald (2002): Trivialhedonismus. In: Göttlich, Udo; Gebhardt, Winfried; Albrecht, Clemens (Hg.): Populäre Kultur als repräsentative Kultur. Die Herausforderung der Cultural Studies. Köln, S. 244-258.

HITZLER, Ronald (2003): Die Bastelgesellschaft. In: Prisching, Manfred (Hg.): Modelle der Gegenwartsgesellschaft. Wien, S. 65-80.

HITZLER, Ronald (2005): Möglichkeitsräume. Diagnosen der Existenz am Übergang zu einer anderen Moderne. In: Hitzler, Ronald; Pfadenhauer, Michaela (Hg.): Gegenwärtige Zukünfte. Interpretative Beiträge zur sozialwissenschaftlichen Diagnose und Prognose. Wiesbaden, S. 257-272.

HITZLER, Ronald (2006a): Individualisierte Wissensvorräte. Existenzbastler zwischen posttraditionaler Vergemeinschaftung und postmoderner Sozialpositionierung. In: Tänzler, Dirk; Knoblauch, Hubert; Soeffner, Hans-Georg (Hg.): Zur Kritik der Wissensgesellschaft. Konstanz, S. 257-276.

HITZLER, Ronald (2006b): Vagabundierende Geister. Skeptizismus, Irrsinn und Narretei als Irritationen der Wirklichkeit. In: Gebhardt, Winfried; Hitzler, Ronald (Hg.): Nomaden, Flaneure, Vagabunden. Wissensformen und Denkstile der Gegenwart. Wiesbaden, S. 67-83.

HITZLER, Ronald; BUCHER, Thomas; Niederbacher, Arne (2001): Leben in Szenen. Formen jugendlicher Vergemeinschaftung heute. Opladen.

HITZLER, Ronald; HONER, Anne (1984): Lebenswelt – Milieu – Situation. Terminologische Vorschläge zur theoretischen Verständigung. In: Kölner Zeitschrift für Soziologie und Sozialpsychologie, Jg. 36, 1, S. 56-74.

HITZLER, Ronald; HONER, Anne (1994): Bastelexistenz. In: Beck, Ulrich; Beck-Gernsheim, Elisabeth (Hg.): Riskante Freiheiten. Individualisierung in modernen Gesellschaften. Frankfurt/M., S. 307-315.

HOBSBAWM, Eric J. (1991): Nationen und Nationalismus. Mythos und Realität seit 1780. Frankfurt/M. u.a.

HÖHN, Michael (1999): Immer Ärger mit den Kids. Jugendkulturen zwischen Chaos und Anpassung. Köln.

HONER, Anne; Kurt, Ronald; Reichertz, Jo (Hg.) (1999): Diesseitsreligion. Zur Deutung der Bedeutung moderner Kultur. Konstanz.

HORX, Matthias (1987): Die wilden Achtziger. Eine Zeitgeist-Reise durch die Bundesrepublik. München-Wien.

HOWE, Neil; STRAUSS, William (2000): Millennials Rising. The Next Great Generation. New York.

HRADIL, Stefan (1992): Die »objektive« und die »subjektive« Modernisierung. Der Wandel der westdeutschen Sozialstruktur und die Wiedervereinigung. In: Aus Politik und Zeitgeschichte, H. 29-30, S. 3-14.

HUIZINGA, Johan (1936): Im Schatten von morgen. Eine Diagnose des kulturellen Leidens unserer Zeit. Bern.

HUIZINGA, Johan (1956): Homo ludens. Vom Ursprung der Kultur im Spiel. Reinbek/H.

HUIZINGA, Johan (2006): Herbst des Mittelalters. Studien über Lebens- und Geistesformen des 14. und 15. Jahrhunderts in Frankreich und in den Niederlanden. 12. Aufl. Stuttgart.

HUNTINGTON, Samuel P. (2004): Who are we. Die Krise der amerikanischen Identität. Hamburg-Wien.

HURRELMANN, Klaus (2006): Jugend 2006. Eine pragmatische Generation unter Druck. Frankfurt/M.

ILLIES, Florian (2003): Generation Golf. Eine Inspektion. 10. Aufl. Frankfurt/M.
JAMES, William (1950): The Principles of Psychology. New York.
JUNGE, Matthias (2002): Individualisierung. Frankfurt/M. u.a.
JUNGE, Matthias (2004): Scheitern. Aspekte eines sozialen Phänomens. Wiesbaden.
JUNGE, Matthias (2008): Individualisierung. In: Steenblock, Volker; Wetz, Franz Josef (Hg.): Zeitdiagnose. Stuttgart, S. 70-101.
JUNGK, Robert (1956): Heller als tausend Sonnen. Das Schicksal der Atomforscher. Bern u.a.
KAPFELSPERGER, Eva; POLLMER, Udo (1982): Iß und stirb. Chemie in unserer Nahrung. Köln.
KASSER, Tim; KANNER, Allen D. (Hg.) (2004): Psychology and Consumer Culture. The Struggle for a Good Life in a Materialistic World. Washington DC.
KAUFMANN, Franz-Xaver (1989): Religion und Modernität. Sozialwissenschaftliche Perspektiven. Tübingen.
KAUFMANN, Jean-Claude (2006): Kochende Leidenschaft. Soziologie vom Kochen und Essen. Konstanz.
KELLNER, Douglas (1998): Popular Culture and the Construction of Postmodern Identities. In: Lash, Scott; Friedman, Jonathan (Hg.): Modernity and Identity. Oxford, S. 141-177.
KELLNER, Hansfried; HEUBERGER, Frank (1988): Zur Rationalität der »Postmoderne« und ihrer Träger. In: Soeffner, Hans-Georg (Hg.): Kultur und Alltag. Göttingen, S. 325-337.
KEMPER, Christian (2004): Mapping techno. Jugendliche Mentalitäten der 90er. Frankfurt/M.
KESSLER, Michael; WERTHEIMER, Jürgen (Hg.) (1995): Multikulturalität. Tendenzen, Probleme, Perspektiven im europäischen und internationalen Horizont. Tübingen.
KEUPP, Heiner (1989): Auf der Suche nach der verlorenen Identität. In: Keupp, Heiner; Bilden, Helga (Hg.): Verunsicherungen. Das Subjekt im gesellschaftlichen Wandel. Göttingen u.a., S. 47-69.
KEUPP, Heiner (1999): Identitätskonstruktionen. Das Patchwork der Identitäten in der Spätmoderne. Reinbek/H.
KEUPP, Heiner (2002): Identitätsarbeit heute. Klassische und aktuelle Perspektiven der Identitätsforschung. 2. Aufl. Frankfurt/M.
KEUPP, Heiner; BILDEN, Helga (Hg.) (1989): Verunsicherungen. Das Subjekt im gesellschaftlichen Wandel. Göttingen u.a.
KIENER, Wolfgang; WEISE, Johannes (2008): Die Individualismus-Falle. Warum die Lebensfreude schwindet und wie wir das ändern können. 2. Aufl. München.
KNEER, Georg; NASSEHI, Armin; SCHROER, Markus (Hg.) (1997): Soziologische Gesellschaftsbegriffe. Konzepte moderner Zeitdiagnosen. München.
KNEER, Georg; NASSEHI, Armin; SCHROER, Markus (Hg.) (2001): Klassische Gesellschaftsbegriffe der Soziologie. München.
KNOBLAUCH, Hubert (2000): »Jeder sich selbst sein Gott in der Welt«. Subjektivierung, Spiritualität und der Markt der Religion. In: Hettlage, Robert; Vogt, Ludgera (Hg.): Identitäten in der modernen Welt. Wiesbaden, S. 201-216.
KOCH, Christopher (2007): Ganz entschlossen unentschlossen. In: Neon, Mai, 20.4. Online.
KOCINA, Erich; MAYER, Marlene (2009): Leben für die Party. In: Presse 7.6., S. 40-41.

KÖCK, Verena; REITER, Miriam; STUBENSCHROTT, Elisabeth; WIENER, Birgit (2009): Partnerschaftsbilder in Frauen- und Männerzeitschriften. In: Haring, Sabine; Höllinger, Franz (Hg.): Beziehungsweise(n). Liebe und Partnerschaft im Wandel. (Forschungspraktikum 2008/09 am Institut für Soziologie an der Universität Graz). Graz, S. 23-62.

KOFLER, Leo (2000): Zur Kritik bürgerlicher Freiheit. Ausgewählte politisch-philosophische Texte eines marxistischen Einzelgängers. Hamburg.

KOHLI, Martin (1985): Die Institutionalisierung des Lebenslaufs. In: Kölner Zeitschrift für Soziologie und Sozialpsychologie, Jg. 37, H. 1, S. 1-29.

KOPPETSCH, Cornelia (2006): Das Ethos der Kreativen. Eine Studie zum Wandel von Arbeit und Identität am Beispiel der Werbeberufe. Konstanz.

KOSELLECK, Reinhart (1985): Vergangene Zukunft. Zur Semantik geschichtlicher Zeiten. 4. Aufl. Frankfurt/M.

KOTTHOFF, Hermann (1997): Führungskräfte im Wandel der Firmenkultur. Quasi-Unternehmer oder Arbeitnehmer. Berlin.

KRAPPMANN, Lothar (2000): Soziologische Dimensionen der Identität. Strukturelle Bedingungen für die Teilnahme an Interaktionsprozessen. 9. Aufl. Stuttgart.

KRATZER, Nick (2003): Arbeitskraft in Entgrenzung. Grenzenlose Anforderungen, erweiterte Spielräume, begrenzte Ressourcen. Berlin.

KRECKEL, Reinhard (2004): Politische Soziologie der sozialen Ungleichheit. 3.Aufl. Frankfurt/M. u.a.

KRON, Thomas (Hg.) (2000): Individualisierung und soziologische Theorie. Opladen.

LAHIRE, Bernard (2004): La Culture des Individus. Dissonances culturelles et distinction de soi. Paris.

LAMBROU, Peter T.; PRATT, George J. (2000): Emotionales Selbstmanagement. Akupressur für die Gefühle. München.

LASCH, Christopher (1995): Das Zeitalter des Narzißmus. Hamburg.

LATOUR, Bruno (1986): Laboratory Life. The Construction of Scientific Facts. Princeton NJ.

LATOUR, Bruno (2003): Science in Action. How to follow scientists and engineers through society. Cambridge MA.

LAUENBURG, Frank (2008): Jugendszenen und Authentizität. Selbstdarstellungen von Mitgliedern aus Jugendszenen und szenebedingte Authentizitätskonflikte, sowie ihre Wirkungen auf das (alltägliche) Szene-Leben. Zürich.

LAY, Rupert (1981): Die Ketzer. Von Roger Bacon bis Teilhard. München-Wien.

LENZ, Karl (2009): Keine Beziehung ohne großes Theater. Zur Theatralität im Beziehungsaufbau. In: Willems, Herbert (Hg.): Theatralisierung der Gesellschaft, Band 1: Soziologische Theorie und Zeitdiagnose. Wiesbaden, S. 239-258.

LEOPOLD, Diethard (2009): Das wahre, falsche Gesicht. In: Die Presse, 13.6., Spectrum VI.

LEY, Katharina (1984): Von der Normal- zur Wahlbiografie. In: Kohli, Martin; Robert, Günther (Hg.): Biographie und soziale Wirklichkeit. Neue Beiträge und Forschungsperspektiven. Stuttgart, S. 239-326.

LISETZ, Alex (2000): Raver, Rapper und Rebellen. Insiderwissen für Einsteiger. Wien.

LÜBBE, Hermann (1975): Fortschritt als Orientierungsproblem. Aufklärung in der Gegenwart. Freiburg/B.

LUCKMANN, Thomas (1979): Persönliche Identität, soziale Rolle und
Rollendistanz. In: Marquard, Odo; Stierle Karlheinz (Hg.): Identität. München, S.
293-313.
LUCKMANN, Thomas (1991): Die unsichtbare Religion. Frankfurt/M.
LUTZ, Burkart (1984): Der kurze Traum immerwährender Prosperität. Eine
Neuinterpretation der industriell-kapitalistischen Entwicklung im Europa des 20.
Jahrhunderts. Frankfurt/M. u.a.
LYOTARD, Jean-François (1986): Das postmoderne Wissen. Ein Bericht. Vollst.
überarb. Fassung. Graz-Wien.
MAAZ, Hans-Joachim (2009): Narzisstisch und beziehungsgestört! (Interview). In:
Cicero, August, S. 106-108.
MACPHERSON, Crawford Brough (1980): Die politische Theorie des
Besitzindividualismus. Von Hobbes bis Locke. 2. Aufl. Frankfurt/M.
MAFFESOLI, Michel (1996): The Time of the Tribes. The Decline of Individualism
in Mass Society. London u.a.
MAIER, Josephina; WÜSTHOF, Achim (2009): Schönheit unter der Gürtellinie. In:
Die Zeit, 9.7.
MANSKE, Alexandra (2007): Prekarisierung auf hohem Niveau. Eine Feldstudie
über Alleinunternehmer in der IT-Branche. München u.a.
MARQUARD, Odo (1987): Abschied vom Prinzipiellen. Philosophische Studien.
Stuttgart.
MÄRTIN, Doris (2001): Image-Design. Die hohe Kunst der Selbstdarstellung. 4.
Aufl. München.
MEAD, George Herbert (1968): Geist, Identität und Gesellschaft. Aus der Sicht des
Sozialbehaviorismus. Frankfurt/M.
MEADOWS, Donella H. (1972): The Limits to Growth. A Report for the Club of
Rome's Project on the Predicament of Mankind. London.
MINSSEN, Heiner (2000): Begrenzte Entgrenzungen. Wandlungen von
Organisation und Arbeit. Berlin.
MISES, Ludwig von (1949): Human Action. A Treatise on Economics. New Haven
Conn.
MISIK, Robert (2007): Das Kult-Buch. Glanz und Elend der Kommerzkultur.
Berlin.
MITTELSTAEDT, Juliane von (2006): Werd doch endlich mal vernünftig! In: Die
Zeit, Campus, 01/2006.
MOLDASCHL, Manfred (1997): Zweckrationales und reflexives Handeln. Zwei
Kulturen des Managementhandelns. In: Kadritzke, Ulf (Hg.):
»Unternehmenskulturen« unter Druck. Neue Managementkonzepte zwischen
Anspruch und Wirklichkeit. Berlin, S. 101-121.
MOLDASCHL, Manfred; VOSS, G. Günter (Hg.) (2002): Subjektivierung von
Arbeit. München.
MOOSER, Josef (1984): Arbeiterleben in Deutschland. 1900 – 1970. Klassenlagen,
Kultur und Politik. Frankfurt/M.
MORENO, Juan (2009): Es soll nicht weh tun. In: Spiegel special, Ausgabe 1/2009,
S. 102-103.
MOULD, Richard F. (1988): Chernobyl. The Real Story. Oxford u.a.
MÜLLER, Bernadette (2009): Identität. Soziologische Analysen zur
gesellschaftlichen Konstitution der Individualität (Dissertation). Graz.
MÜNKLER, Herfried (2004): Die neuen Kriege. Reinbek/H.

MÜNKLER, Herfried (2006): Vom Krieg zum Terror. Das Ende des klassischen Krieges. Zürich.

NAISH, John (2008): Genug. Wie Sie der Welt des Überflusses entkommen. Bergisch Gladbach.

NECKEL, Sighard (1991): Status und Scham. Zur symbolischen Reproduktion sozialer Ungleichheit. Frankfurt/M.

NECKEL, Sighard (2000): Die Macht der Unterscheidung. Essays zur Kultursoziologie der modernen Gesellschaft. Frankfurt/M.

NEGRI, Antonio (1998): Umherschweifende Produzenten. Immaterielle Arbeit und Subversion. Berlin.

NISKANEN, William A. (1971): Bureaucracy and Representative Government. Chicago Ill. u.a.

NOLLMANN, Gerd (1997): Konflikte in Interaktion, Gruppe und Organisation. Zur Konfliktsoziologie der modernen Gesellschaft. Opladen.

NOLTE, Paul (2004): Generation Reform. Jenseits der blockierten Republik. München.

OPASCHOWSKI, Horst W. (1999): Generation @. Die Medienrevolution entlässt ihre Kinder: Leben im Informationszeitalter. Hamburg.

OWRAM, Doug (1996): Born at the Right Time. A History of the Baby-boom Generation. Toronto u.a.

PANOFSKY, Erwin (1974): Aufsätze zu Grundfragen der Kunstwissenschaft. 2. Aufl. Berlin.

PAPCKE, Sven (2000): Gemeinwohl und Gerechtigkeit. Passwörter der Konkurrenzgesellschaft. In: Gewerkschaftliche Monatshefte, H. 6, S. 341-352.

PARSONS, Talcott (1968): Sozialstruktur und Persönlichkeit. Frankfurt/M.

PELIZZARI, Alessandro (2009): Dynamiken der Prekarisierung. Atypische Erwerbsverhältnisse und milieuspezifische Unsicherheitsbewältigung. Konstanz.

PETER, Lothar (2004): Soziologie des pluralen Akteurs: Bernard Lahire. In: Moebius, Stephan; Peter, Lothar (Hg.): Französische Soziologie der Gegenwart. Konstanz, S. 297-322.

PFADENHAUER, Michaela (2003): Professionalität. Eine wissenssoziologische Rekonstruktion institutionalisierter Kompetenzdarstellungskompetenz. Opladen.

PLAKE, Klaus (1999): Talkshows. Die Industrialisierung der Kommunikation. Darmstadt.

PLESSNER, Helmuth (1970): Philosophische Anthropologie. Frankfurt/M.

PONGRATZ, Hans J. (2004): Typisch Arbeitskraftunternehmer. Befunde der empirischen Arbeitsforschung. Berlin.

PONGRATZ, Hans J.; VOSS, Gerd Günter (2004): Arbeitskraftunternehmer. Erwerbsorientierungen in entgrenzten Arbeitsformen. 2. Aufl. Berlin.

PONGS, Armin: In welcher Gesellschaft leben wir eigentlich. Gesellschaftskonzepte im Vergleich. München.

POPPER, Karl R. (1970): Die offene Gesellschaft und ihre Feinde. 2 Bände. Tübingen.

POSTMAN, Neil (1985): Wir amüsieren uns zu Tode. Urteilsbildung im Zeitalter der Unterhaltungsindustrie. 3. Aufl., Frankfurt/M.

PRETTING, Gerhard (2009): Ich bin doch nicht blöd! In: Standard, 16.5., S. A1.

PRIES, Ludger (2001): Internationale Migration. Bielefeld.

PRISCHING, Manfred (2003a): Die Etikettengesellschaft. In: Prisching, Manfred (Hg.): Modelle der Gegenwartsgesellschaft. Wien, S. 13-32.

PRISCHING, Manfred (2003b): Zeitdiagnostik als humanwissenschaftliche Aufgabe. In: Prisching, Manfred (Hg.): Modelle der Gegenwartsgesellschaft. Wien, S. 153-195.

PRISCHING, Manfred (2006a): Die Ratgeber-Gesellschaft. In: Theologisch-praktische Quartalsschrift, Jg. 154, 2, S. 115-126.

PRISCHING, Manfred (2006b): Die zweidimensionale Gesellschaft. Ein Essay zur neokonsumistischen Geisteshaltung. Wiesbaden.

PRISCHING, Manfred (2007a): Familien: Bestandsaufnahme einer Lebensform in schwierigen Zeiten. In: Stelzer-Orthofer, Christine; Weidenholzer, Josef (Hg.): Partizipation und Gerechtigkeit. Zürich, S. 284-304.

PRISCHING, Manfred (2007b): Konformismus als Selbstentfaltung. In: Hödl, Josef; Posch, Klaus; Wilhelmer, Peter (Hg.): Sprache und Gesellschaft. Wien, S. 271-284.

PRISCHING, Manfred (2008a): Bildungsideologien. Ein zeitdiagnostischer Essay an der Schwelle zur Wissensgesellschaft. Wiesbaden.

PRISCHING, Manfred (2008b): Paradoxien der Vergemeinschaftung. In: Hitzler, Ronald (Hg.): Posttraditionale Gemeinschaften. Theoretische und ethnografische Erkundungen. Wiesbaden, S. 35-54.

PUTNAM, Robert D. (2000): Bowling Alone. The Collapse and Revival of American Community. New York NY u.a.

RÄTHZEL, Nora (2000): Theorien über Rassismus. Hamburg.

REESE-SCHÄFER, Walter (1996): Zeitdiagnose als wissenschaftliche Aufgabe. In: Berliner Journal für Soziologie, Jg. 6, 3, S. 377-390.

REICH, Robert B. (1993): The Work of Nations. Preparing Ourselves for 21st-Century Capitalism. New York NY u.a.

REICHERTZ, Jo (2005): Ein Pfeil ins Blaue? Zur Logik sozialwissenschaftlicher Zeitdiagnose. In: Hitzler, Ronald; Pfadenhauer, Michaela (Hg.): Gegenwärtige Zukünfte. Interpretative Beiträge zur sozialwissenschaftlichen Diagnose und Prognose. Wiesbaden, S. 45-54.

REICHERTZ, Jo (2006): Der Nomade als medial geschulter Darsteller vermeintlicher Aufrichtigkeit. Überlegungen im Anschluss an Zygmunt Bauman und Richard Sennett. In: Gebhardt, Winfried; Hitzler, Ronald (Hg.): Nomaden, Flaneure, Vagabunden. Wissensformen und Denkstile der Gegenwart. Wiesbaden, S. 171-185.

REINHARDT, Jan D. (2006): Massenmedien im und als Spiegel der Person. In: Burkart, Günter (Hg.): Die Ausweitung der Bekenntniskultur – neue Formen der Selbstthematisierung. Wiesbaden, S. 171-184.

RIESMAN, David (1956): Die einsame Masse. Eine Untersuchung der Wandlungen des amerikanischen Charakters. Darmstadt.

RIFKIN, Jeremy (2000): Access – das Verschwinden des Eigentums. Warum wir weniger besitzen und mehr ausgeben werden. Frankfurt/M.

RIPPE, Klaus Peter; SCHABER, Peter (Hg.) (1998): Tugendethik. Stuttgart.

ROHBECK, Johannes (2008): Zukunft oder Ende der Moderne. In: Steenblock, Volker; Wetz, Franz Josef (Hg.): Zeitdiagnose. Stuttgart, S. 102-129.

ROSS, Jan (1997): Die neuen Staatsfeinde. Was für eine Republik wollen Schröder, Henkel, Westerwelle und Co.? Eine Streitschrift gegen den Vulgärliberalismus. Berlin.

SALERNO, Roger A. (2003): Landscapes of Abandonment. Capitalism, Modernity, and Estrangement. Albany.

SCHÄPPI, Werner (2004): Braucht das Leben einen Sinn? Empirische Untersuchung zu Natur, Funktion und Bedeutung subjektiver Sinntheorien, Zürich-Chur.

SCHELSKY, Helmut (1957): Die skeptische Generation. Eine Soziologie der deutschen Jugend. Düsseldorf.

SCHELSKY, Helmut (1977): Die Arbeit tun die anderen. Klassenkampf und Priesterherrschaft der Intellektuellen. München.

SCHIMANK, Uwe (2006): Rationalitätsfiktionen in der Entscheidungsgesellschaft. In: Tänzler, Dirk; Knoblauch, Hubert; Soeffner, Hans-Georg (Hg.): Zur Kritik der Wissensgesellschaft. Konstanz, S. 57-81.

SCHIMANK, Uwe; VOLKMANN, Ute (Hg.) (2000): Soziologische Gegenwartsdiagnosen I. Eine Bestandsaufnahme. Opladen.

SCHMIDT, Axel; NEUMANN-BRAUN, Klaus (2008): Die Welt der Gothics. Spielräume düster konnotierter Transzendenz. 2. Aufl. Wiesbaden.

SCHOR, Juliet B. (1998): The Overspent American. Upscaling, Downshifting, and the New Consumer. New York NY.

SCHROER, Markus (2001): Das Individuum der Gesellschaft. Synchrone und diachrone Theorieperspektiven. Frankfurt/M.

SCHROER, Markus (2006): Selbstthematisierung. Von der (Er-)Findung des Selbst und der Suche nach Aufmerksamkeit. In: Burkart, Günter (Hg.): Die Ausweitung der Bekenntniskultur – neue Formen der Selbstthematisierung. Wiesbaden, S. 41-72.

SCHULZE, Gerhard (1992): Die Erlebnisgesellschaft. Kultursoziologie der Gegenwart. 2. Aufl. Frankfurt/M. u.a.

SCHULZE, Gerhard (1999): Kulissen des Glücks. Streifzüge durch die Eventkultur. Frankfurt/M. u.a.

SCHULZE, Gerhard (2004): Die beste aller Welten. Wohin bewegt sich die Gesellschaft im 21. Jahrhundert. Frankfurt/M.

SCHUSTER, Daniela: Warum wir Mr. Wrong lieben. In: Wienerin, Jg. 2008, 2, S. 116-120.

SCHWIETRING, Thomas (2009): Zeigen und Verbergen. Intimität zwischen Theatralisierung und Enttheatralisierung. In: Willems, Herbert (Hg.): Theatralisierung der Gesellschaft, Band 1: Soziologische Theorie und Zeitdiagnose. Wiesbaden, S. 259-277.

SCITOVSKY, Tibor (1989): Psychologie des Wohlstands. Die Bedürfnisse des Menschen und der Bedarf des Verbrauchers. Frankfurt/M. u.a.

SEIDL, Conrad; BEUTELMEYER, Werner (1999): Die Marke ICH(r). So entwickeln Sie Ihre persönliche Erfolgsstrategie. Wien u.a.

SENNETT, Richard (1998): Der flexible Mensch. Die Kultur des neuen Kapitalismus. 7. Aufl. Berlin.

SIMMEL, Georg (1920): Philosophie des Geldes. 3. Aufl. München u.a.

SLAUGHTER, Sheila A.; LESLIE, Larry L. (1997): Academic Capitalism. Politics, Policies, and the Entrepreneurial University. Baltimore-London.

SPENDLINGWIMMER, Florian (2007): Mythos Schi- und Snowboardlehrer. Helden oder Sozialversager. Wien.

SPRENGER, Reinhard K. (1999): 30 Minuten für mehr Motivation. Offenbach.

SPRENGER, Reinhard K. (2000): Aufstand des Individuums. Warum wir Führung komplett neu denken müssen. Frankfurt/M.-New York

STEENBLOCK, Volker; WETZ, Franz Josef (Hg.) (2008): Zeitdiagnose. Stuttgart.

STEHLING, Wolfgang (2000): Ja zum Stress. Höchstleistungen bringen und im inneren Gleichgewicht bleiben. Frankfurt/M. u.a.

STEPHAN, Cora (1997): Gesinnung und Form. Wider die Dialektik des Herzens. In: Stäblein, Ruthard (Hg.): Höflichkeit. Tugend oder schöner Schein. Frankfurt/M., S. 31-39.

STOCK-HOMBURG, Ruth; BAUER, Eva-Maria (2008): Abschalten unmöglich. In: Harvard Business Manager, Juli, S. 10-15.

STOLLE, Oliver (2008): Knabenwahn. In: Neon, April 2008.

STRANGE, Susan (1986): Casino Capitalism. Oxford u.a.

STRASSER, Eva (1991): Frauen, die aufs Ganze gehen. In: Wienerin, Jg. 1991, 9, S. 80-82.

STRAUB, Jürgen (2000): Erzählung, Identität und historisches Bewußtsein. Die psychologische Konstruktion von Zeit und Geschichte. Frankfurt/M.

STRAUB, Jürgen (2002): Transitorische Identität. Der Prozesscharakter des modernen Selbst. Frankfurt Main u.a.

STRAUSS, Anselm L. (1974): Spiegel und Masken. Die Suche nach Identität. Frankfurt/M.

STRAUSS, William; HOWE, Neil (1991): Generations. The History of America's Future, 1584 to 2069. New York.

STRYKER, Sheldon (2000): Self, Identity, and Social Movements. Minneapolis.

TAJFEL, Henri (1982): Social Identity and Intergroup Relations. Cambridge.

TAUSK, Victor (2008): Beeinflussungsapparate. Zur Psychoanalyse der Medien. Berlin.

TAYLOR, Charles (1995): Das Unbehagen an der Moderne. 2. Aufl. Frankfurt/M.

TERKESSIDIS, Mark (1998): Psychologie des Rassismus. Opladen u.a.

THURN, Hans Peter (1980): Der Mensch im Alltag. Grundrisse einer Anthropologie des Alltagslebens. Stuttgart.

TINGLER, Philipp (2009): Ohne Worte. In: GQ, August, S. 56.

TÖLKE, Andreas (2008): Wir leben Sex und Shopping. Gespräch mit Nino Cerutti. In: Standard – Rondo, Jg. 2008, 14.11., S. 15-16.

TÖNNIES, Ferdinand (1991): Gemeinschaft und Gesellschaft. Grundbegriffe der reinen Soziologie. Neudr. 8. Aufl. von 1935, Darmstadt.

TÖNNIES, Sibylle (2001): Stichwort »Gemeinschaft«. In: Honecker, Martin (Hg.): Evangelisches Soziallexikon. Stuttgart u.a., S. 548-552.

TOYNBEE, Arnold Joseph (1934-61): A Study of History. London u.a.

TRILLING, Lionel (1989): Das Ende der Aufrichtigkeit. Frankfurt/M.

TURKLE, Sherry (1984): The Second Self. Computers and the Human Spirit. New York.

TWENGE, Jean M. (2006): Generation Me. Why today's young Americans are more confident, assertive, entitled – and more miserable than ever before. New York.

ULLRICH, Wolfgang (2006): Haben wollen. Wie funktioniert die Konsumkultur. Frankfurt/M.

ULLRICH, Wolfgang (2007): Psychotherapie per Duschgel. In: Die Zeit, 4.10.

VAN DÜLMEN, Richard (2002): Die Entdeckung des Individuums. 1500 – 1800. 2. Aufl. Frankfurt/M.

VEBLEN, Thorstein (1958): Theorie der feinen Leute. Eine ökonomische Untersuchung der Institutionen. Köln u.a.

VESTER, Heinz-Günter (2000): Freizeit: das wahre Leben. In: Hettlage, Robert; Vogt, Ludgera (Hg.): Identitäten in der modernen Welt. Wiesbaden, S. 349-360.

VESTER, Michael (2001): Soziale Milieus im gesellschaftlichen Strukturwandel. Zwischen Integration und Ausgrenzung. Frankfurt/M.

VOLBERG, Rachel A.; NYSSE-CARRIS, Kari L.; GERSTEIN, Dean R. (2006): 2006 California Problem Gambling Prevalence Survey. The University of Chicago, NORC. Online.

VOLKMANN, Ute; SCHIMANK, Uwe (2002): Soziologische Gegenwartsdiagnosen II. Wiesbaden.

VONESSEN, Franz (1976): Vom Ernst des Spiels. In: Flitner, Andreas (Hg.): Der Mensch und das Spiel in der verplanten Welt. München, S. 9-47.

VOSWINKEL, Stephan (2002): Bewunderung ohne Würdigung. Paradoxien der Anerkennung doppelt subjektivierter Arbeit. In: Honneth, Axel (Hg.): Befreiung aus der Mündigkeit. Paradoxien des gegenwärtigen Kapitalismus. Frankfurt/M., S. 65-92.

WABNER, Rolf (1997): Selbstmanagement. Werden Sie zum Unternehmer Ihres Lebens. Niedernhausen/Ts.

WAGNER, Peter (1995): Soziologie der Moderne. Freiheit und Disziplin. Frankfurt/M.

WAGNER, Peter (2006): Die Soziologie der Moderne und die Frage nach dem Subjekt. In: Keupp, Heiner; Hohl, Joachim (Hg.): Subjektdiskurse im gesellschaftlichen Wandel. Zur Theorie des Subjekts in der Spätmoderne. Bielefeld, S. 165-185.

WEBER, Max (1992): Die protestantische Ethik und der »Geist« des Kapitalismus. Faks. 1905. Düsseldorf.

WEIGERT, Andrew J.; TEITGE, J. Smith; TEITGE, Dennis W. (1986): Society and Identity. Toward a Sociological Psychology. New York.

WEISS, Johannes (2006): Wissenselite. In: Tänzler, Dirk; Knoblauch, Hubert; Soeffner, Hans-Georg (Hg.): Zur Kritik der Wissensgesellschaft. Konstanz, S. 13-29.

WILLIAMS, J. Patrick; HENDRICKS, Sean Q.; Winkler, W. Keith (2006): Gaming as Culture. Essays on Reality, Identity and Experience in Fantasy Games. Jefferson NC.

WINTERHOFF, Michael (2008a): Kinder werden in die Elternrolle gedrängt. Interview von Manuela Ziegler. In: Wiener Zeitung, 25.10.

WINTERHOFF, Michael (2008b): Warum unsere Kinder Tyrannen werden oder: die Abschaffung der Kindheit. 10. Aufl. Gütersloh.

WIRTH, Hans-Jürgen (1989): Nach Tschernobyl. Regiert wieder das Vergessen? Frankfurt/M.

WITTGENSTEIN, Ludwig (1971): Philosophische Untersuchungen. Frankfurt/M.

ZIEHE, Thomas (1975): Pubertät und Narzissmus. Sind Jugendliche entpolitisiert. Hamburg.

ZILIAN, Hans G. (2000): Politische Teilhabe und politische Entfremdung im Zeitalter der Internationalisierung. Graz-Wien.

ZIZEK, Slavoj (2008): Denn sie wissen nicht, was sie tun. Genießen als ein politischer Faktor. 2. Aufl. Wien.

Ein bewegtes Leben in einer bewegten Zeit

Die sehr persönliche Rückschau
des Soziologen Peter L. Berger auf
seine Biografie, wobei er das Vertraute
mit anteilnehmender Distanz betrachtet.

Michael Amon
Im Morgenlicht der Erinnerung
Eine Kindheit in turbulenter Zeit

240 Seiten, Hardcover mit Schutzumschlag
ISBN: 978-3-85485-219-3

MOLDEN

Ist Geiz
tatsächlich geil?

In Politik und Wirtschaft haben Sprichwörter
und seichte Phrasen Hochkonjunktur.
»Es reicht!«, sagt Michel Amon, und lässt
seiner angestauten Wut freie Bahn.

Michael Amon
Und sie lügen doch
Sprichwörter beim Wort genommen · 100 Wutanfälle

180 Seiten, Hardcover mit Schutzumschlag
ISBN: 978-3-85485-249-0

MOLDEN

Wettbewerbsfaktor
Industrie-Spionage

Thomas Havranek und Christiane Scholler
gewähren dem Leser den Blick in eine
Wirtschafts-Parallelwelt, wie sie nur wenige
kennen – spannend und informativ zugleich.

Thomas Havranek · Christiane Scholler
Verraten & verkauft
Wirtschaftskriminalität und Industrie-Spionage

280 Seiten, Hardcover mit Schutzumschlag
ISBN: 978-3-85485-246-9

MOLDEN